现代教育技术与智慧课堂构建研究

牛舜君　著

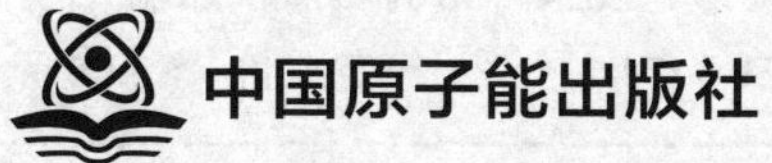

图书在版编目（CIP）数据

现代教育技术与智慧课堂构建研究 / 牛舜君著. 北京 ： 中国原子能出版社, 2024. 6. -- ISBN 978-7-5221-3474-1

Ⅰ. G40-057；G434

中国国家版本馆 CIP 数据核字第 2024BG9642 号

现代教育技术与智慧课堂构建研究

出版发行	中国原子能出版社（北京市海淀区阜成路 43 号　100048）
责任编辑	王齐飞
责任印制	赵　明
印　　刷	北京金港印刷有限公司
经　　销	全国新华书店
开　　本	787 mm×1092 mm　1/16
印　　张	18.5
字　　数	290 千字
版　　次	2024 年 6 月第 1 版　2024 年 6 月第 1 次印刷
书　　号	ISBN 978-7-5221-3474-1　　定　价　**83.00** 元

前　言

智慧课堂是一种新型的教育环境，它将智能信息技术与教育教学相融合，以智慧教育观念为指导，为教学活动提供支持。随着技术与教育的互动不断增强，课堂教学逐渐从数字化教学发展为智慧化教学。智慧课堂的目标是促进学生的个性化成长和智慧发展。这一新尝试有望推动教育领域的变革，并满足信息潮流和教育改革的需求。

智慧课堂是一种充满技术和智能化的教育环境，利用智能板、智能手机、平板电脑、计算机、虚拟教室、5G 技术等工具来进行教学活动。它配备了先进的智能课堂设施，采用智能教室技术，旨在创造智能高效的学习环境。智慧课堂在教学决策、教学评价、课堂互动和教学资源推送等方面都实现了数据化和智能化，对传统课堂的内容和方式进行了全面改革，旨在促进所有学生的智慧学习与发展，创造智慧的教育和学习体验。这种教育方式适应了技术和教育的快速发展，为教育领域带来了新的可能性。

本书从现代教育基础入手，对现代教育基础的发展背景、理论基础等进行了分析，接着对现代的教学环境进行了分析，并进一步讨论了多媒体教育技术、网络教育技术和新技术在教育中的应用，然后重点就智慧课堂教学模式做了探索，深入分析了智慧教育资源、教育平台、智慧教室等的建设，为读者提供智慧课堂构建的思路和方法，本书可为教育教学管理和致力于教学技术创新的人员提供参考。

目 录

第一章　现代教育技术基础

第一节　研究概述

智慧课堂是当前教育信息化研究的热点，代表了新技术与教育的深度融合。这种课堂利用新一代信息技术，能够全面跟踪课前、课中和课后的教学过程。智慧课堂是互联网+教育的背景下的必然产物，它聚焦于课堂教学、师生活动和智慧生成。

各地尤其是高校投入大量资金用于建设智慧教室等硬件设备，以期改革课堂教学。然而，事实证明，这些前期投入虽然提供了一些便利，但与提高学习质量的相关性相对较小，未能根本解决教学中的难题。大多数所谓的智慧课堂还没有真正全面、彻底地解决学生在学习过程中遇到的各种瓶颈问题，这正是导致智慧课堂流于形式的根本原因。因此，发展智慧课堂需要更多的综合性思考和改进，以确保它能够真正促进学习质量的提高。

一、国内外相关研究

（一）国内研究

1.“互联网+教育”背景下的课堂教学

在“互联网+教育”背景下的课堂教学已经发生了革命性的变化。这一新兴教育范式超越了传统教育的边界，通过将互联网技术与教学相融合，创造了全新的学习方式和教育体验。课堂不再局限于实体教室，而是拓展到虚拟世界，师生可以随时随地进行学习和教学。

“互联网+教育”为学生提供了更多的学习资源和机会，不再受制于地理位置或时间限制。学生可以通过在线课程、教育应用程序和数字化教材来获得知识，自主学习的能力得到强化。同时，教师也可以更灵活地使用各种教学工具和平台来个性化地辅导学生，实现因材施教。

这一教育模式还加强了教育的互动性和实时性。学生可以参与在线讨论、远程团队合作和虚拟实验，促进了学习的参与度和深度。教师可以通过数据分析来监测学生的进展，及时调整教学策略，提高教学效果。

然而，“互联网+教育”也带来了一些挑战，包括如何确保在线学习的质量和可及性，如何保护学生的隐私和数据安全，以及如何培养学生的自主学习能力。因此，教育界需要不断探索新的教学方法和技术，以适应这一快速发展的教育领域，确保教育的未来更加包容、创新和灵活。

2. 智慧课堂

国内对智慧课堂的研究已经逐渐成为教育领域的热点之一，涵盖了多个方面的研究兴趣和成果。以下是一些国内研究智慧课堂的主要方向和成果。

① 智慧课堂模式研究：许多国内研究关注智慧课堂的设计和实施，探讨了不同学段和学科中的智慧课堂教学模式。这些研究通常包括课程设计、教学方法的改进以及智能技术的应用，旨在提高教学效果。

② 教育信息化研究：中国的教育信息化取得了显著进展，包括网络教育、电子教材、在线学习平台等。智慧课堂作为教育信息化的一部分，受到广泛研究。这些研究关注如何将信息技术融入课堂教学，提升教育的效益。

③ 教育技术应用研究：国内学者研究了各种教育技术在智慧课堂中的应用，包括智能板、虚拟现实、大数据分析等。这些技术被用于提高课堂互动、个性化教育、教学评估等方面。

④ 学习者体验和学习成效研究：许多研究关注学生在智慧课堂中的学习体验和学习成效。这些研究通常使用调查、实验和评估方法来评估学生对智慧课堂的反应以及他们的学术成绩。

⑤ 政策和实践研究：一些研究还关注政府政策对智慧课堂的影响，以及学校和教育机构在实践中如何应用智慧课堂的经验和挑战。

总的来说，国内的智慧课堂研究呈现出多样性和活力，为中国教育领域的创新和改进提供了宝贵的洞见和实践经验。这些研究有助于推动智慧课堂在中国教育中的广泛应用，并不断提高教育质量和学生学习成果。

（二）国外研究

国外对智慧课堂的研究也是一个重要领域，国际学者们关注教育技术和教育创新，以下是一些国外研究智慧课堂的主要方向和成果。

① 教育技术整合研究：国际研究者积极探索如何整合新兴技术（如虚拟

现实、人工智能、机器学习）到智慧课堂中，以提高教育质量和学习效果。他们关注技术在不同学科和年龄段的应用，以及如何在课堂环境中有效使用这些工具。

② 个性化学习研究：国际研究强调了个性化学习在智慧课堂中的重要性。他们研究了如何利用技术来适应不同学生的学习需求，提供个性化的学习体验，以提高学生的学术成绩和学习兴趣。

③ 教育数据分析研究：大数据和教育数据分析在国际研究中占有重要地位。研究者使用数据来监测学生的学习进度，预测学术成绩，改进教学方法，并为教育政策制定提供支持。

④ 在线和混合式学习研究：国际研究探讨了在线学习和混合式学习在智慧课堂中的应用。他们关注在线学习平台、远程教育以及虚拟教室的使用，以满足不同学生群体的需求。

⑤ 教育政策和实践研究：一些研究关注国际各地政府对智慧课堂的政策支持，以及学校和教育机构如何实施这些政策。他们也研究了智慧课堂的最佳实践，包括教育技术培训和教师专业发展。

⑥ 教育科学和学习理论研究：国际研究还关注了智慧课堂与教育科学和学习理论的关系。他们探讨了教育技术如何影响学习过程，以及如何将最新的研究成果应用到实践中。

总的来说，国外的智慧课堂研究涵盖了多个领域，从教育技术的创新到教学方法的改进，以及政策和实践的研究。这些国际研究为智慧课堂的全球发展提供了宝贵的见解和经验，有助于提高教育的质量和可及性。

二、研究意义

在教育信息化背景下，课堂变革已经成为必然趋势。在这个背景下，智慧课堂应运而生，以满足新时代教学要求、教学改革的需求以及人才培养方案的要求。智慧课堂教学是在信息化环境下进行的教学活动，它体现了“以人为本”的教育理念，能够激发学生的积极性和创造性，强调学生的主体地位，最终有助于培养智慧型人才。智慧课堂教学充分考虑了学习者的多样性和个体差异，使教师能够更好地重视每个学生的学习路径。这有助于真正实现“以人为本”的教育理念，满足了新时代教学的要求。此外，教学评价方面，动态学习数据的应用是至关重要的，它基于全过程学习的动态评价，可以使教学评价更加科学和精确，从而改善教学质量。

（一）背景支撑

宁夏回族自治区作为“互联网+教育”示范区，积极稳妥推进示范区建设，制定了实施方案，以实现创建示范区的目标要求。该方案紧密围绕“十大行动”，包括教育云平台升级、网络学习空间全覆盖、创新素养教育、数字校园规范建设、人工智能助推教师队伍建设、智慧党建、网络思想政治工作、教育治理能力优化、网络精准扶智、网络安全综合治理等方面，推动教育理念更新、模式变革、体系重构，促进教育现代化，提高教育质量，办好人民满意的教育。

具体任务包括优化升级教育大平台，推动网络学习空间应用全面覆盖，推进教育教学改革和创新素养教育，快速推进达标县数字校园建设，借助人工智能提升教师队伍建设，强化网上党建工作阵地，加强线上线下立德树人的合作，提升教育治理能力，推进网络精准扶智行动，加强网络安全保障。

通过这些举措，宁夏将加速教育现代化进程，促进教育公平，提高教育质量，确保广大师生和人民群众能够享受到更好的教育资源和服务，进一步增强人民的获得感和幸福感。

（二）学术价值

本研究的题目是“宁夏‘互联网+教育’条件下智慧课堂构建与应用研究”，旨在在宁夏地区的“互联网+教育”试点背景下，对智慧课堂的构建与应用进行深入研究。在理论层面，研究将通过研读、总结和归纳相关领域的理论知识，包括“互联网+”“互联网+教育”“智慧课堂”和“教学模式”，整理智慧课堂的构建过程、特征，以及教学模式的发展历史。同时，将总结不同学者和不同地区关于智慧课堂构建的研究成果，为智慧课堂的构建提供理论基础和指导思想。研究还将进行智慧课堂的实际构建，包括不同形式的智慧教室，如智慧研讨型教室、人工智能教室和虚拟实验室教室，以及构建过程中的教学环境智慧化、教学资源多样化、学习过程精准化、教学评价多元化等方面的研究。

在智慧课堂构建之后，研究将重点关注智慧课堂的应用研究，根据不同的教学环境设计不同的教学模式，以满足互联网+教育背景下的需求。研究将分为五个阶段：准备阶段、理论研究阶段、模式设计阶段、模式应用阶段和研究总结阶段，最终目标是制定出实践可行且具有可用性的教学模式，以推动智慧课堂在宁夏地区的有效应用。这项研究有望为教育现代化的推进提

供重要的理论指导和实际经验，提高教育质量，促进教育公平，增强人民的获得感。

（三）应用价值

智慧课堂的构建与应用研究在相较于传统教学模式中，为学生和教师提供了许多优势和机会。对于学生而言，智慧课堂的教学模式强调学生的主体地位，使他们能够更自主地获取学习资源，不再受限于传统的课本。这意味着学生可以更高效、更便捷地查阅资料，拓宽他们的学习渠道，从而提高学习的多样性和深度。

一个明显的优势是及时反馈。智慧课堂通过数字化平台的互动性，有助于增强学生之间的互动和交流，促进组间合作和共享资源。多种形式的学习资源获取以及多样化的互动、反馈和评价贯穿整个教学过程，使学生在智慧课堂中不仅学到知识，还提高了他们的数字化学习能力和创新能力，有助于逐步培养学生的信息技术学科核心素养。

对于教师而言，智慧教学平台提供了科学教学决策的工具。教师可以监督学生的在线学习情况，并及时评价反馈，从而有据可依地调整教学策略，提供个性化学习资源，实现精准辅导。同时，平台所生成的学生数据成为教师进行教学反思的重要素材，有助于提高教学质量和效果。

总之，智慧课堂的构建与应用研究涵盖了不同形式的智慧教室，为研究者和实践者提供了可参考和可研究的三种不同智慧课堂构建方案。通过在不同学科中运用这些智慧课堂教学模式进行实践研究，旨在推动智慧课堂的构建和应用，提高教育质量，促进学生的全面发展。

第二节　现代教育技术的发展背景

信息时代已经改变了教育的面貌，要适应这一变革，我们需要重新思考教育的本质，采取创新的教育模式和方法，以培养具备信息意识和信息能力的学习者，使他们能够在信息社会中成功地生活和工作。这是当前教育改革的迫切任务之一。

第一，树立现代教育思想。只有建立起现代化的教育思想和观念，才能实现全面的教育改革。这意味着我们需要重新审视教育的目标，将学生的全面发展放在首位，强调培养学生的创新、批判性思维、解决问题的能力等综合素养。同时，教育也应该关注学生的品德和社会责任感的培养，使他们成为具备综合素质的现代人才。这种全面的教育观念是现代社会对教育的新要求，也是教育改革的基础和动力。只有树立了现代教育思想，才能更好地引领教育进步，适应时代的发展需求。

第二，改革教育目标和内容。教师在这一过程中扮演着重要的角色，他们的主要任务是培养具备综合素质、创新能力和高尚道德精神的新一代人才。同时，教育技术在这一过程中具有决定性的作用，它有助于教育目标的实现，强调以德育为基础，重视能力的培养，以培养学生自主学习和认知的能力为特点。教育的四大支柱，即德育、智育、体育、美育，强调的不仅是知识的学习，更强调学生的能力培养，让他们学会获取知识、发现问题、解决问题的方法和技巧。这是实现现代化教育的关键。

第三，改革教育形式和方法。信息时代的教育改革不仅仅涉及基本教育，还需要改革中等教育结构，积极发展职业技术教育，改革高等教育结构，发展远距离教育、成人教育和继续教育。这些不同类型的教育需要融合在一起，使教育更加多样化和灵活。教学方法也需要进行改革。传统的教学方法需要逐步采用多样化的教学方法，包括现代化教育技术手段，以适应社会发展的需求和信息时代的特征。教育方法的改革应该让学生更加主动参与学习，培养他们的创新能力和问题解决能力。这些改革将有助于信息化教育更好地满足现代社会的要求。

信息社会的教育已经迎来了一场革命性的变革，旨在更好地满足现代社会的需求，培养具备综合素质和创新能力的学生，同时也赋予了教育更大的多样性和灵活性。这些变化对学生和教师的角色、教学方式以及教育体系都带来了深刻的影响。

一、信息时代教师的新型能力和素质要求

素养维度综合体现了信息时代教师的专业素养要求，强调了教师不仅需要传统的教育知识和教育技巧，还需要具备信息技术和教育技术方面的知识和能力，以更好地应对现代教育的挑战，满足学生的需求，促进教育的发展。教育技术的快速发展和教育信息化的深化使教师的角色变得更加多样化和富有挑战性，因此不断提升教师的专业素养是教育领域的重要任务之一。

信息时代教师专业素养大体包括以下几个方面。

（一）要具备信息化教育意识和追求自身职业发展与创新的意识和理念

教育信息化对教师应用信息、采用信息技术优化教学提出了更高要求，

而要具备信息应用和信息教学能力，首先必须有运用信息技术的意识与责任、提升自我发展和创新能力的意识，懂得合理、正确地运用信息的途径和维护版权的法律意识等，因此，信息时代的教师应具有以下几方面的意识与理念。

1. 具有高度的职业责任感与不断提升自身专业素养的意识

拥有高度的职业责任感和不断自我提升专业素养的意识是教育工作者的核心特质。教育工作者不仅是知识的传授者，更是塑造未来一代的引路人。因此，他们必须对自己的教育使命感到自豪，全身心地投入到教育工作中，为学生的成长和发展承担起坚定的责任。

与此同时，教育领域在不断演进，新的教育方法和技术层出不穷。具有不断提升自身专业素养的意识是不可或缺的。教育工作者应该积极追求教育理论和实践的最新进展，持续学习和研究，不断改进自己的教学方法，以更好地适应不断变化的教育环境和满足学生的需求。

总之，职业责任感和专业素养是教育工作者成功的关键因素，他们的工作不仅仅是一份职业，更是一项重要的社会责任。通过不断提升自身素养，他们能够更好地履行这一责任，为学生的未来和社会的发展作出积极的贡献。

2. 具备合理获取信息和信息化教学的意识

具备合理获取信息和信息化教学的意识是现代教育工作者的必备素质。在信息时代，教育不再局限于传统的教材和教室，信息资源广泛且便捷地可供获取。因此，教育工作者需要具备意识，以合理获取各种教育相关信息，包括最新的教育理论、教学方法、教材资源等。这不仅有助于教育工作者不断提升自己的教育水平，还有助于为学生提供丰富多样的学习资源，提高教育质量。

同时，信息化教学的意识也至关重要。现代教育已经逐渐融入信息技术，教育工作者需要了解并灵活运用各种信息技术工具和教育平台，以提供更具吸引力和互动性的教学体验。具备信息化教学的意识意味着教育工作者应该积极探索新的教育技术，不断更新教学方法，以满足学生对现代化教育的需求。

综上所述，合理获取信息和信息化教学的意识是教育工作者在信息时代的基本素养，它有助于提高教育质量、增强学生学习体验，推动教育不断进步。

3. 具备信息规范应用意识和版权法律意识

具备信息规范应用意识和版权法律意识是教育工作者在信息时代中不可或缺的素质。信息规范应用意识要求教育工作者在获取、使用和传播信息时，遵守一定的道德和伦理规范，确保信息的真实性、准确性和可信度，防止误导和不当引用。同时，教育工作者应该尊重他人的隐私和知识产权，不滥用他人的信息，避免侵犯他人的权益。

与此同时，版权法律意识强调教育工作者应了解和遵守相关的版权法律法规，确保在教育教学活动中不侵犯他人的版权。这包括了合法获取教材和教育资源，以及在教育教学过程中合法使用这些资源。教育工作者需要明确知晓何种情况下需要获得版权许可，何种情况下可以合理使用他人的作品，并遵守版权法律的相关规定，以避免法律纠纷和侵权行为。

总之，信息规范应用意识和版权法律意识是现代教育工作者必备的素质，有助于保护知识产权、维护教育的道德伦理，以及确保信息的合法使用和传播。这些意识不仅有助于提高教育质量，也有助于维护法律纪律和社会公平。

（二）要具有广博的知识和信息化教学能力

信息时代的教师还需要熟练运用现代教育技术和信息技术，改革教学过程，创造具有互动性和创新性的学习环境。这包括研究性学习、案例学习、情景式学习等教育方法的运用，以激发学生的主动学习兴趣，培养其解决问题和创新的能力。信息时代的教师需要不断提升自己的综合素质和教育技能，以适应教育的新要求，培养出更具创新力和综合素质的学生，为社会的发展和进步作出贡献。这是新课标对学生培养的要求，也是教育的使命和责任。为此，信息时代教师应具备的知识和能力要素主要包括以下几个方面。

1. 具备扎实的专业知识和深厚的文化底蕴

（1）扎实的专业知识

在信息时代，教育不仅要关注学科知识的传授，还需要培养学生具备跨学科的综合素质和创新能力。因此，教师需要拥有扎实的专业知识，这是教育的基础。只有深刻理解和掌握自己的专业领域，教师才能够有效地传授知识给学生，并为他们提供深入学习的机会。

扎实的专业知识也有助于教师更好地将不同学科领域的知识进行融合和整合，促进跨学科的教学和学习。教师的专业知识可以作为指导学生的基础，帮助他们更好地理解和应用知识。

此外，扎实的专业知识还有助于教师在教育过程中更好地引导学生，回答他们的问题，并提供深层次的教育支持。综上所述，扎实的专业知识是信息时代的教师必备的素质之一，它不仅有助于教育的质量提升，也能够为学生的全面发展提供更好的支持。

（2）深厚的知识文化底蕴

教师需要具备深厚的知识文化底蕴，这意味着他们不仅要熟悉自己的专业领域，还要对广泛的知识和文化有一定的了解和理解。这种深厚的知识文化底蕴对于信息时代的教育至关重要，深厚的知识文化底蕴是信息时代的教育从业者必备的素质之一，它有助于提高教育质量，培养具有综合素质和创新能力的学生，同时也有助于促进教育领域的不断发展和进步。

2. 具有信息化教育必备的知识与能力

信息时代的教师除了具备教学法知识、课程知识和学科教学法知识以外，教育技术知识素养和实践能力也成为当前教师必备的素质，为此，教师应具备以下信息化教育知识和能力。

（1）具有完善的现代教育技术知识素养和实践能力

教育技术知识素养和实践能力的完善对于现代教育至关重要。教育工作者需要具备深入的了解，包括教育技术的最新发展趋势、教学设计原则、多媒体教材的制作、在线教育平台的应用等方面的知识。此外，他们还需要能够将这些知识转化为教学实践，设计具有吸引力和效果的课程，利用技术资源提高学生的学习体验和成果。教育技术知识素养和实践能力的完善有助于提高教学质量，培养具备信息时代素养的学生，推动教育的不断发展与创新。

（2）具有全面的信息化教育能力

具备全面的信息化教育能力是现代教育工作者的一项重要素养，它包括多方面的技能和知识，旨在适应信息时代的教学需求并提高教育的质量。具备全面的信息化教育能力意味着教育工作者应熟练掌握各类教育技术工具和平台，能够灵活运用多媒体、互联网、虚拟现实等资源进行教学，创造富有创意和互动性的学习体验。这种能力要求教育工作者具备信息搜索和筛选的能力，能够有效地获取和评估在线信息，培养学生的批判性思维和信息素养。教育工作者需要具备设计和开发在线教育内容的能力，包括课程设计、教材制作、教育游戏和互动课件等，以满足不同学习风格和需求。此外，了解和遵守信息安全和版权法律也是必要的，具备信息伦理意识，确保教育过程合法合规。全面的信息化教育能力还包括有效的管理和评估信息化教育的效果，不断改进教学方法和资源使用，以实现教育的持续改进和创新。这些综合能力有助于教育工作者更好地应对信息时代的挑战，提高教育的质量，培养具备信息素养的学生，推动教育的现代化和可持续发展。

二、信息社会学生的变化

信息社会的发展对学生产生了深刻的影响，学生的生活和学习方式发生了重大变化。信息社会使学生接触到更加丰富的信息资源，他们可以通过互联网轻松获取各种知识和资讯，拓宽了学习的渠道。学生的学习方式由传统的课堂教育逐渐向自主学习、远程学习、在线学习等多样化方向发展，学习的时间和地点更加灵活，适应了个体差异和生活需求。信息社会也培养了学生的信息素养和批判性思维，他们需要更好地筛选、评估和应用信息，培养了自主学习和问题解决的能力。信息社会为学生提供了更多的学习机会和挑战，要求他们具备更多的自主性和终身学习的意识，以适应不断变化的知识社会。

第三节　教育技术的概念与思维

一、教育技术概述

随着科学技术的进步，人类进入了信息时代，这也催生了教育领域的革命性变革。现代科学技术以及相关的教育技术的广泛应用，不仅为传统教学注入了新的活力，还拓展了信息传递的方式和方法，显著提升了教育教学的效果和效率。同时，这些技术也彻底颠覆了传统的教育教学模式，塑造了新的思想观念，并不断推动和促进教育教学改革的深入和发展。在信息时代，教育不再局限于课堂和纸质教材，而是通过互联网、智能设备以及各种在线资源实现了全球化、自主化、个性化的学习方式。这一变革不仅影响了教育的传统方式，也改变了学生的学习方式和教师的角色。教育者需要不断适应这一快速变化的环境，掌握新的教育技术，以更好地满足学生的需求，提高教育质量，推动社会进步。这个新纪元为教育领域带来了前所未有的机遇和挑战，需要积极应对，以确保教育在信息时代持续发展和创新。

教师教育信息化的意义在于提高教育的质量和效率，满足学生的个性化需求，推动教育的创新和改革。在信息时代，教育技术为教师提供了丰富的教育资源和工具，帮助教师更好地实现教学目标，提高学生的学习兴趣和能力。同时，教育技术也为教师提供了更多的教育评估工具和数据分析方法，有助于教师更好地了解学生的学习情况，提供个性化的辅导和支持。总之，教育技术在教师的教育教学工作中具有重要的意义，可以帮助教师更好地应

对信息时代的教育挑战，提高教育质量，促进学生的全面发展。

“概念”是反映对象本质属性的思维形式，通过明确这些基本概念，我们可以更好地理解教育技术学作为一个学科领域如何探讨和应用技术以改善教育过程。这有助于建立清晰的理论基础，以便更好地研究和实践教育技术学。

“教育技术”的英文名称是“educational technology”。从词语的构成来看，它是一个由“教育”（educational）和“技术”（technology）两个词组合而成的复合偏正词组。通常可以理解为指的是在教育领域中应用技术的过程和方法，或者是教育中使用的各种技术工具、资源和方法。这一领域的目标是改进和增强教育过程，以提高学习效果、促进教育的创新和改革。

什么是“教育”？通常对“教育”一词有两种界定：一是广义的教育，指“按照一定的社会要求，对受教育者的身心施以影响的一种有目的、有计划的社会活动”。二是狭义的教育，就是指学校教育。教学是学校教育的主要形式，“教学是教师讲授和学生学习的共同活动”。教育就是按照一定的目的、要求，对受教育者的人格——包括健康、对基本过程的掌握、和睦的家庭关系、职业、居民关系、有效娱乐以及道德品质等 7 大目标全面提升的一种社会活动。“技术”的英文为 technology，其词根为 techno，来源于希腊语。在希腊语中“技术”（technology）的本义就是“对纯艺术和实用技巧的论述”，因此，它的词根 tech-就意味着“艺术和手工技巧”。就其含义而言，“技术”一词习惯上与工艺联系在一起，对此，我国学术界有如下解释：以《辞海》为代表的解释把技术定义为：① 泛指根据生产实践经验和自然科学原理而发展成的各种工艺操作方法与技能；② 除操作技能外，广义的还包括相应的生产工具和其他物质设备，以及生产的工艺过程或作业程序、方法。

《科学学辞典》和《科技词典》把技术定义为：第一种定义将技术视为有形的物质手段，主要强调技术在工业生产中的应用，对其范围有较窄的界定。按照这种定义，教育技术被局限于硬件和软件等有形物质方面，被简单地等同于教学媒体，如录音机、录像机、计算机等。第二种定义更加全面，认识到现代用法中的“技术”不仅包括有形的物质性方面，还包括无形的非物质性方面。这种无形的非物质性技术在社会实践中发挥着重要作用，不亚于有形技术，甚至在某些情况下更为重要，无法被有形技术所取代。因此，根据这种定义，技术包括有形技术和无形技术的总和。

这一理解对于教育技术非常重要，因为教育技术不仅涉及到硬件和软件等物质性方面，还包括了教育方法、教学策略、课程设计等无形的非物质性方面，它们共同作用于教育过程中，以提高学习效果和教育质量。因此，教育技术应该被看作是有形技术和无形技术的综合体。

教育技术可以被定义为人类在教育活动中所采用的所有技术手段和方法的总和。这些技术手段和方法可以分为两大类：有形技术（物化形态）和无形技术（智能形态）。有形技术涵盖了各种教育和教学媒体，从传统的黑板和粉笔到现代的计算机和卫星通信等。这些物质工具在教育中起到重要作用，可以用于知识传递、教学辅助和学习资源提供等方面。无形技术则指的是在解决教育和教学问题时使用的技巧、方法和理论。这些智能方法以抽象的形式呈现，包括教育策略、课程设计、教学方法等，它们对于提高教育质量和学习效果至关重要。

随着互联网的普及，全球的学校、图书馆、信息资源中心都连接在一起，学生的课堂教学活动受到了更少的地域、校别、课程、经济、文化和师资限制。学习方式、概念和评价也在互联网的影响下发生了巨大改变，这使人们对教育技术的看法发生了质的飞跃。有必要更新教育技术观念，树立“全面的教育技术观”。教育技术不仅是教师的教学工具，也是学习者的丰富教学资源，是学校和家庭的学习和生存环境的一部分。它应该适应信息技术时代教育的要求，不仅仅局限于媒体，而是更广泛的教育生态系统的一部分。

二、教育技术思维

师范生作为未来教师的预备者，其知识储备在一定程度上决定着未来教育质量的好坏。师范生不仅要掌握学科专业知识和教育理论知识，还要有广博的文化知识和丰富的教育实践知识，还要具备一定的信息素养和运用信息技术支持教育教学的能力。

（一）掌握教师 TPACK 知识结构框架模型

在信息化大背景下，美国学者克勒和米什拉提出了 TPACK（technological pedagogical and content knowledge）这一教师知识新框架。TPACK 框架不仅关注教师的单一知识要素，而是强调了不同知识要素在不同教育环境下的动态交互和整合。它综合了技术知识（Technological Knowledge）、教育知识（Pedagogical Knowledge）和学科知识（Content Knowledge），形成了一个更加综合和复杂的知识体系，以适应现代教育中技术的广泛应用和变化的教学需求。TPACK 框架有助于教师更好地理解如何整合技术、教育方法和学科知识，以提供更有效的教育。这一框架也在国内被翻译为“整合技术的学科教

学知识”，强调了教师需要在教育实践中动态地运用这些知识要素。

TPACK 模型还强调了这些知识要素之间的动态交互和境脉，即教育环境和特定教学情境对这些知识要素的影响和互动。这一框架有助于理解教师在教育过程中如何应对不同的挑战和需求，以提供更有效的教育。

教育者和教师需要具备深刻的学科内容知识，以便有效地传授和解释学科的核心概念和原理，帮助学生建立坚实的学科基础。这种知识是教育过程中至关重要的一部分，有助于学生更好地理解和掌握所学的学科领域；一般教学法知识对于成为一名优秀的教育者或教师至关重要，因为它涉及到教育过程中的关键要素，能够帮助教师更好地理解和满足学生的需求，提高教学质量。这种知识也需要不断更新和完善，以适应不断变化的教育环境和学生需求；技术知识在教育技术领域中非常关键，因为它涵盖了广泛的工具和资源，可以用于创造更具吸引力和有效性的教育体验。了解如何整合传统技术和数字技术，并善于应用它们，有助于提高教育者的教学能力和教育质量；整合技术的学科内容知识对于教育者来说至关重要，因为它有助于创造更具吸引力、互动性和有意义的教育体验。教育者需要不断发展这方面的知识，以适应不断变化的教育技术和学科内容，这有助于提高教育的质量和效果；整合技术的教学知识和整合技术的学科教学知识共同构成了教育者在使用技术时需要具备的核心知识。这些知识帮助教育者更好地利用技术来实现教育目标，提高学生的学习体验和成就。教育者需要不断发展这方面的知识，以适应不断变化的技术和学科需求。TPACK 模型有助于教育者更好地理解如何在教学中综合运用内容、教学法和技术知识，以提供高质量的教育。它也强调了教育者在不同环境和情境下灵活应用这些知识要素的能力。TPACK 模型为教育者提供了一个有用的框架，帮助他们更好地理解和运用教育技术知识，以改善教育质量并更好地满足学生的学习需求。它的动态性和不断完善的特点使其能够适应不断变化的教育环境和技术发展。

（二）熟悉基于 TPACK 的师范生知识结构

师范生在教育技术领域的知识储备应该涵盖这两个方面的知识，既要具备坚实的基础知识，又需要能够整合这些知识来应对复杂的教育情境。这种整合能力是教育技术领域的核心要素，有助于师范生更好地运用技术来支持教学和提高学生的学习成果。因此，教育培训和课程设计应该考虑如何培养师范生的基础知识和综合知识，以帮助他们成为有竞争力的教育者。

1. 师范生的基础知识结构

师范生的基础知识结构在教育技术领域包括三个主要单一知识要素，即学科内容知识、一般教学法知识和技术知识。这些知识要素在师范生的基础知识结构中扮演关键角色。

① 学科内容知识：师范生需要具备深入的学科内容知识，包括学科的核心概念、理论、事实和过程。这方面的知识是教学的基础，帮助教师更好地理解和传授学科内容，确保教学内容的准确性和深度。这也意味着教师应该持续更新自己的学科知识，以跟上学科领域的最新发展。

② 一般教学法知识：除了学科知识，师范生还需要了解一般的教学法知识，这包括学生学习理论、教学策略、课堂管理技巧、评价方法等。这些知识有助于师范生有效地组织和管理教学活动，提供适合学生的教育体验，以促进他们的学习。

③ 技术知识：在信息时代，师范生需要熟悉各种教育技术工具和数字资源，包括计算机、互联网、教育软件、多媒体教材等。他们应该了解这些技术的基本原理和应用，以及如何有效地将它们整合到教学中，以增强学习效果和吸引学生的兴趣。

这三个基础知识要素共同构成了师范生在教育技术领域的知识基础，为他们提供了教育技术整合的基础，但它们只是知识结构的一部分。综合知识要素，如学科教学知识和整合技术的学科内容知识，以及这些知识要素的交互作用，也是师范生需要发展的重要组成部分，以更好地应对现代教育的复杂需求。师范生应不断地加强和拓展他们的基础知识结构，以适应不断变化的教育技术环境。

2. 师范生的综合知识结构

师范生的综合知识结构是 TPACK 模型中复合知识要素的核心，它反映了师范生如何将学科内容知识、一般教学法知识和技术知识融合在一起，以应对不同境脉下的教育挑战。以下是师范生的综合知识结构的主要组成部分。

① 学科教学知识：这部分知识涵盖了如何将学科内容与教学法相结合，以有效地传授学科知识给学生。师范生需要了解如何设计课程，选择教学策略，以及在特定学科领域中应用不同的教育技术工具。他们应该能够将学科内容有机地融入到教学过程中，以满足学生的学习需求。

② 整合技术的学科内容知识：这是关于如何将技术与学科内容相结合的知识。师范生需要了解如何选择和使用适当的技术工具来支持学科教学，以提高教学效果。他们应该能够识别哪些技术工具最适合特定学科领域，并将

它们整合到课堂教学中，以增强学生的理解和参与。

③ 整合技术的教学知识：这一部分知识涵盖了如何有效地使用技术来支持教学过程。师范生需要了解如何设计数字化学习活动，管理在线资源，以及评估学生的技术能力。他们应该能够运用技术来创造丰富的学习体验，促进学生的自主学习和参与。

④ 整合技术的学科教学知识：这部分知识关注了学科内容、教学法和技术之间的相互作用。师范生需要了解如何在教学中平衡这三个要素，以实现最佳的教育效果。他们应该能够灵活地调整教学方法，根据学生的需求和情境来整合技术，以提供有针对性的教育。

综合知识结构不仅涵盖了这些复合知识要素，还考虑了它们之间的动态交互和适应不同教育环境的能力。师范生需要能够灵活地应对不同的教育场景，根据需要调整他们的教育技术整合策略。这种综合知识结构使师范生能够更好地满足学生的需求，提供高质量的教育，并不断适应教育领域的变化和创新。

三、研究教育技术的必要性

现代教育技术的全面应用可以促使教育更加个性化、灵活，适应不同学习者的需求和兴趣。它也可以提供更多的教学资源和工具，丰富教育内容，拓宽学习渠道，促进跨学科的融合和合作。此外，教育技术还可以改善教学评估和反馈机制，帮助教师更好地了解学生的学习进展，从而更有针对性地指导他们。对于教师和师范生来说，掌握现代教育技术是提高教学质量、满足学生需求的关键。他们需要不断学习和适应新的技术工具和方法，以更好地应对教育领域的挑战。此外，教师还需要具备批判性思维和伦理观念，以确保教育技术的应用不仅提高了教学效果，还确保了学生的隐私和数据安全。

（一）教育技术是教学改革的制高点

教育技术在帮助解决教育领域的问题、提高教学质量、个性化教育和推动教育改革方面具有重要作用。它是教育领域的前沿领域之一，不断推动着教育的创新和发展。

1. 教育技术与教师专业发展

教育技术与教师专业发展密切相关，它不仅为教师提供了更多的教学工具和资源，还促使教师不断更新自己的知识和技能。现代教育技术要求教师不仅具备传统教育知识和教学技巧，还需要掌握数字技术、在线教育工具、数据分析等领域的知识。教师在教育技术的支持下可以更好地开展个性化教育、跟踪学生进展、创新教学方法，并在不断变化的教育环境中适应新的教育模式。因此，教育技术为教师提供了机会和挑战，也推动了教师的专业发展和教育领域的不断进步。

2. 基础教育课程改革的迫切需求

基础教育课程改革的迫切需求源于社会的快速变革和学生的不同需求。现代社会要求学生具备更多的综合素质和创新能力，而传统课程往往偏重知识传授，难以满足这些要求。因此，课程改革成为迫切的任务，需要调整课程内容，注重培养学生的综合素质，强调实践和创新教育，以更好地适应现代社会的需求，为学生提供更好的教育和发展机会。这样的改革有助于培养更具竞争力和适应力的新一代人才。

3. 教育技术与创新能力的培养

教育技术在教育领域的应用对于培养创新能力具有重要意义。随着现代社会的快速发展，创新能力成为了一个关键的素养，对个体的职业发展和社会的进步都至关重要。教育技术为创新能力的培养提供了丰富的资源和机会。

教育技术可以拓宽学习渠道。通过互联网和在线学习平台，学生可以获取到全球范围内的知识资源，与不同文化背景的人交流合作，这有助于拓宽视野和思维方式。

教育技术可以激发学生的创造力。虚拟实验室、多媒体教材、虚拟现实等技术工具可以让学生在安全环境中进行实践和探索，从而培养他们的实际问题解决能力和创新思维。

教育技术也可以提供个性化的学习体验。通过智能化的教育平台，教师可以根据每个学生的学习需求和兴趣定制课程，使学习更具针对性和有趣，从而激发学生主动学习和创新潜力。

教育技术为创新能力的培养提供了丰富的工具和资源，它不仅可以帮助学生获取知识，还可以培养他们的实践能力、创新思维和解决问题的能力，使他们更好地适应未来的社会和职业发展需求。因此，教育领域需要不断探索和推广教育技术的应用，以促进学生创新能力的全面发展。

（二）教育技术的运用和师生角色的转变

虽然教育技术为教育带来了新的可能性，但教师的作用仍然是不可或缺的。教育不仅仅是知识的传递，更是品德和智慧的培养，这需要教师的引导和辅导。教育技术可以成为教育的有力工具，但教师仍然是教育过程中的核

心。因此，我们应该看到教师和技术的互补性，而不是取而代之的关系。

1. 教师角色的转变

教育技术的发展为教育带来了更多的可能性和挑战，但教师仍然是教育过程中不可或缺的关键因素。教师需要不断提升自己的综合素质，以更好地适应新的教育环境，为学生提供高质量的教育。

（1）教师要更新教育观念

教师在教育技术快速发展的时代，需要不断更新自己的教育观念，以适应新的教育环境和学生需求。传统的教育观念强调教师是知识的传授者，学生是被动接受者，而现代教育观念则呼吁教师应该更多地充当引导者、激发者和合作伙伴的角色。

在信息时代，教育观念的更新变得尤为重要。传统的教育观念强调教师的权威性和知识传授的重要性，但这种观念已经不再适用于当今的教育环境。现代社会充满了信息和知识，学生可以轻松地获取各种知识，因此，教育的目标不再仅仅是传授知识，而是培养学生的综合素养和创新能力。

新的教育观念强调学生的主动性和参与性。教育不再是被动接受知识，而是积极参与、合作学习和问题解决的过程。教师的角色也发生了变化，他们不再是单纯的知识传授者，而是学习的引导者和激发者。他们应该创造一个积极、合作和有趣的学习环境，鼓励学生提出问题、思考、实验和合作，培养他们的批判性思维和解决问题的能力。

另一个重要的更新是教育技术的整合。现代教育技术提供了丰富的工具和资源，可以增强教学效果。教师应该学会有效地整合这些技术，将其融入到教学中，以提供更具吸引力和互动性的教育体验。

最重要的是，教师需要不断自我反思和学习。教育领域的知识和方法不断更新，教师需要积极参加教育培训和专业发展，不断提升自己的专业素养和教育观念。只有拥有开放的心态和不断学习的精神，教师才能更好地适应变化的教育环境，为学生提供更高质量的教育。因此，教育观念的更新是教育领域不可或缺的一部分，它能够推动教育体系的不断进步和发展，培养出更具创新能力和综合素质的学生。

（2）要不断更新自己的知识和提高自己的能力

要不断更新自己的知识和提高自己的能力是现代社会中非常重要的一项素养。随着科技和社会的不断发展，知识和技能的更新速度也愈发迅猛，因此，个体不断学习和自我提高已经成为一种迫切的需求。

在今天的社会，知识和技能的更新速度前所未有地快。新的科学发现、技术创新和社会变革不断涌现，这意味着过去的知识和技能可能会很快过时。因此，要保持竞争力和适应社会变化，每个人都需要不断更新自己的知识和提高自己的能力。

学习不仅是为了应付工作或取得更好的职业机会，更是一种积极参与社会的方式。通过学习，我们可以更好地理解世界、提高问题解决能力、拓宽视野，还可以提升自身的创造力和创新能力。不断学习也有助于保持思维的灵活性和适应能力，以更好地应对各种挑战和机遇。

现代科技为学习提供了更多的便利性和机会。互联网使得获取信息和资源变得更加容易，在线学习平台和开放式课程也为人们提供了灵活的学习途径。因此，没有时间或地点的限制，任何人都可以随时随地进行学习和知识的积累。

然而，学习不仅是获取知识，还包括将知识应用到实际生活和工作中。要不断更新自己的知识和提高自己的能力，需要付出努力和坚持。这需要自律、毅力和耐心，但它将带来更多的机会和成就感。

总之，不断更新自己的知识和提高自己的能力是现代社会中不可或缺的素质。它不仅有助于个人的成长和发展，还有助于社会的进步和繁荣。每个人都应该将学习和自我提高视为一项重要的责任和乐趣，不断追求知识和技能的完善，以更好地面对未来的挑战和机遇。

（3）教师需要掌握教育技术的理论和操作技能

教师在现代教育环境中需要掌握教育技术的理论和操作技能，这是为了更好地适应和应对不断变化的教育需求和教学环境。

教育技术已成为现代教育不可或缺的一部分。它包括了计算机、互联网、多媒体资源等各种工具和技术，这些技术正在改变着教育的方式和方法。教师不再只是知识的传授者，更要充当教育技术的引领者和应用者。

首先，教师需要掌握教育技术的理论知识。这包括了了解教育技术的基本原理、教育技术在教学中的应用理论、教育技术对学习过程的影响等方面的知识。理论知识有助于教师更好地理解教育技术的内涵和潜力，能够更科学地选择和应用教育技术工具。

其次，教师需要掌握教育技术的操作技能。包括熟练使用计算机和相关软件、能够制作多媒体教材、了解在线教学平台的使用方法等技能。操作技能使教师能够有效地应用教育技术工具来支持教学活动，提高教学效果。

此外，教师还需要不断更新自己的教育技术知识。教育技术领域的发展速度非常快，新技术和工具不断涌现。因此，教师需要保持学习的心态，不

断学习和掌握新的教育技术，以跟上时代的步伐。

最重要的是，教师需要将教育技术融入到教学实践中，创造出更具吸引力和效益的教学方式。教育技术不仅可以丰富教学资源，还可以提供个性化的学习体验，促进学生的参与和互动。教师要善于将教育技术与课程内容相结合，创造出有趣、有启发性的教学环境。

总之，教师需要掌握教育技术的理论和操作技能，以适应现代教育的需求。这将有助于提高教学质量，激发学生的学习兴趣，培养他们的创新能力，促进教育的不断进步。只有紧跟教育技术的发展，教师才能更好地履行教育使命，为学生提供更好的教育。

2. 学生角色的转变

随着教育技术的不断发展和社会的变革，学生角色在现代教育中发生了显著的转变。在传统的教育模式中，学生通常被视为知识的接收者和被动的学习者。然而，现代教育强调学生的主动性、自主性和参与性，这导致了学生角色的深刻变化。

学生不再仅仅是知识的接收者，他们更多地被视为知识的创造者和构建者。现代教育强调培养学生的创新能力和问题解决能力，要求学生积极参与知识的建构过程。学生需要提出问题、寻找资源、探索解决方案，这使得他们成为了知识的积极参与者。

学生角色的转变也包括了学习过程的个性化和自主化。现代教育技术提供了个性化学习的可能性，学生可以根据自己的兴趣、能力和学习节奏来制定学习计划。他们可以选择不同的学习资源和工具，以适应自己的学习需求。这种自主性的学习方式使学生能够更好地发挥自己的潜力。

学生角色的转变还涉及学习的互动性和合作性。现代教育注重学生之间的合作和互动，学生可以通过团队项目、在线讨论和协作工作来共同构建知识。这种合作性学习有助于培养学生的团队合作能力和社交技能，使他们更好地适应未来的社会和职场要求。

学生角色的转变也强调了学习的终身性。现代社会中，知识的更新速度非常快，学生需要具备终身学习的能力，不断更新自己的知识和技能。因此，学生角色的转变包括了培养学生的自主学习和自我管理能力，使他们能够不断适应和应对变化的社会和职业环境。

学生角色的转变是现代教育中的一个重要趋势。学生不再仅仅是知识的接收者，他们更多地被视为知识的创造者和建构者，具备个性化、自主化、互动性、合作性和终身性的学习特质。这种转变有助于培养学生更全面的能力，使他们更好地适应未来的社会和职业挑战。

（三）教育技术的运用对教学过程的影响

21 世纪教育技术的应用改变了教育领域的传统模式。学生不再被动地接受知识，而是积极参与学习，个性化学习的机会增加，创新和问题解决能力得到培养。这些变化有助于提高教育质量，使学生更好地准备迎接未来的挑战。这种变革可以从以下几个方面来理解。

1. 改变了学生在教学过程中认识事物的过程

传统的教学过程通常包括感知教材、理解教材、巩固知识和运用知识等几个环节，这些环节通常是顺序进行的。然而，教育技术的应用改变了这种传统模式，将感知、理解、巩固和运用知识融合为一个整体，使学习过程更加综合和互动。

教育技术具有直观性，它通过多种感官器官的参与，引导学生更深入地理解知识。心理学研究表明，当学习过程中涉及多个感官器官时，学生更容易理解和巩固所学知识，因为这有助于提高信息的接受度和记忆效果。通过视觉、听觉、触觉等多种感官的参与，教育技术能够使学生更全面地理解和掌握知识。

此外，教育技术还可以帮助学生直观地揭示事物的本质和内在联系。通过使用多媒体、模拟软件和虚拟现实技术，学生可以亲身体验和观察抽象的概念和现象，从而更深刻地理解宏观世界和微观世界的运行规律。这有助于培养学生的思维能力，促使他们从更深层次理解和分析问题。

综上所述，教育技术的应用不仅改变了传统教学模式，也提供了更多感官参与和互动的机会，有利于学生的综合发展和思维能力的培养。通过多感官参与和直观的学习方式，学生更容易理解和巩固所学知识，同时也更容易培养他们的分析和解决问题的能力。这为教育提供了更多可能性和机会，有助于提高教育的质量和效果。

2. 改变了某些教学原则

教育技术的应用可以打破传统教学的时间和空间限制，为学生提供更多的学习机会和方式，从而有助于更好地促进他们的认知发展和理解能力。

教育技术的优势之一是可以将抽象的概念或复杂的知识以直观和具体的方式呈现给学生。通过多媒体、模拟软件、虚拟实验等工具，学生可以参与到实际的学习体验中，观察、实验和探索，从而更深刻地理解抽象概念和复杂现象。这种直观性的学习方式可以激发学生的兴趣，提高他们的学习积

极性。

此外，教育技术还可以通过在线教育、远程教育等方式打破地理位置的限制，使学生能够随时随地进行学习。这对于那些无法参加传统课堂教学的学生或需要灵活安排学习时间的学生来说尤为重要。

总之，教育技术的应用能够根据学生的需求和认知特点，提供更灵活、直观和具体的学习方式，有助于促进他们的认知发展和知识理解。这种个性化和多样化的学习方式有助于满足不同学生的学习需求，提高教育的效果。

3. 改变了教学内容和教材形式

通过教育技术的创新，我们能够将以前较难理解的新科技内容整合到教学中，从而使教育内容更具现代感和吸引力。通过开发教育技术软件，结合声音、图像和文字，我们不仅提高了教材的多样性，还增强了教材的艺术感染力，使学习变得更加生动和引人入胜。这种方式不仅有助于学生更好地理解复杂的科技概念，还激发了他们对学习的兴趣，促进了教育的创新和发展。

4. 改变了教学过程中教师、学生、教材三者之间的关系

教师、学生和教材一直被认为是教学过程的三个核心要素，它们之间相互影响和相互作用。不同的教育思想和教育流派曾经提出过不同的主张，有些强调以教师为中心，而另一些则强调以学生为中心；有些认为应以系统的学科教材为重点，而另一些则认为应以学生的经验为中心。然而，随着教育技术在教学过程中的应用，教育过程的要素增加为四个。这一变化打破了以往围绕中心的论争，同时调动了教师和学生的主动性，改变了传统课程教学的模式。教师不再仅仅是知识的传授者，而是教材的设计者，学生也不再仅仅是知识的接收者，而是自主学习和自我发现的实践者。这种变化有助于因材施教，实施个性化教学。总之，教育技术的引入不仅仅是一种工具和方法，它对整个教育过程的影响深远，必然导致教学过程的深刻变革。

（四）开展基于翻转课堂的混合教学实践

基于翻转课堂的混合式教学模型不同于传统课堂教学模型或网络在线教学模型，对它的设计要注意以下两方面。

1.“翻转”的目的

翻转教学，又被称为颠倒课堂或颠倒教学，是一种相对于传统教学结构的新型教学方法。在传统教学中，通常是教师在课堂上传授知识，然后学生在课下进行作业和复习以强化所学知识。而翻转教学的核心思想是将这两个过程颠倒过来：课下学生利用信息技术工具观看教师事先制作的微视频或其

他教育资源，以获取课程内容，这部分被称为“课下传授知识”；而在课堂上，学生通过各种学习方式如作业、小组合作、实验探究和讨论等来积极参与和内化所学知识，这部分被称为“课上强化知识”。

这种教学模式的目的是提高学生的参与度和深度理解，使他们在课堂上能更多地运用知识，解决问题，进行探究性学习，而不仅仅是 passively 接受信息。翻转教学依赖于技术工具，因为学生需要在课下通过视频等方式获取教材内容。这种教育方法已经在许多教育环境中得到应用，有助于激发学生的学习兴趣和自主性，促进深度学习和批判性思维的培养。

2.“翻转”的流程

翻转教学是一种不同于传统教学的教育模式，它借助信息技术支持学生的自主学习和合作学习，使课堂更具互动性和参与性。这不仅对学生提出了更高的要求，还对教师的教学设计和课堂管理能力提出了挑战，但可以带来更丰富的教育体验和更深层次的学习。

第四节　现代教育技术的理论基础

计算机科学和人工智能的进步为教育技术提供了强大的技术支持，使其能够更好地个性化教学、提供智能辅助学习和模拟实验等。此外，社会建构主义理论强调学习是一种社会性活动，通过社交互动和社区参与来建构知识，影响了在线协作学习和社交学习平台的发展。这些理论相互融合和演进，共同推动着现代教育技术向前发展，为教育领域带来了创新和改进的机会。

一、学习理论

学习理论是关于人类学习本质和机制的心理学理论。研究学习理论的学者从不同角度探讨学习的过程和原理，这导致了多种不同的学习理论流派的产生。这些学习理论各自具有独特的特点，相互补充，适用于不同的情境和学习目标。学习理论的研究成果为现代教育技术的分析、设计、开发等提供了重要的理论基础，帮助教育技术专业人员更好地理解学习过程，为教与学的改进和优化提供了指导和支持。这些理论视角的多样性丰富了对学习问题的探讨，为教育领域的创新和改善提供了丰富的思考和实践基础。

学习理论构成了教学理论的基础，这两者相互依赖且密切相关。教学理论关注的是教师如何进行教育，它涉及教育方法、策略、教材设计等方面的问题。而学习理论则研究了学习的本质和机制，它关注学生如何学习、吸收

知识和发展技能。这两者之间的关系可以被描述为：学习理论为教育工作者提供了发现一般教学原则的起点。通过了解学习理论，教育工作者能更好地理解学生的需求、认知过程、学习方式等，从而能够更有效地设计和实施教学活动。有效的教学理论通常是建立在有关的学习理论基础之上的，因为它们需要考虑学生的学习过程和特点，以便更好地满足他们的学习需求。因此，学习理论和教学理论相互促进，共同为教育领域的发展和改进提供了支持和指导。

学习理论为现代教育技术的设计和实施提供了理论指导，有助于创造更具吸引力和有效性的学习环境，从而提高学生的学习成果。对学习理论的了解对于教育工作者和教育技术设计师都是非常有益的。

（一）行为主义学习理论

1. 行为主义学习理论的基本观点

行为主义强调学习是可观察的：行为主义学习理论认为学习是通过观察和记录可见的行为来进行的。它关注学习者如何对外部刺激作出反应，并通过这些反应来测量学习的成果。在行为主义的框架中，学习的成功与学习者的能力表现在他们的行为上。

学习是对外部刺激的反应：行为主义理论强调学习是通过学习者对外部刺激的反应来实现的。这意味着学习者通过与环境中的刺激相互作用，形成新的行为模式或改变既有的行为模式。学习的过程被看作是一种刺激—反应的关系。

奖惩机制对学习有重要影响：行为主义理论认为，奖励和惩罚对于塑造和控制学习行为至关重要。奖励可以强化学习者的积极行为，使其更有可能重复这些行为，而惩罚则可以减少不良行为的发生。

学习是一种积累的过程：行为主义认为学习是通过反复练习和积累经验来实现的。学习者通过不断重复某种行为或任务，逐渐改进和精进自己的技能和知识。

环境对学习有重要影响：行为主义理论中，环境被认为是塑造学习的关键因素。学习者的行为和反应受到环境中的刺激和条件的影响。因此，提供一个支持学习的环境对于有效的学习至关重要。

总之，行为主义学习理论强调了学习与可观察的行为和外部刺激之间的关系。它的核心观点包括学习是可测量的、是对外部刺激的反应、受到奖惩机制的影响、是一种积累的过程，以及受到环境的影响。这一理论在教育和培训领域中仍然具有一定的影响力，尤其是在设计可衡量和可观察学习成果的教育计划时。

2. 行为主义学习理论对教育技术的启示

斯金纳的学习理论对教育技术产业和教育领域产生了积极的影响，推动了学习理论的科学化，加速了心理学和教育学之间的融合，促进了教学手段的现代化和科学化，为未来的计算机辅助教学提供了坚实的理论基础。这些影响在教育技术的发展中仍然具有重要意义。

（1）对计算机辅助教学的推动

学习理论的科学化为计算机辅助教学提供了理论基础。学习理论的发展使教育研究者更好地理解了学习过程和学习者的需求。计算机辅助教学可以根据学习理论的原理和指导，更好地设计和实施教育内容，以促进学习者的有效学习。

程序教学运动的影响使计算机辅助教学更加系统化和有序。程序教学的方法强调了按步骤的教学和积累式学习，这与计算机辅助教学的个性化和互动性相契合。计算机辅助教学可以通过自适应性和个性化的学习路径，更好地满足不同学习者的需求。

计算机技术的发展为计算机辅助教学提供了强大的工具和平台。计算机辅助教学可以利用多媒体、互动性和实时反馈等技术来增强教育体验。这些技术使教育内容更具吸引力，有助于学习者更好地理解和吸收知识。

计算机辅助教学的崭新方式为教育领域带来了革命性的变革。它不仅为传统教室提供了新的学习方式，还为在线教育和远程学习提供了有力支持。计算机辅助教学的灵活性和可扩展性使得教育可以更广泛地传播和普及，促进了教育的全球化和个性化。

综上所述，学习理论和程序教学运动的推动使计算机辅助教学得以快速发展，并成为现代教育技术的一个重要组成部分。计算机辅助教学不仅提供了新的教育方式，还为个性化学习和远程教育提供了有力支持，推动了教育领域的不断创新和进步。

（2）在教学设计中的应用

教育技术的发展确实受益于程序教学理论的推动。程序教学理论强调了教学过程的系统化设计和明确的学习目标，这对教育技术的发展产生了积极影响。以下是程序教学理论对教育技术的影响的一些关键方面。

① 教学目标的明确化：程序教学理论强调明确的行为目标，这促使教育

技术更注重教学目标的清晰界定。教育技术可以根据这些目标设计教育内容和活动，确保学生在完成课程后达到预定的学习成果。

② 教学过程的系统化设计：程序教学理论强调课程设计的系统性，这有助于教育技术开发者更好地组织教材和教学活动。教育技术可以提供多样化的教学资源和工具，以支持教师在教学过程中的系统化设计。

③ 个性化学习：程序教学理论的一部分是根据学生的表现调整教学内容，以满足不同学习者的需求。这促使教育技术开发了个性化学习的工具和平台，可以根据学生的能力和进度提供定制化的学习体验。

④ 教育评估：程序教学理论注重对学生学习成果的测量和评估，这有助于教育技术开发教育评估工具和方法，以帮助教师了解学生的学术表现，并对教学过程进行改进。

总之，程序教学理论为教育技术提供了有关教学目标、教学过程和个性化学习的重要原则和方法。这些原则和方法在现代教育技术的发展中起到了关键作用，使教育技术更具效益和实用性。

（二）认知主义学习理论

1. 认知主义学习理论的基本观点

认知主义学习理论是一种关于人类学习的心理学理论，它强调了学习过程中个体的思维、记忆、问题解决和知觉等认知过程的重要性。以下是认知主义学习理论的基本观点。

① 学习是主观的活动：认知主义理论认为学习是一个主观的过程，学习者积极地参与其中，通过思考、理解和解决问题来构建新知识。

② 知识的建构：认知主义强调学习者通过将新知识与已有的知识和经验相结合来建构知识。这意味着学习是一个积极的、有意识的过程，学习者根据自己的理解和解释来构建知识。

③ 信息处理：认知主义理论将学习视为信息处理的过程，学习者接收、组织、存储和检索信息。这一过程涉及到感知、记忆、注意力、思考等认知功能。

④ 问题解决：认知主义理论认为学习涉及到问题解决和决策制定。学习者通过思考和分析问题来寻找解决方案，这有助于深化理解和掌握知识。

⑤ 学习策略：认知主义鼓励学习者使用各种学习策略，如记忆技巧、概念映射、问题解决方法等，以提高学习效果。

⑥ 意义和理解：认知主义认为学习应该具有意义，学习者需要理解学习

的内容，而不仅是机械地记忆信息。理解有助于知识的长期保持和应用。

总之，认知主义学习理论强调学习者的主动参与、知识建构、信息处理和问题解决。这些观点对于教育技术的设计和教学方法的选择具有重要的指导意义，促使教育技术开发更注重学习者的认知过程和思维方式。

2. 认知主义学习理论对教育技术的启示

（1）基于认知主义学习理论的教学设计

基于认知主义学习理论的教学设计强调了学习者的主动参与和知识建构过程。

在基于认知主义学习理论的教学设计中，教师的角色不仅是知识的传授者，更是学习的引导者和促进者。教师应该创建一个富有挑战性和启发性的学习环境，鼓励学生积极参与知识的建构。以下是一些关键的教学原则和实践方法。

① 激发学习兴趣：教学设计应该引起学生的兴趣和好奇心，以激发他们的主动学习动机。使用引人入胜的案例、问题、故事或多媒体资源，吸引学生的注意力。

② 提供挑战性任务：教师应该设计具有一定难度的任务，要求学生思考、分析和解决问题。挑战性任务有助于学生深入思考并建构知识。

③ 强调理解和应用：教学应侧重于帮助学生理解知识的意义和应用，而不仅仅是死记硬背。使用实际例子和案例分析，鼓励学生将所学知识应用于现实情境。

④ 促进互动和合作：教学设计应鼓励学生之间的互动和合作。小组讨论、合作项目和同伴评价可以促进知识的共享和合作建构。

⑤ 提供及时反馈：教师应及时提供反馈，帮助学生纠正错误和改进学习。反馈可以来自教师、同伴或自我评价。

⑥ 引导元认知策略：教师可以教授学生如何使用元认知策略，例如目标设定、计划、监控和评价自己的学习。这有助于学生更好地管理自己的学习过程。

⑦ 多媒体和技术支持：教育技术可以用于增强认知主义学习理论的实施。多媒体资源、在线学习平台和虚拟实验室可以提供丰富的学习体验。

综合而言，基于认知主义学习理论的教学设计强调学习者的主动性、知识建构和思维能力的培养。这种教学设计有助于学生更深入地理解和应用知识，提高他们的学习效果和自主学习能力。

（2）运用多媒体促进有意义学习

运用多媒体促进有意义学习是现代教育技术中的重要应用之一。多媒体教育借助各种媒体形式，如文字、图像、音频、视频等，以更生动、多样的方式呈现教育内容，从而激发学生的兴趣、提高学习效果，促进有意义地学习。

多媒体教育的优势在于它能够以多种感官方式传递信息，从而更好地满足不同类型学生的学习需求。通过文字，学生可以理解概念和理论；通过图像，他们可以看到图表、图示和示例；通过音频，他们可以听到讲解、解释和故事；通过视频，他们可以观看实际演示、模拟和实验。这种多样性的呈现方式使得学习更加生动和互动。

多媒体教育还有助于提高学习者的专注力和参与度。与传统教材相比，多媒体内容更具吸引力，能够引起学生的兴趣。例如，使用生动的动画、视觉效果和音乐，可以使学习体验更加生动和愉悦。这种吸引力有助于学生更深入地投入到学习过程中，从而促进有意义的学习。

另一个多媒体教育的优势是它提供了更多的互动机会。学生可以通过多媒体内容与教材互动，例如点击链接以获取更多信息，参与虚拟实验或模拟，回答问题或解决问题。这种互动性有助于学生主动参与学习，思考和探索知识，从而更好地理解和应用所学内容。

最后，多媒体教育还可以提供个性化的学习体验。通过在线学习平台，学生可以根据自己的学习进度和兴趣选择学习路径，重复学习内容，或深入研究特定主题。这种个性化学习有助于每个学生更好地适应他们的学习需求，从而实现更有意义的学习。

综合而言，运用多媒体促进有意义学习是现代教育技术的重要应用之一。它通过多样性、吸引力、互动性和个性化等方式，提高了学生的学习体验和学习效果，促进了深刻理解和应用知识的有意义学习过程。

二、教学理论

（一）赞科夫的发展教学理论

1. 发展教学理论的基本概述

教学理论的发展是教育领域中的关键进程，它有助于指导教育实践，提高教学质量，适应不断变化的学习环境和需求。教学理论的基本概述如下。

教学理论的发展可以追溯到古代希腊和中国的哲学家和教育家，如柏拉图、亚里士多德、孔子，他们对教育和教学的思考奠定了基础。然而，教学理论的现代发展主要发生在20世纪，受到心理学、教育学、认知科学、社会学等多个学科的影响。

在教育理论的发展中，不同的学派和流派产生了不同的教学理论。例如，行为主义强调外部刺激和反应的关系，认为学习是一种可观察的行为，受到环境条件的塑造。认知主义关注思维和信息处理，认为学习涉及知识的建构和内化。社会建构主义强调社会互动和文化环境对学习的影响，认为学习是社会参与的结果。这些不同的理论为教学提供了不同的视角和方法。

随着教育技术的发展，教学理论也在不断演进。现代教育理论更加强调个性化学习、技术整合和跨学科教育。个性化学习理论强调根据学生的兴趣、需求和学习风格来定制教育，以提高学习的效果。技术整合理论强调教育技术的有效应用，以增强教学的互动性和吸引力。跨学科教育理论强调不同学科之间的融合和交叉，以促进综合性的学习和解决现实世界的问题。

总的来说，教学理论的发展是一个不断演进的过程，它受到不同学科、思想流派和教育实践的影响。教学理论的不断发展有助于教育领域更好地理解学习过程，提高教育质量，创造更具创新性和适应性的教育环境。

2. 发展教学理论的教学原则

（1）以高难度进行教学

以高难度进行教学是一种教育策略，旨在挑战学生的智力和能力，促使他们在学习过程中面对更复杂、更具挑战性的任务和问题。这种教学方法的核心思想是提供具有一定难度的学习体验，以激发学生的思考、分析和解决问题的能力。

教育界普遍认为，以高难度进行教学有以下几个关键优势。

① 提高学生的挑战感和动力：高难度的任务可以激发学生的兴趣和积极性，因为他们需要克服更多的障碍才能成功。这有助于培养学生的毅力和决心，使他们更容易投入到学习中。

② 深化学习：高难度任务通常要求学生深入思考和理解概念，而不仅仅是记住表面知识。这有助于加强学生的概念理解和知识应用能力。

③ 促进问题解决能力：高难度任务鼓励学生寻找解决问题的方法，培养他们的问题解决能力。这对于他们将来面对各种挑战和困难都非常有用。

④ 提高创造力：高难度的学习体验可以激发学生的创造力，鼓励他们提出新的想法和解决方案。这对于培养他们的创新思维至关重要。

⑤ 实际应用：高难度的任务通常更贴近实际生活和职业需求，因此有助

于学生将所学知识和技能应用到实际情境中。

不过，以高难度进行教学也需要谨慎考虑。任务难度过高可能导致学生感到沮丧或无法完成，因此教师需要根据学生的水平和需求来精心设计任务。此外，教师在高难度教学中仍需提供足够的支持和指导，以确保学生能够有效地应对挑战。综合来看，以高难度进行教学可以激发学生的学习潜力，但需要平衡任务的难度和学生的能力。

（2）以高速度进行教学

在实践高速度教学时，教育者需要谨慎考虑学生的需求和课程目标，以确保教学方法的选择是合适的。同时，教育者还应关注学生的学习体验和情感状态，以确保他们能够应对快速的学习节奏。高速度教学可能适用于某些情况，但并不适用于所有学习环境。

（3）理论知识起主导作用

这种教育方法强调知识和理解的基础，认为只有建立在坚实的概念和原理之上的技巧才能更加持久和可持续。学生不仅仅是为了应付特定任务而学习技巧，而是在深刻理解的基础上培养技能，这将使他们更有创造性和适应性，能够在不同情境下灵活运用所学。这种教育方法注重知识和概念的深度，鼓励学生培养思考和解决问题的能力，而不仅仅是机械地应用技巧。因此，它更注重培养学生的综合素养和批判性思维，以便他们在各种情境下都能够表现出色。

（4）使学生理解学习过程

这种教育方法强调知识和技能的背后思维过程的重要性，不仅仅是为了应对特定任务，而是为了培养学生的深刻理解和批判性思维能力。学生被鼓励去探究知识的本质、逻辑和原理，以便能够更好地应用和创新。这种教育方法注重培养学生的自主学习和问题解决能力，使他们成为具有创造性和批判性思维的独立学习者。因此，它强调知识与思维的融合，旨在培养具备更高层次认知技能的学生，使他们在各种情境下都能够表现出卓越的能力。

（5）使所有的学生都得到发展

教育的根本目标之一是确保所有学生都能够得到全面的发展。这意味着不仅要关注学生的学术表现，还要注重他们的社会、情感、体育和艺术等各个方面的成长。教育体系应该提供多样化的学习机会，以满足不同学生的需求和潜力。教育不应该局限于传授知识，还应该培养学生的创造力、批判性思维、合作能力和社会责任感。只有通过关注每个学生的个体差异，制定包容性政策和实践，才能确保每个学生都有机会充分发展自己的潜力，为社会的未来作出积极的贡献。这是一个教育体系的核心价值，也是教育的终极目标之一。

（二）布鲁纳的发现教学法

1. 发现教学法概述

发现教学法是一种教学方法，其核心理念是鼓励学生通过自己的探索和发现来构建知识。这种教学法强调学生的积极参与和思考，而不仅是被动接受教师传授的信息。通过让学生参与问题解决、实验、讨论和自主学习的活动，发现教学法旨在培养学生的批判性思维、创造性思考和问题解决能力。

发现教学法的历史可以追溯到 18 世纪和 19 世纪的教育家，如卢梭和杜威，他们强调学生主动参与学习的重要性。该方法在 20 世纪 60 年代得到了更深入的研究和发展，特别是在心理学家布鲁纳的工作中。布鲁纳参考了皮亚杰的智力结构发展理论，强调了学生在学习过程中不仅需要掌握基本概念和原理，还需要内在的探索精神。他认为，通过发现教学法，可以更好地激发学生的学习动力，帮助他们深入理解学科内容并培养创造性的思维和解决问题的能力。

总的来说，发现教学法强调了学生的主动参与、问题解决和自主学习，是一种有助于培养学生综合能力的教育方法。它关注的不仅是知识的传授，更重要的是学生的学习过程和思维能力的培养。

2. 发现教学法关于教学设计的原则

发现教学法强调学生通过自己的探索和发现来构建知识，因此，在教学设计中需要遵循一些原则，以有效地实施这种教育方法。以下是关于发现教学法的教学设计原则。

① 设计引人入胜的学习环境：教师应该创造一个激发学生兴趣和好奇心的学习环境。使用吸引人的教材、多媒体资源和互动工具，以吸引学生的注意力。

② 提出开放性问题：教师应该设计开放性问题，鼓励学生进行深入思考和探索。这些问题不应该有单一的答案，而应该引导学生进行自主的思考和研究。

③ 提供指导和支持：虽然发现教学法强调学生自主学习，但教师仍然需要提供必要的指导和支持。教师可以为学生提供资源、提示和反馈，以帮助他们在探索过程中取得进展。

④ 鼓励合作学习：合作学习可以促进学生之间的交流和合作，有助于他

们共同解决问题。教师可以设计小组项目或任务，以鼓励学生共同合作并分享想法。

⑤ 注重反思和总结：学生在完成探索任务后，应被鼓励进行反思和总结。他们可以分享他们的发现，讨论他们的思考过程，并将新知识与已有知识联系起来。

⑥ 个性化学习：教师应该尊重学生的个体差异，允许他们以自己的方式学习。个性化学习可以根据学生的兴趣、能力和学习风格进行调整。

⑦ 评估学生的学习成果：教师应该开发评估方法，以衡量学生在发现教学中取得的进展。评估可以包括项目作品、口头报告、小组讨论等形式。

⑧ 不断改进教学设计：发现教学法是一种不断改进的过程。教师应该根据学生的反馈和学习结果来调整教学设计，以提高教学效果。

这些原则可以帮助教师有效地设计和实施发现教学法，促进学生的自主学习和深入思考。

（三）巴班斯基的教学过程最优化理论

1. 教学过程最优化的基本观点

教学过程最优化的基本观点是通过不断的改进和优化教学设计、方法和资源，以最大程度地提高学生的学习成果和教育效益。这个观点强调以下几个关键原则。

① 个性化和差异化教学：教学应考虑到学生的个体差异，包括学习风格、兴趣、能力水平等因素。通过提供不同的教学方法和资源，满足不同学生的需求，以确保每个学生都能够实现最佳的学习成果。

② 积极参与和互动：教学过程应鼓励学生积极参与和互动，而不仅仅是被动地接受信息。互动可以通过小组讨论、合作项目、实验等方式实现，以促进学生的深层次理解和知识应用能力的提高。

③ 反馈和评估：及时的反馈和评估是教学过程最优化的关键。教师应该提供有效的反馈，帮助学生了解他们的学习进展，并识别需要改进的领域。同时，教师也应该反思自己的教学方法，不断改进和调整。

④ 教育技术的整合：教育技术可以作为优化教学过程的有力工具。教师可以利用多媒体资源、在线学习平台、虚拟实验室等技术来增强教学的效果和吸引力。教育技术的整合应与教学目标和学生需求相匹配。

⑤ 环境和资源优化：教室环境、教材资源和设备设施的优化也是重要的因素。一个适宜的学习环境可以提高学生的专注力和学习效率，而多样化的

教材和资源可以支持不同类型的学习。

⑥ 持续改进：教育过程是一个不断改进的过程。教师和学校应该采用反馈、评估和研究等手段，不断改进教学设计和实施，以适应不断变化的学生需求和社会背景。

综上所述，教学过程最优化的基本观点是通过个性化、互动、反馈、技术整合、资源优化和持续改进等方式，实现学生的最佳学习成果和教育效益。这需要教育者不断努力，不断调整和改进教学方法和策略，以满足不断变化的学习需求和教育目标。

2. 教学过程最优化的基本标准和分类

教学过程最优化的基本标准和分类可以归纳如下。

（1）基本标准

① 学习成果优化：教学过程的最终目标是学生的学习成果，包括知识的掌握、技能的提高、思维能力的培养等。因此，最优化的教学过程应确保学生在各个方面都取得最佳的学习成果。

② 教育效益优化：教学过程应充分发挥资源和时间的效益，确保投入与产出的比例达到最优水平。教育资源的利用效率应该得到提高，以确保高质量的教育。

③ 学生满意度：学生的满意度和教学过程的质量密切相关。学生在教学过程中应该感到满意，他们的需求和反馈应该得到关注和尊重。

④ 教师满意度：教师在教学过程中的满意度也是重要的标准。教师应该感到对教育工作的投入得到了回报，他们的教学设计和方法应该得到认可和支持。

（2）分类

① 课程设计最优化：这涉及到教育课程的设计和规划，确保课程内容和结构与学生的需求和学习目标相匹配。这包括确定课程目标、内容选择、课程时长、学习资源等方面的优化。

② 教学方法最优化：教学方法的选择和应用是教学过程中的重要环节。最优化的教学方法应根据学生的特点和学科的要求来确定，以确保教学效果最佳。

③ 评估和反馈最优化：评估和反馈是教学过程中的关键环节，可以帮助教师了解学生的学习进展和问题。最优化的评估和反馈应确保准确性、及时性和有效性。

④ 学习资源最优化：学习资源包括教材、工具、技术设备等。最优化的

学习资源管理应确保资源的充分利用和有效分配。

⑤ 学习环境最优化：学习环境的设计和管理对学习过程有重要影响。最优化的学习环境应提供舒适、安全、启发性的氛围，促进学生的积极学习。

⑥ 个性化教学最优化：学生的个体差异需要得到充分考虑。最优化的个性化教学应根据学生的需求和能力，提供定制化的学习体验。

⑦ 教育技术最优化：教育技术的整合和应用是现代教育过程中的重要方面。最优化的教育技术应确保技术与教学目标和方法相协调，以增强教学效果。

综上所述，教学过程最优化需要综合考虑学习成果、教育效益、学生和教师满意度等多个方面的标准，并在课程设计、教学方法、评估反馈、资源管理、学习环境、个性化教学和教育技术等方面进行分类和优化，以实现高质量的教育。

第二章　现代教学环境探析

第一节　数字校园网

一、数字校园网的应用

（一）数字校园网的认识

数字校园网是指在教育机构内部建设的基于数字技术和网络通信的综合性信息平台，旨在提供全方位的教育和管理服务，以满足学校教育、科研和管理的需求。对数字校园网的认识可以从以下几个方面来理解。

① 信息化教育的基础设施：数字校园网是信息化教育的基础设施之一，它包括了校园内部的网络基础设施、计算设备、教学和管理系统等，为教育机构提供了数字化教育环境。

② 教育教学平台：数字校园网作为一个综合性平台，提供了在线教学、课程管理、学习资源共享等功能，教师可以在这个平台上设计和组织课程，学生可以通过网络学习和提交作业。

③ 学校管理工具：数字校园网也用于学校管理，包括学生信息管理、课程安排、考试管理、教职工管理等方面。这有助于提高学校管理的效率和精确度。

④ 学术科研支持：数字校园网还可以支持学术科研活动，提供科研信息检索、实验室管理、学术交流等功能，有助于促进科学研究和创新。

⑤ 学生服务和沟通：学生可以通过数字校园网获得各种学生服务，如选课、查成绩、校园新闻、社交互动等。同时，数字校园网也提供了学校与学生之间的便捷沟通渠道。

总的来说，数字校园网是将信息技术与教育管理相结合，为教育机构提供了现代化的教育和管理工具。它的建设和发展有助于提高教育质量、学生体验和学校管理效率，是现代教育体系中不可或缺的一部分。

（二）数字校园网的功能

数字校园网络的建设旨在为学校师生提供高效、便捷、全面的信息服务和教育资源，以满足现代教育的需求，提高教育水平和管理效率。它是教育信息化的基础和核心，对学校教育体系的发展具有深远的意义。其具体功能如下。

1. 校园网应提供先进的信息化教学环境，具备教学服务和学生学习功能

校园网应当提供一个先进的信息化教学环境，具备强大的教学服务和学生学习功能。这一环境应该满足教育现代化的需求，充分发挥数字技术的优势，为师生提供以下功能和服务。

校园网应具备高速稳定的互联网接入能力，以保证教学资源的迅速获取和信息的流畅传递。师生可以方便地访问在线教材、教学视频、网络课程等教育资源，以支持教学和学习活动。

校园网应提供在线教学平台，支持教师开展远程教学和在线课程管理。教师可以使用这些平台进行课程设计、在线作业布置、学生成绩管理等教育活动，同时学生可以通过平台提交作业、参与讨论和与教师互动。

校园网应具备多媒体教学和虚拟实验室功能，以增强教学的生动性和互动性。通过多媒体技术，教师可以展示图像、音频和视频，使抽象的概念更加具体化。虚拟实验室则可以让学生进行实验和模拟操作，提高实践能力。

校园网应支持在线图书馆和数字化图书资源，以满足学术研究和自主学习的需求。学生和教师可以轻松获取学术文献、电子图书和研究资料，促进知识的积累和分享。

校园网应具备安全性和隐私保护机制，确保教育信息的安全和教师、学生的隐私权。数据加密、身份验证和网络安全措施都是必不可少的。

总之，校园网不仅是一个提供互联网连接的设施，更是一个支持教育现代化的重要工具。它应当具备丰富的教学和学习功能，为教育工作者和学生提供便捷、高效、安全的数字化教育环境，有助于提高教育质量和学生的综合素养。

2. 校园网应具有教务、行政、总务管理功能

校园网应当具备教务、行政和总务管理功能，以支持学校的各项管理工作和提高管理效率。这些功能可以分为以下几个方面。

教务管理功能包括学生信息管理、教学计划编排、课程安排和成绩管理等。校园网可以提供学生信息系统，教师和学生可以轻松查询学生的个人信息、选课情况和学业成绩。教务部门可以利用系统进行教学计划的制定、排课和考试安排，实现教学资源的合理配置。

行政管理功能涵盖了人事管理、财务管理、档案管理和办公自动化等方面。校园网可以支持人事部门管理教职员工信息、工资福利等，财务部门进行财务核算和预算管理，以及档案馆管理学校档案资料。此外，办公自动化工具可以提供电子邮件、日程安排和文件管理等功能，提高行政工作效率。

总务管理功能包括设备设施管理、食堂管理和后勤服务等。校园网可以帮助设备管理部门跟踪校内设备的使用和维护情况，食堂管理部门管理食材采购和餐饮服务，后勤服务部门提供校园维修和保洁服务，以确保校园运行顺畅。

校园网应该提供数据统计和报表生成功能，以便各个管理部门能够及时了解学校的运行情况和管理数据，支持决策和评估。这些数据可以用于学校的年度报告、财务审计和绩效评估等。

总的来说，校园网的教务、行政和总务管理功能是学校管理的重要支持工具，可以提高管理效率、降低管理成本，并为学校的各项工作提供数据支持和决策依据。通过数字化管理，学校可以更好地应对日益复杂的管理任务，实现管理现代化和信息化。

3. 校园网应满足对内对外的通信功能

校园网应具备对内对外的通信功能，以实现学校内部各部门之间的信息交流和对外联络的需要。对内通信功能可以支持学校内部的教学、管理和研究工作，包括教师和学生之间的在线教育互动、行政部门之间的信息共享、科研团队之间的合作沟通等。同时，对外通信功能则可以实现学校与外部机构、合作伙伴和社会各界的联系，包括校际合作、校企合作、招生宣传和校友关系维护等。通过校园网的通信功能，学校可以更好地融入社会网络，推动教育事业的发展和学校的品牌建设。

总之，简单地讲，数字校园网应具有教学、管理、通信等三大功能。

二、数字校园网基本组成

（一）数字校园网硬件环境

校园网的硬件通常由服务器、工作站、网络互联设备、传输介质等部分组成。

1. 服务器

服务器在网络环境中扮演着至关重要的角色，它们是专用计算机，为网络用户提供各种关键服务，包括集中计算、信息发布和数据管理等。根据服务器在网络中的任务不同，可以将其分为多种类型，如 Web 服务器用于托管网站内容，数据库服务器用于数据存储和管理，视频服务器用于流媒体服务，FTP 服务器用于文件传输，Mail 服务器用于电子邮件通信，打印服务器用于管理打印设备，网关服务器用于连接内部和外部网络，域名服务器用于域名解析。在小型校园网络中，通常会将多个服务集成在一台服务器上，以更有效地满足学校的需求，并确保网络服务的稳定性和可靠性。这些服务器的协同工作使校园网络能够顺畅运行，为教育和管理提供了不可或缺的支持。

2. 工作站

工作站在校园网中扮演着重要的角色，它是一个网络服务的用户终端。工作站通常是一台客户机，用于访问和利用校园网络中的各种资源和服务。它通过搭载网卡并安装必要的程序和协议来连接网络，从而能够与其他网络设备进行通信，并获取所需的信息和功能。然而，有时工作站也可以被用作特殊应用的服务器，例如用作打印机服务器或备份磁带机的专用工作站，以提供特定的网络服务。无论是作为用户终端还是特殊应用服务器，工作站都是校园网络中不可或缺的组成部分，为师生提供了便捷的网络资源访问和使用方式。

3. 网络互联设备

（1）集线器

集线器是计算机网络中的重要设备，它用于连接多台计算机或其他网络设备，允许它们进行通信和数据交换。集线器的主要功能包括信号放大和中转，它接收来自一个端口的信号，并将它们广播到所有其他端口上，使连接到集线器的设备能够互相通信。有些集线器还具有管理功能，允许管理员通过软件对端口进行配置和监控，以确保网络的正常运行。尽管在现代网络中，集线器已经被更先进的设备如交换机所取代，但它仍然在某些特定场景下发挥作用，是网络连接的一部分。

（2）交换机

交换机和集线器在外形上很相似，都是多端口的网络设备。然而，它们在工作方式、带宽和性能方面有重要区别。集线器采用广播模式，这意味着一个端口发送的数据包会被所有其他端口接收，容易导致网络中的广播风暴，尤其在大规模网络中影响性能。而交换机采用点对点方式，只有发出请求的端口和目的端口之间相互通信，不影响其他端口的工作，因此网络性能更高。此外，集线器共享一条带宽，而交换机每个端口都有独占的带宽，因此数据传输速率通常更快。一些核心交换机还具备路由功能，用于在网络中传送数据包并确定最佳路径。因此，在不同的网络环境中，选择集线器或交换机会根据需求而异。

（3）路由器

路由器是用于连接多个逻辑网络的网络设备，每个逻辑网络可以代表一个单独的网络或者一个子网。路由器具备判断网络地址和选择 IP 路径的功能，它可以在多个网络互联的环境中建立灵活的连接，同时支持不同的数据分组和介质访问方法，以便连接各种子网。路由器属于网络层的设备，它的主要作用是根据数据包的目标网络地址，决定如何将数据包从源网络传输到目标网络。这一过程包括判断最佳路径、转发数据包以及在不同网络之间进行数据传输。路由器在现代网络中起着至关重要的作用，它帮助不同网络之间实现通信，并确保数据包按照最优路径传输，以提供高效的网络连接。

（4）网关

网关是网络连接设备的重要组成部分，它具备多重功能，包括路由和协议转换。一般情况下，网关是一台专用的计算机，配置了能够实现网关功能的软件。网关的主要作用是将两个不同的网络段连接起来，并在这两个网络段中传递数据。其中，网关的路由功能允许它决定如何将数据包从一个网络传输到另一个网络，以确保数据的正确传递。此外，网关还能够进行协议转换，允许不同网络中使用不同的通信协议的数据进行翻译和转换，以便使这些网络之间能够互联。总之，网关在网络通信中发挥着至关重要的作用，使得不同类型的网络能够有效地交互和通信。

（5）防火墙

防火墙是一项关键的信息安全防护系统，它通过特定的规则和策略来控制和监视数据传输，以确保网络的安全性。实际上，防火墙是一种隔离技术，

它将内部网络（如企业内部网络）与公共访问网络（例如互联网）分隔开来，通过执行访问控制规则，允许合法的用户和数据进入内部网络，同时拦截或阻止未经授权的访问和潜在的威胁。防火墙的主要目标是最大程度地减少网络中的潜在风险，防止黑客和恶意攻击者进入网络，从而维护网络的安全性和完整性。它在保护敏感数据和确保网络运行的可靠性方面发挥着重要作用。

4. 常见的网络传输介质

（1）双绞线

双绞线是一种常见的网络传输介质，由两根绝缘的铜导线按照特定规格绕在一起构成。通常，常用的无屏蔽层双绞线包括 4 对这样的双绞线，并用塑料护套保护。根据当前的技术标准，双绞线传输数据的最大距离通常限制在 100 米范围内。双绞线被广泛应用于局域网（LAN）中，是目前最常见和使用最广泛的传输媒介之一，用于连接计算机、设备和网络设备，以进行数据传输和通信。

（2）光纤

光纤是一种网络传输介质，它利用光脉冲来传输信号，主要由玻璃或有机玻璃等材质构成。光纤的结构包括纤维芯、包层和保护套。根据传输方式的不同，光纤可分为单模光纤（直线传播）和多模光纤（折射传播）。光纤具有极高的传输带宽，目前技术可以实现每秒 1 000 Mbps 以上的传输速率。此外，光纤的衰减非常低，具备很强的抗电磁干扰能力，而且传输距离可达 20 千米以上。然而，光纤的价格相对较高，安装和维护也比较复杂和精细。由于其出色的性能，光纤在现代通信和网络领域得到广泛应用，为高速数据传输提供了关键的支持。

（二）数字校园网软件环境

1. 网络操作系统

网络操作系统是专门设计用于管理和控制网络资源的操作系统，它充当用户与网络资源之间的接口。一些常见的网络操作系统包括 Windows 的 Windows Server 系列、Novell 的 NetWare、各种 UNIX 系统以及开源的 Linux 等。这些操作系统提供了网络管理、文件共享、用户认证和安全性等关键功能，使网络管理员能够有效地维护和监控网络，同时为用户提供访问网络资源的途径。不同的网络操作系统具有各自的特点和适用场景，因此在选择和配置网络操作系统时需要根据具体需求和网络规模进行考虑。网络操作系统在现代网络中发挥着重要的作用，确保了网络的正常运行和资源的高效利用。

2. 网络管理系统

常见的网络管理系统包括 CiscoWorks、H3C-iMC 等，它们提供了丰富的功能和工具，有助于管理员更好地管理和维护复杂的计算机网络。这些系统对于大规模网络或需要高度可用性的企业网络特别有用，可以提高网络效率并降低管理成本。

3. 网络虚拟机软件

选择虚拟机软件通常取决于用户的需求和预算。VMware 通常被认为在性能和高级功能方面更为强大，适用于专业和企业级应用。而 Virtual PC 则适合那些需要在 Windows 平台上轻松运行其他操作系统的用户。无论选择哪种虚拟机软件，都需要确保硬件支持虚拟化技术，并根据需求选择合适的版本。

4. 其他

www 服务器软件、数据库服务器软件等。

第二节　传统多媒体教学环境

多媒体网络教学系统为教育带来了更大的灵活性、互动性和效率，有助于提高学生的学习体验和成绩。它代表了现代教育技术的发展趋势，为教育领域的未来提供了更广阔的前景。

目前，多媒体网络教学系统的规模和功能可以根据教育需求和资源投入来设计和建设。无论规模大小，这些系统都旨在提高教学质量，促进协作学习，并为教育提供现代化的技术支持。不同规模的系统都有助于创造更具互动性和多样性的教育环境。

一、多媒体网络教室

（一）网络教室的基本构成与布局

网络教室是一种用于多媒体网络教育的特殊环境，其基本构成和布局通常包括以下要素。

① 多媒体教育设备：网络教室内设有多媒体教育设备，包括教师和学生终端设备。教师端设备通常包括计算机、投影仪、交互式白板、音响系统等，用于教师展示教育内容和与学生互动。学生端设备可以是个人电脑、平板电脑或其他终端设备，用于学生接收教育资源和参与互动。

② 多媒体教育资源：网络教室内提供丰富的多媒体教育资源，包括教学课件、数字化教材、教育视频、模拟实验等。这些资源可以在教学过程中用于展示和讲解教育内容，以增强学习效果。

③ 互动工具：为了促进学生参与和互动，网络教室通常配备了互动工具，如投票系统、在线讨论板、远程问答系统等。这些工具可以用于教师与学生之间的实时互动和课堂参与。

④ 网络连接和服务器：网络教室需要可靠的网络连接，以确保教育资源的流畅传输。通常会有专用服务器用于存储和管理教育资源，同时提供网络服务，如文件共享、在线测试。

⑤ 教室布局：网络教室的布局设计通常考虑到学生和教师的舒适度和可访问性。教室内的座位和设备摆放应当有利于学生观看屏幕、听到声音和与教师互动。

⑥ 安全措施：网络教室内应考虑网络安全措施，以保护教育资源和学生数据的安全性，包括网络防火墙、访问控制、数据加密等。

⑦ 辅助设备：根据需要，网络教室还可以配备一些辅助设备，如打印机、扫描仪、摄像头，以支持不同类型的教育活动。

网络教室的布局和构成可以根据学校或教育机构的需求而有所不同。总的来说，网络教室旨在提供现代化的多媒体教育环境，以增强教育质量和互动性，促进学生的参与和学习效果。

（二）网络教学系统

网络教学系统是指在计算机网络系统的基础上为开展网络多媒体教学而提供的控制系统。

1. 多媒体控制部分

多媒体控制部分是网络教室中的关键组成部分，它负责管理和控制多媒体教育设备的运行和互动。这一部分通常包括以下功能。

① 教育资源管理：多媒体控制部分负责管理教育资源的存储和分发。它可以从服务器或云端存储中检索教学课件、教育视频、数字化教材等资源，并将它们传送到教室内的设备上，以供教师使用。

② 设备控制：多媒体控制部分能够控制教育设备的开关、音量、亮度等参数，以确保设备正常运行。教师可以通过控制面板或远程控制设备来实现教学需求。

③ 互动工具支持：多媒体控制部分集成了互动工具，如投票系统、在线

讨论板、远程问答系统。这些工具能够与教育设备互通，以便教师和学生进行实时互动和课堂参与。

④ 节目调度：在多媒体教育环境中，教育资源的播放和展示需要按照特定的课程计划进行调度。多媒体控制部分可以安排课程节目的播放顺序和时间，以确保教学流程的顺畅。

⑤ 数据统计和反馈：多媒体控制部分能够收集学生参与和互动的数据，并生成报告和统计信息。这有助于教师了解学生的学习情况，以便调整教学策略。

总的来说，多媒体控制部分在网络教室中扮演着协调和管理多媒体教育资源的重要角色。它通过提供资源管理、设备控制、互动工具支持等功能，提高了教育教学的效率和互动性，为教师和学生创造了更好的教育环境。

2. 教学管理部分

教学管理部分是多媒体网络教室中的关键组成部分，其主要任务是协调和管理教学过程中的各项活动和资源，以确保教育目标的顺利达成。这一部分通常包括以下功能。

① 课程管理：教学管理部分能够管理课程信息，包括课程计划、教学大纲、教材资源等。教师可以在系统中创建和编辑课程内容，为学生提供清晰的学习路线。

② 课堂管理：教学管理部分支持在线课堂管理，包括课堂安排、出勤记录、学生分组等功能。教师可以轻松安排课程，跟踪学生的出勤情况，并进行课堂互动。

③ 学生管理：教学管理部分能够管理学生信息，包括学生名单、成绩记录、学习进度等。教师可以查看学生的学习表现，及时提供反馈和支持。

④ 评估和测评：教学管理部分支持在线评估和测评，包括作业、考试、在线测验等。教师可以创建各种评估工具，以便对学生的学术表现进行评估和反馈。

⑤ 教学分析：教学管理部分可以收集和分析教学数据，生成教学报告和统计信息。这有助于教师了解教学效果，发现问题，并进行持续改进。

⑥ 教学支持：教学管理部分还提供教学支持工具，如在线教辅、教育资源链接、学习社区等。这些工具能够丰富教学内容，提供学生额外的学习资源。

总的来说，教学管理部分在多媒体网络教室中起着组织、监管和支持教学活动的关键作用。它通过课程管理、课堂管理、学生管理、评估与测评、教学分析和教学支持等功能，帮助教师高效管理课程，提供学生个性化的学习支持，促进教育教学的全面发展。

（三）多媒体网络教室

多媒体网络教室通过整合多媒体技术、网络通信技术和教育资源，为教师提供了更丰富的教学工具和学习资源，促进了教学的互动性和效率，为学生提供了更具吸引力和参与性的学习环境。这种教室布局和设备配置有助于实现现代化、数字化的教育教学模式。

1. 系统功能

多媒体网络教室的系统功能包括以下方面。

① 教学内容展示：系统允许教师展示教学内容，包括文字、图像、动画、音频和视频等多媒体元素，以吸引学生的注意力和提供更生动的教学材料。

② 互动教学：教室内的系统支持教师和学生之间的互动，教师可以提问、回答学生问题，学生可以参与课堂讨论、回答问题，从而促进学生的积极参与和思考能力提升。

③ 远程教学：多媒体网络教室允许教师进行远程教学，通过网络连接，教师可以教授不同地点的学生，扩大了教育的覆盖范围。

④ 课程管理：系统提供课程管理功能，教师可以创建和管理课程计划、教学进度、作业和考试安排等，以确保教学有序进行。

⑤ 学生管理：教室系统允许教师管理学生信息，包括学生名单、考勤记录、成绩管理等，以便更好地跟踪学生的学习情况。

⑥ 多媒体资源管理：系统可以管理多媒体教材和资源，包括课件、视频、音频等，使教师能够方便地使用和分享这些资源。

⑦ 实时监控：系统具有实时监控功能，教师可以查看学生的屏幕、听取学生的发言，并随时掌握课堂情况，以便及时调整教学方法。

⑧ 网络连接和通信：系统支持教师和学生之间的网络连接和通信，包括消息传递、在线讨论、电子邮件等方式，以便教学和互动。

⑨ 安全性和管理权限：系统具有安全性特性，可以限制教室内的操作权限，保护教育资源和学生隐私。

⑩ 记录和报告：系统可以记录课堂活动、学生表现和教学进度，并生成报告供教师和学校管理使用，以评估教学效果和学生表现。

⑪ 用户支持和培训：系统提供用户支持和培训资源，以确保教师和学生能够熟练使用教室系统的各项功能。

总的来说，多媒体网络教室的系统功能旨在提供教学的全面支持，促进教学活动的互动性、效率性和效果性，为教师提供更多工具和资源，以满足不同教育场景下的需求。

2. 多媒体网络教室的使用

教学模式可以根据具体的教学目标和教育场景进行组合和调整，使教育更具灵活性和适应性。网络教学系统的多功能性为教师提供了更多教学策略的选择，以满足不同学生的需求。

（1）广播教学模式

广播教学模式，又称为“授课模式”，主要利用网络教学系统的广播教学功能来进行教学。在这一模式下，教师将自己的屏幕信号以及声音通过系统广播给所有学生，同时使用耳麦进行讲解。这种模式使得教师能够轻松地边讲解边演示，而学生只需观看自己的屏幕并收听教师的声音。当教师完成一个问题或内容的讲解后，他可以将学生机的控制权分配给每个学生，使学生可以自由进行练习和实践。这种模式有助于教师有效地传授知识和技能，同时也为学生提供了互动和实践的机会。

（2）个别化学习模式

在这种模式下，学生可以充分利用教师提供的多媒体课件、网络课程等学习资源，实现个人化的学习。他们可以自主选择学习的时间和地点，边观看教材边学习，并进行练习和实践。同时，教师通过网络教学系统的监视和监听功能，能够实时观察学生的学习进展和表现，及时发现学习困难，以便提供有针对性的指导和支持。这种模式能够满足不同学生的学习速度和风格，提高了学习的个性化和灵活性，同时也增强了教师对学生学习过程的管理和引导能力。

（3）分组讨论模式

在教学中，根据需求，可以将全班学生分成小组，使组内的同学能够利用网络教学系统的对讲功能、监视监听功能以及遥控功能进行协作和讨论，共同完成教师分配的任务。这种教学模式促进了学生之间的合作精神和协作能力的培养。通过小组协作，学生可以相互交流、互相支持，共同解决问题，这有助于提高他们的团队合作能力，培养出更好的沟通和协作技巧。这种互动式的学习方式不仅促进了知识的共享和交流，还激发了学生的积极性和参与度，提高了教学效果。

二、微格教学系统

（一）微格教学的特征

微格教学是一种教育教学模式，它的特征包括以下几个方面。

① 个性化学习：微格教学注重满足每位学生的个性化学习需求。教师通过识别学生的不同学习风格、兴趣和水平，为他们提供定制化的学习路径和资源。

② 灵活性：微格教学提供了灵活的学习时间和地点。学生可以根据自己的时间表和喜好选择学习内容，不再受限于传统课堂的时间和地点。

③ 自主学习：微格教学鼓励学生自主学习和自我管理。学生需要承担更多的责任，包括制定学习计划、管理学习进度和评估学习成果。

④ 多样性的学习资源：微格教学利用多媒体和在线资源，提供多样化的学习材料，包括视频、文档、模拟练习等，以满足不同学生的学习方式。

⑤ 实时反馈：教师可以通过在线平台实时监测学生的学习进度，并提供及时反馈和支持。这有助于学生及早解决学习困难。

⑥ 合作与互动：尽管微格教学强调个性化学习，但也鼓励学生之间的合作和互动。学生可以通过在线讨论、协作项目等方式分享经验和合作解决问题。

⑦ 技术支持：微格教学依赖于技术支持，包括学习管理系统、在线平台和教育应用程序。这些技术工具使教学和学习更加高效和便捷。

总的来说，微格教学旨在提供更加个性化、灵活和多样化的学习体验，以满足不同学生的需求，并促进他们的自主学习和技能发展。它强调学生在学习过程中的主动性和参与度，同时借助现代技术实现更高效的教育。

（二）微格教学系统的组成

微格教学系统是一个有组织的培训环境，旨在提高教师的教学能力和技巧。它通过模拟教学、录制和观摩等方式，为教育从业者提供了一个安全和有效的学习平台。

1. 微格教室

微格教室是现代教育领域中一种重要的教学与培训工具，它以高度可控制性的环境为特点，旨在培养师范生和在职教师的教学技能。微格教室通常由微格教室本体、控制室、示范室和观摩室等组成。

微格教室的主要特征包括设备的精细化配置。典型的微格教室会安装话筒用于捕捉训练者的声音，多个摄像头用于录制训练者的教学活动，以及电视屏幕用于播放训练者的教学内容。此外，微格教室通常还配备了多媒体教学系统，用于播放课件和电教教材。

控制室是微格教室的核心，教育者可以在控制室中实时监控和控制微格教室内的各项设备和活动。通过控制室，他们可以调整摄像头的角度，录制教学过程，播放教学内容，并与训练者进行互动。

微格教室的应用模式多种多样，包括广播教学模式、个别化教学模式和分组讨论模式等。这些模式允许教育者根据不同的教学需求和目标，选择适当的教学方式。

总的来说，微格教室为教育者提供了一个高度可控制和实时监测的教学环境，有助于提高教育质量，培养优秀的教育者，以及促进教育领域的教学研究和创新。它在教育领域中发挥着重要作用，为教育的不断进步和质量提升作出了积极贡献。

2. 控制室

控制室是一个关键的设备操作中心，它配备了视频切换台、调音台、录像机以及监视器等设备，旨在实现操作的便捷性。录像机通常采用硬盘录像机，提供模拟和数字两种接口选项。它的主要功能包括录制每一台摄像头的画面，同时也可以录制经视频切换台的信号。调音台则用于调节训练者和学生的声音大小，确保音频表现得恰到好处。监视器则被用来监视每个摄像头的工作位置和情况，以便及时控制摄像头的方向和焦点。

来自微格教室的信号，包括视觉和音频信号，被分成两路。一路信号被送往录像机，以进行录制和存档。另一路信号则被送往观摩室，供观摩和同步评价、分析使用。这样，控制室成为了教学和监控的核心，确保了教学活动的高效运行和质量控制。

3. 观摩室

观摩室是一个普通的教室，其中装有电视机，具有多重功能。它能够接收来自特定微格教室的视音频信号，这些信号经过控制室的选择后传输到观摩室的电视机上。在观摩室中，这些信号可以实时播放，让更多的学生有机会观看教学内容。同时，观摩室还提供了非实时播放的选项，以便后续评价和分析。

观摩室的灵活性使得它不仅仅是学生的观看空间，还可以供教师进行评价和反思。教师可以在非实时播放的情况下回顾教学过程，分析教学方法和学生表现，从中获得有价值的教育见解。这样，观摩室成为了一个重要的教育资源，既促进了学生的学习体验，又提供了教师专业发展的机会。

4. 示范室

采用双向闭路电视系统的示范室具备了多重功能和高度的互联性。在示范室内，用户可以选择性地收看任一微格教室的教学训练情况，这为观察和

评价教学提供了极大的便利。同时，示范室也具备将其自身信号传输到每个微格教室的能力，这意味着示范室可以作为一个中心节点，将其内部活动、演播室等多种场景的内容传送到各个微格教室。

这种双向闭路电视系统的灵活性使得示范室成为了一个多用场所，不仅可以用于观察和分析教学过程，还可以用作演播室等用途。这样，示范室不仅提供了高效的教学监控和互动功能，还扩展了其应用领域，为教育和演示等活动提供了全面的支持和资源。

（三）微格教学系统的应用

1. 微格教学的基本程序

微格教学系统的应用需要按一定的程序对学生进行特定教学技能的训练。

（1）理论学习

学习者形成了对教育理论的理解和应用框架，这有助于提高学习信息的感知和传输效率。这种认知结构不仅能够帮助学习者更好地理解微格教学的核心概念，还能促进学习的迁移，使他们能够将所学的理论知识应用到实际的教学训练中。因此，理论学习在微格教学中扮演着关键的角色，为提高教师的教育能力和专业发展提供了坚实的基础。

（2）确定训练目标

教师确保被训练者对于即将进行的技能训练有清晰的认识和期望。被训练者将了解训练的目标是什么，以及如何达到这些目标。这种明确的沟通不仅有助于学生明白要求，还能够在整个训练过程中提供方向和指导，确保训练的有效性。因此，教师在为微格教学训练做准备时，确保学生对所需技能有清晰的理解和期望是至关重要的。

（3）观摩示范材料

在观摩示范过程中，教师的角色也非常关键。教师需要根据实际情况给予必要的提示和指导，但提示时应该点到即止，以免干扰学生的观看和思考过程。此外，教师应着重培养学生的观察能力和吸收他人教学经验的能力。这意味着学生应该勤于观察、善于观察，并能够有效地吸收和消化所观察到的教学技能和实践经验。通过这种方式，受训者可以更好地理解和运用所学的技能，提高教育质量和效果。

这种讨论不仅有助于为下一步的教学策划和编写教案做准备，还可以促进教师和受训者之间的互动和合作。在集思广益的氛围下，可以酝酿出最佳的教学方案，为提高教育质量提供有力支持。这个过程也有助于培养学生的批判性思维和问题解决能力，使他们更好地应对未来的教学挑战。综上所述，观摩后的讨论是教育培训过程中至关重要的环节，可以促进知识传递和教育改进。

（4）编写微型教学教案

一旦确定被训练的教学技能和教学目标，受训者就需要根据这些目标以及教学内容、教学对象和教学条件来进行教学设计。这个过程包括选择合适的教学媒体，以及编写详细的教案，确保教学计划的有效实施。

在教案中，需要清晰地说明该教学技能的应用构想，即教师将如何运用该技能来实现教学目标。此外，教案还应注明教师的教学行为，包括教学步骤、时间分配以及学生的学习行为，包括预想的学生反应。教师还应提前考虑可能出现的问题和挑战，并提供相应的对策和调整计划，以确保教学过程顺利进行。

这样的教案不仅有助于教师明确教学流程和目标，还能为学生提供清晰的学习方向和期望。它是教学计划的重要组成部分，有助于提高教学的质量和效果，确保教学活动达到预期的成果。因此，教学设计和教案编写是教育培训过程中的关键步骤，需要仔细和细致的准备。

（5）角色扮演——微型课堂教学实践

通过角色扮演，受训者从原来的被动听课者变为教学活动的积极参与者，充分发挥了学生的主体作用。这不仅有助于巩固所学的教学技能，还提供了一个安全的实践平台，让受训者能够在模拟环境中尝试和改进自己的教学方法。因此，角色扮演是微格教学的优越性之一，它通过实践和亲身经历帮助教师培养更出色的教育者，提高他们的教学能力和自信心。这个过程体现了微格教学的实用性和效果，为教育培训提供了有力的教学工具。

受训者在执教之前，需要进行一次简短的说明，以明确教学技能的目标，并阐明自己的教学内容和教学设计思想。这个简要介绍的时间一般为5～10分钟，具体取决于教学技能的要求和复杂程度。通过这个简短的说明，受训者能够为学生和观察者提供一个清晰的教学框架，包括教学目标、教学方法和预期效果。

（6）声像记录

视听设备在微格教学中起着重要的作用，它不仅为反馈提供了更多信息，还提供了更丰富和交互性的学习体验，有助于提高教学的质量和效果。在有条件的学校中，充分利用这些设备可以加强教学过程的监控和评估，为教育

培训提供更强有力的支持。

（7）反馈评价

执教者应对自己的教学表现进行自我分析。他们需要检查教学过程是否达到了自己设定的目标，以及所训练的教学技能是否掌握。同时，他们应该识别自己在教学过程中可能存在的不足之处，实现“自我反馈”。这个自我分析阶段有助于教师深入了解自己的教学实践，找出改进的方向。

由指导教师和小组成员对教学过程进行集体评议。在这个集体评议中，讨论存在的问题，指出改进的方向和提供建议。教师可以借助同事和指导老师的反馈来更全面地了解自己的教学表现。

教师可以对需要改进的问题进行示范，或再次观摩录像，反复分析和讨论。这个循环过程有助于受训者进一步改进和提高教学技能，确保持续的教育提高。

综上所述，反馈评价是微格教学中的关键步骤，它通过自我分析、集体评议和示范来帮助教师不断提高自己的教育能力和教学效果，促进教育培训的成功。

（8）讨论评价，修改教案

在微型教学的评价中，应以总结优点为主，以帮助被训练者建立自信心。评价人员应强调和肯定受训者在教学中所表现出的优点和成功之处。同时，也应提出不足之处和改进的努力方向，以便受训者能够有针对性地改进和提高。这种正向和建设性的评价有助于激发学生的积极性，促进持续学习和进步。

综合教学技能训练是微格教学中的重要环节，它有助于受训者将单项技能整合到实际教学中，提高他们的综合教育能力，为教学实践做好更全面的准备。

2. 微格教学训练的基本内容

微格教学中要把课堂教学技能分解成各种具体、单一的技能，对每一项技能进行训练。教学技能训练一般包括以下内容。

（1）导入技能的训练

导入在教学中扮演着非常重要的角色，它是教师在引导学生进入新的教学内容或活动时采取的行为方式。正确而巧妙的导入方法能够激发学生的学习兴趣，唤起他们的求知欲望，从而将他们的注意力引导到课程内容上。微格教学中，导入技能可以分解为多种不同的技巧进行训练，包括开门见山直接导入、利用旧知识导入、利用直观演示导入、巧设实例导入，以及利用生动故事导入等。这些技巧有助于教师更好地吸引学生，创造积极的学习氛围，提高教学效果。通过微格教学的训练，教师可以熟练运用不同的导入技巧，以满足不同教学情境和学生需求，从而提供更丰富和有趣的学习体验。

（2）变化技能的训练

对于师范生来说，初始重点通常是掌握教态的变化。在微格教学中，教态变化技能可以分解为面部表情的变化、身体动作的变化和声音的变化等多种技巧进行训练。通过这些技巧，教师能够更好地与学生互动，传递信息，创造生动的教学氛围，激发学生的兴趣和参与度。

通过微格教学的训练，教师可以逐渐熟练掌握这些变化技能，使教学更具吸引力和效果。这有助于提高教育的质量，促进学生更积极地参与学习，实现更好的教育效果。因此，变化技能的掌握对于教育工作者来说是至关重要的。

（3）讲解技能的训练

在微格教学中，讲解技能可以根据教学内容的不同分解为多种技巧进行训练，包括描述性讲解、描绘性讲解、论证性讲解、启发性讲解、归纳性讲解、演绎性讲解等。每种技巧都有其独特的应用场景和目标，有助于教师更好地满足不同的教学需求，以及帮助学生更深入地理解和吸收所学的知识。

通过微格教学的训练，教师能够熟练掌握这些讲解技巧，提高他们在教学中的表现，使教育过程更加生动和有趣，促进学生更深入的学习和理解。因此，讲解技能的培养对于教育工作者来说至关重要。

（4）板书板画技能的训练

在微格教学中，可以将板书板画技能分解为多种技巧进行训练，以满足不同的教学需求。这些技巧包括提纲式板书，用来呈现教学大纲或主要观点；语词式板书，用来强调关键概念或术语；表格式板书，用于整理信息或列举项目；线形式板书，用于示意关系或流程；图示式板书，用来呈现图形或图表；简笔画和示意图的绘画，用于生动地表达概念或情境。

通过微格教学的训练，教师可以更好地掌握这些板书板画技巧，使其板书更具吸引力、清晰明了，有助于学生更好地理解和记忆教学内容。因此，板书板画技能的培养对于提高教育质量和教学效果至关重要。

（5）演示技能的训练

在微格教学中，演示技能可以根据教学内容的不同分解为多种技巧进行训练。这些技巧包括事物、标本、模型的演示，用于直观呈现实物或模型；挂图的演示，用于展示图形或图表；幻灯、投影的演示，用于通过多媒体展

示信息；电视教材的演示，用于利用电视等媒体进行教学；课堂实验演示，用于展示科学实验或操作过程等。

通过微格教学的训练，教师可以熟练掌握这些演示技巧，使其教学更具吸引力和效果。这有助于提高学生的理解能力和记忆力，使教育更加生动和有趣。因此，演示技能的培养对于教育工作者来说非常重要。

（6）提问技能的训练

在微格教学中，提问技能可以分解为多种不同类型的提问，以满足不同的教学目标。这些类型包括回忆性提问，用于检查学生的记忆和理解程度；理解性提问，用于确保学生理解教材内容；知识运用性提问，用于促使学生将知识应用于实际情境；分析性提问，用于培养学生的分析和批判性思维能力；综合性提问，用于整合不同知识点；评价性提问，用于评估学生的学习成果。

通过微格教学的训练，教师可以熟练运用这些不同类型的提问技巧，以更好地引导学生思考，激发他们的学习兴趣，提高他们的学习成就。因此，提问技能的培养对于教育工作者来说具有重要意义。

（7）反馈强化技能的训练

在微格教学中，教师获得反馈信息的技能可以分解为多种技巧进行训练，包括课堂观察法，通过观察学生的表现来获取反馈；课堂提问法，通过提出问题来引导学生思考和回应；课堂考查法，通过考试或测验来评估学生的理解和掌握程度；操作实践法，通过实际操作或演练来获得反馈信息。

而进行强化的技能也可以分解为多种方式进行训练，包括语言强化，通过言语表达来强化学生的行为；符号（标志）强化，通过符号或标志来强化学生的行为；动作强化，通过行动或示范来强化学生的行为；活动强化，通过特定活动或奖励来增强学生的行为。

通过微格教学的训练，教师可以熟练掌握这些反馈和强化技巧，以更好地管理和引导学生的学习过程，帮助他们取得更好的学习成果。因此，反馈和强化技能的培养对于教育工作者来说是至关重要的。

（8）结束技能的训练

在微格教学中，结束技能可以分解为多种方式进行训练，以满足不同的教学需求。这些方式包括归纳式结束，通过总结提炼要点来强化学生的理解；活动式结束，通过参与学生互动活动来巩固知识；比较式结束，通过与其他知识进行比较来深化理解；练习式结束，通过练习和应用知识来加强记忆；拓展延伸式结束，通过提供拓展材料或引导学生进一步探索知识领域来深化学习。

通过微格教学的训练，教师可以熟练掌握这些结束技能，以更好地引导学生完成学习任务，并确保他们能够深入理解和运用所学的知识。因此，结束技能的培养对于提高教育质量和教学效果具有重要意义。

（9）组织教学技能的训练

在微格教学中，组织教学技能可以分解为多种方式进行训练，以满足不同的教学需求。这些方式包括管理性组织，用于管理和维护教室秩序和纪律；指导性组织，用于引导学生进行学习活动和任务；诱导性组织，通过诱导学生参与讨论、合作等方式来促进学习。

通过微格教学的训练，教师可以熟练掌握这些组织教学技能，以确保课堂教学的有效进行，创造良好的学习环境，激发学生的学习兴趣，帮助他们更好地理解和吸收知识。因此，组织教学技能的培养对于教育工作者来说具有重要意义。

（四）微格教学中要注意的问题

1. 主导作用与主体的关系

主导作用与主体之间存在密切的关系，在教育和教学过程中，它们共同构成了教育活动的核心。主导作用指的是教师在教学过程中起到的引导、组织、促进学习的作用，是教育者在课堂中的角色。主体则是指学生，他们是教育活动的参与者和主要受益者。

这两者之间的关系可以用以下方式来理解。

① 教师的主导作用：在教育活动中，教师扮演了主导作用的角色。他们负责设计课程、传授知识、提供指导和反馈，并引导学生朝着学习的目标前进。教师通过课堂组织、教学方法的选择以及知识传授等方式，起到了引领学生学习的作用。

② 学生为主体：学生是教育活动的主体，他们是教育的接受者和参与者。学生在教学过程中负有积极学习的责任，他们需要积极参与课堂活动、思考问题、提出疑问，并努力掌握所学知识和技能。

③ 相互作用与合作：主导作用与主体之间的关系是相互作用的。教师与学生之间的互动和合作是教育活动的基础。教师通过引导和支持学生，激发他们的兴趣和动力，帮助他们更好地学习。同时，学生的反馈和回应也影响教师的教学方法和策略。

④ 目标导向：主导作用和主体的关系是以实现教育目标为导向的。教师的主导作用旨在帮助学生达到特定的学习目标，而学生的积极参与和学习努

力是实现这些目标的关键。

总的来说，主导作用与主体之间的关系是相互依存的，它们共同推动着教育活动的进行，实现了知识和技能的传授与掌握，促进了学生的全面发展。这种合作与互动是教育过程中不可或缺的元素，有助于培养学生的学习能力和终身学习的态度。

2. 创造一个模拟中学课堂的教学环境

在模拟中学课堂的教学环境中，我们创造了一个充满活力和互动的教育场所，旨在激发学生的学习兴趣，促进知识的传授和掌握。以下是该模拟课堂的特点和元素。

① 教室布局与设施：教室宽敞明亮，设有舒适的座位和宽敞的黑板。在前方有一块大屏幕或投影仪，可用于显示多媒体教材和演示。每个学生座位都配备了个人电子设备，用于在线学习和资源获取。

② 多媒体支持：教室配备了现代化的多媒体设备，教师可以通过电子白板或投影仪展示图像、视频、音频等教学材料，以丰富课堂内容。

③ 互动教学方法：教师采用互动教学方法，鼓励学生积极参与。课堂中包括小组讨论、问题解答、角色扮演、实验等互动环节，以促进学生的思考和合作。

④ 资源丰富：学生可以访问丰富的学习资源，包括在线图书馆、电子教材、模拟实验室等。这些资源有助于他们更深入地探索学科知识。

⑤ 个性化学习：教师倡导个性化学习，根据学生的需求和水平调整教学内容和任务。每个学生都有机会根据自己的兴趣和学习速度前进。

⑥ 实践机会：课堂不仅限于理论知识传授，还包括实际操作和实验。学生有机会在实验室或工作坊中应用所学知识。

⑦ 评估和反馈：教师定期进行评估和反馈，以帮助学生了解自己的学习进展和改进之处。这些评估包括考试、作业、项目和口头表达等。

⑧ 多元文化和尊重：教室环境鼓励多元文化的交流和尊重不同背景的学生。教育强调包容性，确保每个学生都能获得平等的学习机会。

这个模拟中学课堂的教学环境旨在培养学生的批判性思维、创造性解决问题的能力，并为他们的未来学习和职业发展奠定坚实的基础。这个环境是一个充满启发和发展机会的地方，鼓励学生积极参与、实现潜力。

3. 选择未来实习中可能出现的重点难点进行微格教学实验

选择未来实习中可能出现的重点难点进行微格教学实验是一种明智的策略，它有助于实习学生在教育实践中更好地应对挑战并提高教学能力。以下是关于如何选择并进行微格教学实验的一段话。

在教育领域，每个实习学生都可能面临各自独特的教学任务和挑战。因此，在进行微格教学实验之前，实习学生应认真考虑自己未来可能遇到的重点难点，这些难点可以包括但不限于以下几个方面。

① 特定学科知识难点：如果实习学生将在特定学科领域进行教学，他们可能会面临学科知识的复杂性和学生可能出现的困难。在这种情况下，微格教学实验可以帮助他们更好地准备和传授这些知识，找到清晰的解释方法。

② 教学方法和策略难点：在教育实践中，教学方法和策略的选择可能会影响教学效果。实习学生可以选择微格教学实验，以改进并熟练掌握各种教学方法，包括互动式教学、案例教学、小组讨论等。

③ 学生互动和管理挑战：教育现场通常涉及学生的互动和行为管理。如果实习学生感到在这方面存在挑战，微格教学实验可以帮助他们提高在课堂上与学生互动和管理学生的技能。

④ 语言表达和沟通困难：语言表达是教学中至关重要的技能。如果实习学生在语言表达或与学生进行有效沟通方面感到不安，微格教学实验可以帮助他们改善口头表达、提问技巧和与学生建立联系的能力。

⑤ 临场应变和问题解决：在未来的教育实践中可能会出现意外情况和问题，需要实时应对和解决。微格教学实验可以帮助实习学生提高临场应变能力和问题解决技能。

选择这些重点难点作为微格教学实验的内容，有助于实习学生有针对性地提高自己的教学技能，并为未来的实习任务做好充分准备。通过反复练习和改进，他们可以逐渐克服这些挑战，提高自己的教育效能感，并成为更有信心和能力的教育者。

4. 大面积训练与个别训练

在面对个体差异和学员可能出现较多问题的情况下，确保全体受训学生通过微格教学训练达到共同进步和基本满意是一个重要目标。平均分布的大面积训练可能不足以满足所有学生的需求。以下是一些方法，以确保即将正式参加教育实习的学生能够整体上有把握、有信心，并成功完成教育实习任务。

① 个别针对性的多次训练：针对那些在初次训练中暴露出较多问题的个别学生，提供多次个别训练机会。这些训练可以针对他们的具体问题，为他们提供额外的指导和练习，以帮助他们克服困难。

② 反馈和改进机制：建立一个有效的反馈和改进机制，鼓励学生不断改

进自己的教学技能。学生可以接受指导老师和同学的反馈，根据反馈意见进行改进。

③ 个性化学习计划：为每个学生制定个性化的学习计划，根据其需求和进步情况进行调整。这可以确保每个学生得到适当的支持和挑战。

④ 小组协作：鼓励学生之间建立小组协作，分享经验和教训。学生可以相互学习，共同解决问题，提高彼此的教学技能。

⑤ 持续监测和评估：对学生的进展进行持续监测和评估，以确保他们在微格教学训练中逐渐改进。这可以通过定期的评估、反馈会议和教学观察来实现。

⑥ 提供资源和支持：为学生提供必要的资源和支持，包括教材、指导老师的辅导、技术设备等。确保他们有足够的工具来进行训练和改进。

通过采取这些方法，教育机构可以帮助那些暴露问题较多的个别学生，逐渐提高他们的教育实习能力，使他们有信心和希望圆满地完成教育实习任务。这样，全体受训学生可以共同进步，并在教育实践中取得成功。

5. 教师点评与学生间自评的关系

教师点评与学生自评是教育领域中两种不同但互相关联的评估方法，它们在学习和教育过程中扮演不同的角色，但彼此之间存在一定的关系和互补性。以下是教师点评与学生自评之间的关系。

① 相互补充和促进反思：教师点评和学生自评可以相互补充，促使学生更深入地反思和理解自己的学习过程和表现。教师的专业知识和经验可以提供有价值的反馈，而学生自评则可以帮助他们更好地了解自己的强项和改进领域。

② 提供不同视角：教师点评通常基于专业标准和教育目标，而学生自评更关注个人学习目标和体验。通过结合这两种视角，可以全面评估学生的学习成果和发展。

③ 自主性和责任感：学生自评鼓励学生主动参与评估过程，提高了他们的自主性和责任感。学生自己对自己的学习进行评估，有助于培养他们的自我管理和自我反思能力。

④ 改进学习策略：学生自评可以帮助学生识别他们的学习策略是否有效，以及需要调整的方面。教师的点评可以提供指导，帮助学生改进他们的学术和教学技能。

⑤ 个性化反馈：学生自评可以更好地满足不同学生的个性化需求。每个

学生都有自己独特的学习方式和目标，自评允许他们根据自己的需求进行反馈和改进。

⑥ 建立信任和合作：教师点评和学生自评之间的积极关系可以建立信任和合作。学生知道教师关心他们的学习，并愿意接受教师的指导和建议。

总之，教师点评和学生自评在教育过程中起着不可或缺的作用，它们相互支持和促进学生的学习和发展。通过综合使用这两种评估方法，可以实现更全面的评估，促进学生的个人成长和学术成功。

6. 样板的作用与独自的特点

样板在教育和学习中有着重要的作用，以下是样板的作用与独自的特点。

样板的作用。

① 示范和引导：样板可以作为示范，展示出正确的、优秀的范例，帮助学习者理解应该如何完成特定任务或达到特定标准。

② 激发创造力和想象力：样板可以激发学习者的创造力和想象力。通过观察样板，学习者可以汲取灵感，并尝试将其改编或创新。

③ 规范和标准：样板可以为学习者提供一种标准，帮助他们了解什么是符合规范的，从而提高他们的工作质量。

④ 提高效率：学习者可以借鉴样板，节省时间和精力，避免从零开始，特别是在一些具体的任务中，如写作、设计、编程。

⑤ 建立信心：成功使用样板可以增强学习者的信心。他们可以看到自己能够按照样板的要求完成任务，从而提高自信心。

样板的独特特点。

① 多样性：样板可以涵盖各种不同的领域和任务，从文学作品到科学研究，从艺术创作到工程设计，具有多样性。

② 灵活性：样板可以根据需要进行调整和适应，不一定要刚好照搬，学习者可以根据自己的目标和要求进行修改。

③ 教育性：样板不仅是完成任务的工具，还可以用于教育。教育性样板可以帮助学习者理解概念和原理，而不仅仅是完成任务。

④ 可持续性：样板可以作为学习和教育过程中的持续参考。学习者可以反复查阅样板，继续学习和改进。

⑤ 社会化：样板通常是社会化的产物，代表了社会和文化的价值观。通过学习和使用样板，学习者也可以了解和体验社会和文化的多样性。

总的来说，样板在教育和学习中具有重要作用，因为它们可以为学习者

提供示范、激发创造力、建立标准和规范、提高效率以及建立信心。同时，样板也具有多样性、灵活性、教育性、可持续性和社会化等独特的特点，使它们成为有价值的学习资源。

第三节　新兴多媒体教学环境

一、微课

（一）微课的基本概念

1. 微课的背景与定义

微课程（micro-lecture）的概念最早起源于美国北爱荷华大学的 LeRoy A. McGrew 教授的 60 秒课程和英国纳皮尔大学的 T.P. Kee 提出的 1 分钟演讲。然而，现今热议的微课程概念是由美国新墨西哥州圣胡安学院的高级教学设计师和学院在线服务经理 David Penrose 于 2008 年提出的。Penrose 提出了五个建设微课程的步骤：罗列教学核心概念；编写 15～30 秒的介绍和总结，为核心概念提供上下文背景；录制时长为 1～3 分钟的视频；接着，设计引导学生阅读或探索课程知识的课后任务；最后，将教学视频与课程任务上传到课程管理系统。这些步骤构成了现代微课程的基本原则。

2. 微课发展的三个阶段

微课程的发展可以分为以下三个阶段。

① 起步阶段。

在微课程概念首次提出之初，微课程还处于起步阶段。这个阶段主要集中在短视频和简单的在线教育内容上。教育者和机构开始意识到通过短视频形式传递知识和教育内容的潜力。在这个阶段，微课程通常是基于简单的教育视频，长度较短，重点在于提供简洁的教育信息。

② 成熟阶段。

随着时间的推移，微课程进入了成熟阶段。在这个阶段，教育者和教育机构更加深入地研究和实践微课程的设计和交付。微课程开始采用更多的教育技术工具，如互动性、测验和在线讨论，以增强学习体验。教育者开始探索各种学科和主题的微课程，使其更加多样化和有针对性。

③ 创新阶段。

当前，微课程正处于创新阶段。在这个阶段，教育技术不断发展，为微课程提供了更多的可能性。创新包括虚拟现实（VR）和增强现实（AR）等新兴技术的整合，以及更复杂的学习分析和个性化学习路径的实施。此外，微课程也在全球范围内得到广泛应用，不仅在学校和大学中，还在企业培训、在线学习平台和自学课程中发挥着重要作用。

总的来说，微课程已经从最初的简单概念演变成了一种复杂而多样化的在线教育形式，不断地在教育领域中创新和发展。这三个阶段反映了微课程发展的演变过程。

（二）微课的基本组成

微课的核心组成内容主要包括课堂教学视频（课例片段），以及与该教学主题相关的教学设计、素材课件、教学反思、练习测试、学生反馈和教师点评等辅助性教学资源。这些元素以一定的组织关系和呈现方式共同构建了一个半结构化、主题式的资源单元，形成了一个微课程的应用“小环境”。微课程不同于传统教学中的单一资源类型，如教学课例、教学课件、教学设计或教学反思等，同时也是在这些基础上继承和发展而来的一种新型教学资源，为学习者提供了更多元化和综合性的学习体验。

（三）微课的特点

微课的特点如下。

① 短时限性：微课通常以短视频形式呈现，长度通常在 1 到 5 分钟之间。这种短时限性使得学习内容简洁明了，适合快速的知识传递和学习。

② 聚焦核心概念：微课注重聚焦于一个或少数几个核心概念或主题，避免了信息过载，使学习更加集中和高效。

③ 在线可访问性：微课通常以在线视频的形式提供，学习者可以随时随地通过互联网访问，提供了灵活性和便捷性。

④ 多样的内容：微课内容多种多样，涵盖了各种学科和主题，适用于不同年龄和学习水平的学习者。

⑤ 互动性：一些微课具有互动元素，如测验、问答或讨论板，以促进学习者的积极参与和互动。

⑥ 个性化学习：微课程可以根据学习者的需求和水平进行个性化调整，提供定制化的学习路径。

⑦ 学习资源丰富：微课不仅包括视频教学，还可以附带教学设计、素材课件、练习测试、学生反馈和教师点评等丰富的辅助性教学资源，为学习者

提供全面的学习支持。

⑧ 便于分享和传播：微课容易通过社交媒体和在线平台分享和传播，有助于知识的广泛传播和共享。

⑨ 实时更新：微课程可以随着知识和教育需求的变化而进行更新和修改，确保内容的时效性。

总的来说，微课具有简短、集中、多样、便捷和互动性等特点，使其成为一种受欢迎的在线学习方式，适用于不同领域和教育层次的学习者。

二、慕课

（一）慕课的本质内涵

慕课（Massive Open Online Course，MOOC）是一种面向社会公众的免费开放课程。它的名称中包含了几个关键特点："M"代表 massive（大规模），与传统课程不同，MOOC 可能会有成百上千人甚至上万人同时参与学习；"O"代表 open（开放性），意味着任何有兴趣的人都可以自由进入学习，没有任何入学条件或要求；"O"代表 online（在线），学习完全在互联网上进行，不受时空限制，学习者可以根据自己的时间和地点进行学习；"C"代表 course（课程），即这些课程是结构化的教育内容。

慕课的兴起是技术和互联网发展的结果，但其教育本质可以追溯到开放教育的概念。慕课强调开放性，任何有兴趣的人都可以自由进入学习，这一理念与开放教育的核心价值观一脉相承。同时，慕课整合了学习管理系统和开放网络资源，为学习者提供了更广泛、更多样的学习机会。慕课还处于发展过程中，没有形成一种成熟的、公认的、定型的模式。它是一个不断演进的教育形式，随着技术的进步和教育理念的发展，慕课将继续适应不同需求和挑战，以提供更好的教育体验。因此，了解慕课的历史和教育本质对于深刻理解其意义和发展方向至关重要。

慕课的关键之处在于它代表了一种文化本质的变革。它不仅是一种教育现象，而是一个复杂的生态系统，涉及课程设计、教育改革、互联网技术、经济发展等多个领域的交织和协同发展。慕课的出现引发了广泛的关注和研究，因为它具有潜力改变传统教育模式，提供更广泛的学习机会，强调学习者的主动性和自主性。虽然慕课可能会不断演进和改变，但它所代表的网络信息技术与教育教学改革的融合趋势将长期存在。这种尝试将继续挑战传统教育模式，最终可能形成更符合时代要求的教育模式。慕课的发展不仅是一种技术革新，还是一种教育文化的变革，对教育领域产生深远的影响。

（二）慕课的特点

慕课的核心特点之一是它通过利用网络的特性，实现了教学的全新方式。传统课堂教学通常由教师主导，学生被动接受知识，而且受到时间和地点的限制。慕课完全改变了这种模式，学习者可以根据自己的时间和地点自由学习，教师的角色也从单一的知识传授者转变为引导者和支持者。这种教学模式的灵活性使得终身教育理念更加实际可行，让人们可以随时随地追求知识和提升技能。从慕课的教学模式的特点看，可以总结为以下几点。

1. 大规模

慕课的“大规模”是指它的课程可以同时吸引成百上千人，甚至上万人参与学习。这一特点使得慕课不同于传统的课堂教学，其中学生数量通常有限。慕课的大规模性质有几个重要的方面。

① 庞大的学生群体：慕课课程通常能够吸引数以千计，甚至数以万计的学生报名参与，这些学生可能来自不同地区、国家甚至不同文化背景。

② 广泛的知识传播：慕课的大规模性使得知识能够广泛传播，无论是在学术领域还是在职业培训方面。这为更多人提供了接触高质量教育资源的机会。

③ 多样性的学习者：大规模的慕课通常吸引了来自不同年龄、职业、教育背景和兴趣领域的学习者。这种多样性可以促进丰富的知识分享和交流。

④ 技术支持：为了满足大规模学生的需求，慕课通常需要强大的在线学习平台和技术支持，以确保学生能够顺利参与课程。

⑤ 学习分析和个性化学习：面对大规模的学生群体，慕课平台通常利用学习分析和数据来了解学生的需求和进展，并尝试提供个性化的学习路径，以提高学生的学习效果。

总的来说，慕课的大规模性是它的一个显著特点，使得教育资源能够更广泛地传播和共享，为更多人提供高质量的学习机会。这种规模的教育模式也在推动教育领域的创新和变革。

2. 在线

（1）慕课的灵活性和便捷性使得学习更加适应个体需求，为广大学习者提供了更多的机会和选择。这种教育模式的发展也得益于互联网技术的不断进步，使得学习变得更加可及和高效。

（2）随着网络技术和信息技术的不断成熟和更新，这种方式变得越来越

迅捷和多样化。这种快速架设在线课程的能力不仅适用于常规教育，还可以在紧急情况下，如救灾援助中，便于随时随地组织学习，提供急需的教育支持。这种灵活性和教育资源的快速部署对于满足不同学习需求和应对各种教育挑战非常重要。

（3）互联网和在线教育技术的发展为教育提供了更经济实惠、更广泛可及的途径，有助于提供高质量的教育和培训，使更多人能够获得知识和技能。这对于教育的普及和全球性教育机会的平等化具有积极的影响。

（4）在线教育的数据记录和分析为教育领域提供了丰富的信息和洞见，有助于提高教育质量、个性化学习、教育研究和对教育规律的认知。这将继续推动教育的进步和改进。

3. 开放性

慕课的开放性指的是它对学习者的全面开放，不受限制的特性。慕课平台真正实现了教育的开放性，体现在以下几个方面。

① 无限制的学习对象：慕课对学习者的身份没有任何限制，不分种族、性别、年龄，任何人都可以在慕课平台上注册并免费选择课程。这使得教育真正实现了“有教无类”。

② 免费学习：慕课通常提供大部分课程免费学习，这意味着学生不需要支付高昂的学费，降低了教育的经济门槛，使更多人能够获得高质量的教育资源。

③ 全球互联：慕课通过互联网连接世界各地的学习者，促进了跨文化和跨国界的交流与合作。学生可以与来自不同背景和地区的同行进行互动，分享学习经验和观点。

④ 个性化学习：慕课允许学习者按照自己的节奏学习，并根据自己的需求选择课程。这种个性化学习有助于提高学习效果和满足学生的不同需求。

总的来说，慕课的开放性质为广大学习者提供了前所未有的自由选择和教育机会，推动了教育的普及和平等。这种教育模式正在改变传统教育的面貌，使更多人能够获得高质量的教育。

4. 课程的个性化

课程的个性化是指根据学生的需求、兴趣、水平和学习风格等因素，为他们提供定制化的学习体验和内容。个性化课程旨在更好地满足学生的学习需求，提高他们的学习效果。以下是一些关于课程个性化的观点。

① 学习路径定制：个性化课程可以根据学生的学习水平和目标为他们制

定独特的学习路径。这意味着高水平的学生可以进一步挑战自己，而初学者可以获得更多的支持和指导。

② 内容选择：学生可以根据自己的兴趣和需求选择课程内容。这使得学习更具吸引力，因为学生可以学习他们真正感兴趣的主题。

③ 学习节奏：个性化课程允许学生按照自己的节奏学习。有些学生可能需要更多时间来掌握某个概念，而其他人可能能够更快地前进。

④ 学习资源：个性化课程可以为学生提供定制化的学习资源，包括教材、练习、评估工具等。这有助于满足不同学生的学习风格和需求。

⑤ 学习支持：教育者可以通过个性化课程提供更个性化的学习支持，包括教师反馈、在线辅导和学术指导等。

⑥ 学习分析：通过学习分析技术，个性化课程可以根据学生的表现和进展进行调整和改进，以确保他们获得最佳的学习体验。

总的来说，课程的个性化有助于提高学生的参与度、满意度和学习成果。它是现代教育的一个重要趋势，利用技术和数据来更好地满足学生的学习需求，使教育更加适应个体差异。

（三）慕课的分类

1. 基于内容的慕课

基于内容的慕课是一种在线教育课程，其特点是围绕特定的主题或领域提供深入的、内容丰富的学习体验。以下是关于基于内容的慕课的一些重要特点和信息。

① 专注于特定主题或领域：基于内容的慕课通常专注于特定学科、主题或领域，如计算机科学、人工智能、数学、物理学、文学等。这使得学生可以深入研究他们感兴趣的领域。

② 深入学习：这些慕课通常提供更深入、更广泛的学习材料，以满足学生对特定主题的深度了解需求。这可能包括高级课程、研究项目和案例研究等。

③ 专业教育者：基于内容的慕课通常由领域内的专业教育者或领域专家设计和教授。这确保了课程内容的质量和权威性。

④ 课程结构：这些慕课通常采用更为传统的课程结构，包括讲座、作业、测验和项目。学生需要完成一系列任务，以证明他们的理解和应用能力。

⑤ 学分和认证：一些基于内容的慕课提供学分或认证，这对于那些希望获得学位或证书的学生来说可能非常有吸引力。学生可以通过这些慕课获得

正式学历。

⑥ 深度学习社区：这些慕课通常具有专门的学习社区，允许学生与同行和教育者互动、讨论和分享资源。这有助于促进学习。

⑦ 开放性和免费：尽管基于内容的慕课通常提供高质量的教育资源，但它们通常仍然是开放的，并且允许任何人免费注册和访问课程。

总的来说，基于内容的慕课为学生提供了深度学习特定主题或领域的机会，以及与领域专家互动的机会。这种类型的慕课在高等教育和终身学习领域都非常受欢迎，因为它们提供了灵活性和质量教育的结合。

2. 基于网络的慕课

基于网络的慕课代表着一场教育革命，它将高质量的教育资源推向了全球，打破了时间和空间的限制。在慕课中，学习者可以在任何时间、任何地点，只要有互联网连接，就能够参与学习。这种开放性和便利性为学生提供了前所未有的自由，不论他们是职场人士、在校大学生、还是追求终身学习的个体，都可以根据自己的兴趣和需求选择课程。此外，慕课通常提供了多样化的学科领域，涵盖了科学、技术、工程、数学、社会科学、人文学科等各个领域，满足了不同学习者的需求。

一个显著的特点是慕课通常由知名的大学和教育机构提供，由领域内的专业教育者授课，保证了课程的质量和权威性。学生可以通过观看视频讲座、参与在线讨论、完成作业和测验等方式来学习，并且通常还有学习社区，让学生能够与来自世界各地的同学和教育者进行互动和合作。慕课还提供了学习跟踪和评估工具，帮助学生了解自己的进展并获得反馈。

此外，慕课的开放性质也使得学术知识更容易传播和分享，有助于全球范围内的知识普及。对于教育机会不平等的地区和群体，慕课提供了一种突破传统教育限制的方式。尽管慕课通常免费提供，但一些平台也提供了证书和学分的选项，使学生可以正式认证他们的学习成果。

总的来说，基于网络的慕课代表了教育的未来趋势，它为个人提供了更多的学习机会和自由选择，同时也促进了全球范围内的知识分享和普及。这一教育模式正在改变传统教育的面貌，为更多人提供高质量的教育。

3. 基于任务的慕课

基于任务的慕课代表了教育的一种新趋势，它将学习的重点放在了实际应用和问题解决上。这种教育模式的核心理念是，学生通过完成任务和项目来深入学习课程内容，而不仅是被动接受信息。慕课提供了一个平台，让学生能够运用他们所学到的知识，解决真实世界的问题，并获得有意义的经验。

基于任务的慕课通常由领域内的专业教育者和实践者设计和教授，他们为学生提供了实际项目和任务，这些任务模拟了现实世界中的挑战和机会。学生需要通过参与讨论、合作团队项目、解决问题等方式来完成这些任务。这不仅提供了学科知识的深度学习，还培养了学生的问题解决能力、创造力和实践技能。

一个显著的特点是基于任务的慕课强调学生的主动参与和自主学习。学生需要积极地寻找解决方案、制定计划并与同学合作，这培养了他们的团队合作和领导能力。此外，这种教育模式也为学生提供了更直接的反馈机制，他们可以通过任务的完成情况来了解自己的表现和理解程度。

基于任务的慕课的开放性质使得这种教育模式能够覆盖各种学科领域，包括科学、工程、商业、人文学科等。为学生提供了广泛的学科选择和实际应用机会。尽管慕课通常提供免费注册，但一些平台也提供了证书和学分的选项，以正式认证学生的学习成果。

综上所述，基于任务的慕课强调了实际应用和问题解决，培养了学生的实践技能和综合能力。它代表了教育的创新方向，为学生提供了更多与现实世界相关的学习体验，有助于他们更好地准备未来的职业和挑战。

（四）慕课与传统教学的区别

1. 开放性与封闭性

慕课的开放性质贯穿其整个教育模式。学习者可以自由注册，无需满足特定条件，而且慕课平台上的课程通常是全球开放的，不受地理位置和学校限制。这为那些无法进入一流大学的学生提供了接触高质量教育的机会。然而，慕课的广泛性也使得涵盖的内容相对较为广泛和浅显易懂，难以提供高度个性化的教育，对于基础较薄弱的学生可能不够有效。

总的来说，传统教育和慕课各有其优点和局限性。传统教育强调深度学习和师生互动，但受到地理和资源限制。慕课开放、灵活，但可能在个性化和因材施教方面存在挑战。随着教育领域的不断发展，这两种教育模式也可以相互补充，以更好地满足不同学生的需求。

2. 灵活性与固定性

慕课的出现彻底改变了这种模式。慕课通过在线平台提供课程，学习者可以根据自己的时间表和地点选择何时何地学习，无需受到时空限制。这种灵活性使得学习成为更具自主性和便利性的活动，同时也使得师生互动的方

式可以变得更加多样化，可以是一对多或多对多的形式。然而，慕课的课程设计可能缺乏一定的系统性，因为它们更注重灵活性和开放性，这可能需要学生更多的自我管理和自主学习能力。

总的来说，传统教育和慕课各有优点和限制，它们在满足不同学生需求和学习风格方面提供了不同的选择。随着技术的发展和教育模式的创新，这两种教育方式也可以相互补充，为学生提供更多的学习机会和灵活性。

3. 经济性与昂贵性

慕课的成功背后通常有一支强大的团队，包括教育专家、课程设计师、技术支持人员和运营团队等，他们共同努力以提供高质量的在线教育体验。这种团队协作和专业化是慕课成功的关键因素之一，它们确保了课程的质量、可访问性和可维护性。

总的来说，慕课的免费性和高质量课程背后需要投入大量资源和努力，这有助于为全球范围内的学生提供高质量的教育机会，同时也体现了慕课平台的可持续性和发展潜力。

4. 知识培养与素质教育

传统学校教育强调面对面的互动和实践性。学生在校园内有机会与同学和教师进行交流和互动，这有助于培养人际关系处理能力和团队合作技能。此外，校园内通常有各种社团和学生组织，学生可以参加这些组织，积累领导、组织策划等方面的经验，这些经验对未来的职业生涯也非常有帮助。

相比之下，慕课通常是个人在计算机或手机前自学的过程，互动主要发生在线。虽然慕课也提供一些在线论坛和讨论区，但与面对面互动相比，这种交流方式可能相对较冷淡。然而，慕课的优点在于其开放性和灵活性，允许学习者根据自己的时间和节奏学习。

总的来说，传统学校教育和慕课各有其优点和局限性，适合不同类型的学习者和学习目标。一些学生可能更喜欢传统学校的实践性和社交性，而另一些人可能更倾向于慕课的灵活性和全球性。随着技术的不断发展，这两种教育方式可以相互补充，为学生提供更多多样化的学习选择。

（五）慕课在我国当下教学中的应用

慕课在我国的教育领域中得到了广泛的应用和发展。以下是慕课在我国当下教学中的应用情况。

① 高校慕课：我国的许多高校和大学开设了慕课课程，使学生能够在校

内或远程学习。这些课程涵盖了各种学科，包括工程、医学、文学、商业等，为学生提供了更多学习选择。

② 职业培训：慕课平台也广泛用于职业培训和继续教育。许多公司和组织使用慕课来培训员工，提供技能培训和职业发展机会。

③ 政府支持：中国政府积极支持慕课的发展，投资建设了一些在线教育平台，如中国大学 MOOC（中国 MOOC）和国家精品慕课。政府的支持有助于推动慕课在教育领域的普及和提升。

④ 学习资源共享：慕课平台提供了大量的学习资源，包括课程视频、教材、作业和测验。这些资源的共享促进了知识传播和学术合作。

⑤ 终身学习：慕课为人们提供了终身学习的机会。不仅学生可以在学校期间受益，而且成年人和职场人士也可以随时随地通过慕课来提高自己的知识和技能。

总的来说，慕课在中国已经成为教育领域的重要组成部分，为学生、职业人士和教育机构提供了丰富的学习资源和机会。随着技术的不断进步和政府的支持，慕课在中国的应用前景仍然广阔。

第四节　现代远程教育演变

一、现代远程教育概述

（一）远程教育的定义

远程教育是一种通过使用现代通信和信息技术，将教育内容传递给学生，而学生可以在物理上与教育机构分离的教育模式。这种教育方式允许学生通过互联网、电视、广播、邮寄材料等多种方式来获取课程内容，而无需亲临传统的教室或学校。远程教育的关键特点包括教育内容的数字化和在线化，学生可以根据自己的时间和地点自主学习，以及教育机构和学生之间的互动通常是通过电子邮件、在线讨论板等在线工具实现的。这种教育模式为那些无法或不愿意参加传统面对面课堂的学生提供了灵活的学习选择，可以适应各种年龄和背景的学习者，并促进了终身学习的理念。随着技术的不断发展，远程教育已经成为现代教育领域的重要组成部分，为全球范围内的学生提供了更广泛的教育机会。

（二）远程教育的发展

远程教育经历了三个主要的发展阶段。

① 邮寄课程阶段：远程教育的最早形式出现在邮寄课程阶段。在这个阶段，教育机构将课程材料以书信的形式邮寄给学生，学生通过阅读教材并完成作业来学习。这种形式的远程教育起源于 18 世纪末到 19 世纪初，主要用于教育那些无法前往学校或大学的学生，例如农村地区的居民。这个阶段的远程教育非常依赖于书面材料和邮寄服务。

② 广播和电视课程阶段：随着广播和电视技术的发展，远程教育迈入了广播和电视课程阶段。教育机构开始使用广播和电视来传送课程内容，使学生能够通过收听广播或观看电视节目来学习。这一阶段通常涵盖了 20 世纪上半叶。广播和电视课程使远程教育变得更加互动和具有声音和视觉元素，但学生仍然需要遵循教材和课程安排。

③ 在线教育和数字学习阶段：近年来，随着互联网和数字技术的迅速发展，远程教育进入了在线教育和数字学习阶段。这一阶段的特点是课程内容和教育资源的数字化，学生可以通过互联网访问在线课程、教材、视频讲座和互动学习平台。在线教育不仅提供了更大的灵活性，还支持学生之间的在线互动，包括讨论、作业提交和实时问题解答。这一阶段的远程教育已经变得更加便捷、多样化和全球化，为学生提供了更广泛的学习机会。

这三个阶段代表了远程教育从传统邮寄课程到数字化在线教育的演进历程，反映了技术的不断进步和教育模式的变革。现代的远程教育已经成为全球教育领域的重要组成部分，为各种类型的学习者提供了更多的教育选择。

二、现代远程教育教学系统构成

教育机构可以在其中监控学生的进展、管理课程内容、分发资源和与学生互动。这个完整的远程教育教学系统旨在提供高效、灵活和多样化的教育体验，满足不同学习者的需求，并促进教育的全球化和数字化发展。

（一）远程授课子系统

远程授课子系统的功能确实非常强大，它允许教师使用多媒体视频和音频效果来传达课程内容，提供了丰富的多媒体素材，从而增强了教学的吸引力和互动性。此外，该子系统还具备强大的检索功能，使教师和学生能够轻松地查找和访问所需的教育资源。

教师可以根据自己的教学需求，自主制作教程和教案，并且具备随时修改和更新教程内容的灵活性。这意味着教育机构和教师可以根据学生的反馈和学习进展，及时进行课程内容的调整和改进，以确保教学的质量和实效性。

学生则可以通过互联网根据自己的个人情况和学习需求，自主选择课程和内容进行学习，采用课程点播的方式，这提供了极大的灵活性和便利性。学生可以按照自己的节奏和时间安排学习，从而更好地适应自己的学习风格和日常生活。

这些功能使远程授课子系统成为现代远程教育中的重要组成部分，为教育机构、教师和学生提供了更多的教育选择和优质的学习体验。

（二）自主学习子系统

自主学习系统在现代远程教育中扮演着关键的角色。它是一个允许学生自主学习的子系统，提供了学习材料和资源，以满足学生的个性化学习需求。以下是关于自主学习系统的一些重要特点。

① 不受时空限制：自主学习系统的学习方式非常灵活，学生可以根据自己的时间和地点进行学习，无需遵循传统课堂的时间表和地点要求。这意味着学生可以在家里、图书馆、咖啡馆或任何其他地方学习，同时也可以选择适合自己的学习时段。

② 多样化的学习材料：自主学习系统通常提供多种学习材料，包括教学网页、课件、视频点播、电子教材等。这些材料以多种形式呈现，满足不同学习者的学习偏好和需求。

③ 个性化学习：学生可以根据自己的学习进度和理解程度自主选择学习内容和顺序。他们可以重复学习特定部分，跳过已掌握的内容，以及根据自己的学习目标进行调整。

④ 互动性：一些自主学习系统还包括互动元素，如在线讨论板、练习题和测验。这些元素促进学生之间的互动和学习社区的建立，同时也为学生提供及时的反馈。

⑤ 学习支持：自主学习系统通常提供学术支持和帮助资源，例如教师助理、在线辅导和学习指导。这些支持措施有助于学生克服学习障碍和解决问题。

总的来说，自主学习系统为学生提供了更大的学习自由度和灵活性，使他们能够根据自己的需求和学习风格进行远程教育。这种个性化和自主性的学习模式有助于提高学生的学习效果和满意度。

（三）学习支助子系统

学习支助子系统是远程教育教学系统的一个关键组成部分，旨在为学生提供在学习过程中所需的支持和资源，以提高他们的学习体验和成效。以下是学习支助子系统的主要功能和特点。

① 在线讨论和互动：学习支助子系统通常包括在线讨论板和互动工具，允许学生之间和教师之间进行实时互动和讨论。这促进了学生之间的协作和知识分享，同时也提供了解答问题和解决疑惑的机会。

② 学术支持和辅导：学习支助子系统提供学术支持服务，包括在线辅导、答疑和问题解答。学生可以通过这些渠道获取额外的学术帮助，解决课程中的难题。

③ 学习资源和参考资料：该子系统提供学习资源和参考资料，帮助学生更好地理解课程内容。这可能包括额外的阅读材料、视频教程、案例研究等。

④ 课程管理工具：学习支助子系统还包括课程管理工具，允许学生查看课程进度、提交作业、查看成绩和课程通知。这些工具有助于学生跟踪自己的学习进展。

⑤ 学习反馈：学习支助子系统可以提供学习反馈机制，包括自动化的评估和测验。学生可以在完成测验后获得即时反馈，了解自己的学习表现。

⑥ 学习社区和协作平台：一些系统还提供学习社区和协作平台，使学生能够与同学和教师建立联系，分享经验和资源，并参与协作项目。

总的来说，学习支助子系统旨在提供全面的学习支持，确保学生能够获得所需的帮助和资源，以便成功完成远程教育课程。这种支持系统有助于提高学生的学习体验，鼓励他们更积极地参与学习过程。

（四）学习测评子系统

通过学习测评子系统，教育机构能够有效管理学生的作业和评估学习成果。同时，学生也能够得到及时的反馈和成绩，帮助他们更好地理解课程内容并改进学习策略。这种系统有助于提高课程的教学质量和学生的学术成就。

（五）远程教学管理系统

远程教学管理系统是一个综合性的教育管理系统，旨在有效管理远程教育中的各个方面。其主要功能包括学生的注册和缴费管理，课程设置和排课管理，以及教学进度和学生数据的综合管理。通过这个系统，教育机构和教师可以更有效地组织和管理远程教育课程，跟踪学生的学术进展，以及提供必要的支持和服务。这有助于确保远程教育的顺利运行和学生的学习体验。

三、现代远程教育发展优势

（1）网络技术的广泛应用已经使高等教育变得更为快速、高效和全球化。与传统的面对面教育模式相比，网络教育更加注重全球范围内的知识传递和交流，因为它能够消除地理距离带来的障碍。学生不再受限于地理位置，可以通过互联网获得来自世界各地的知识和资源，与来自不同文化背景的同学和教师进行交流和合作。这种全球性的教育模式为学生提供了更广泛的学习机会，促进了知识的传播和共享，有助于培养跨文化的理解和合作能力。网络教育的快速发展正在改变传统高等教育的面貌，为学生和教育机构提供了更多的灵活性和选择。

（2）远程教育确实赋予学生更多的自主性和灵活性。通过提供丰富多样的教学内容和资源，学生可以根据自己的兴趣、学习目标和时间安排，自主选择适合自己的课程和学习材料。这种自主性使学生能够更好地掌控自己的学习进程，按照个人的学习节奏进行学习，而不受传统教室课程时间表的限制。此外，远程教育还提供了在线学习的便利性，学生可以随时随地访问教材和课程内容，无需受到地理位置或时间的限制。这种灵活性使学生更容易平衡学习与其他生活责任，提高了学习的可达性和适应性。

（3）交互性是远程教育的一个显著特征，它与其他媒体教育有着重要的区别。在远程教育中，交互式学习成为学生和教师之间的核心特点，克服了时间和空间上的障碍。学生和教师可以在不同的时间和地点进行非同步交互，通过在线平台进行沟通、讨论、提问和回答。这种互动性质丰富了学习经验，使学生能够积极参与课程，并与教师和同学建立联系。交互式学习有助于促进思维的刺激和学习的深入，提高了教育的效果。它是远程教育与传统面对面教育之间最显著的差异之一，为学生提供了更具互动性和个性化的学习体验。

（4）远程教育对残疾学员来说的益处是显而易见的。在传统的教育模式下，残疾学员常常受到空间距离的限制，行动不便或其他残疾可能导致他们

无法参加常规课程。这意味着他们可能被迫放弃追求高等教育的梦想。然而，远程教育通过在线学习平台提供了解决方案，消除了这些障碍。残疾学员可以在自己舒适的环境中，根据自己的时间表进行学习，无需前往学校或参加课堂教学。这为他们提供了难得的机会，能够实现他们追求知识和教育的梦想，同时提高了他们的生活质量和自信心。远程教育为残疾学员提供了更加平等和包容的教育机会，体现了教育的普及和社会的关怀。

（5）远程教育对于终身教育和继续教育的发展具有显著的推动作用。特别是对于在职成人而言，远程教育打破了传统教育的时空界限，使他们能够更容易地获得教育和培训。这种开放性的教育模式扩大了学员的年龄范围和地域界限，让那些已经踏入职场的人们能够在工作之余继续学习和提升自己的技能。无论他们身处何地，都可以通过远程教育平台获取所需的课程和知识，不受时间和地点的限制。这为终身学习和职业发展提供了更多的机会，有助于提高个体的职业竞争力和就业前景。远程教育的灵活性和便利性，使其成为终身教育和继续教育的有力推动者，促进了个体的自我提升和社会的知识普及。

（6）远程教育通过在线学习平台构建了学习社区，学生可以与来自世界各地的同学和教师进行互动和合作。这种全球性的交流和合作有助于学生拓宽视野，增强跨文化和跨领域的理解能力。远程教育强调个性化、多样性和全球性，为学生提供了更具竞争性的教育体验，推动了教育的进步和社会的发展。

（7）远程教育的广泛性和平等性使其在教育领域发挥了重要作用，为更多人提供了平等的教育机会，推动了教育的普及和社会的进步。

（8）远程教育强调学生的主体性和自主学习，同时借助科学化的教育技术和方法，使教学更具效率和个性化。这有助于提高学生的学习动力和成就，促进教育的现代化和科学化。

四、掌握教育大数据与个性化学习

（一）认识大数据和教育大数据

大数据还具有其他特点，如价值（数据的分析和应用可以带来重要的价值）、复杂性（大数据分析往往涉及多维数据和复杂关联）、实时性（需要快速响应数据变化）、隐私性（处理个人信息时需要特别关注隐私保护）。

大数据的应用领域包括商业分析、医疗健康、科学研究、社交媒体分析、教育改革等，它为我们提供了更深入的洞察和更好的决策支持，但也带来了数据隐私和安全等新挑战。因此，大数据的发展需要综合考虑技术、伦理和法律等多个方面的因素。

（二）基于大数据的个性化学习

基于大数据的个性化学习是一种教育方法，利用大规模数据分析技术，根据学生的个体特征、学习行为和需求，为每个学生提供定制化的学习体验和资源。以下是关于大数据的个性化学习的关键要点。

① 学习分析：个性化学习的第一步是收集和分析学生的数据，包括学习历史、成绩、学习进度、兴趣爱好、学科偏好等。这些数据通常来自学习管理系统、在线测试、作业和测验等。

② 学习路径规划：基于学习分析的结果，教育机构或学习平台可以为每个学生制定个性化的学习路径。这些路径可能包括推荐的课程、学习材料、练习题，以及学习计划的建议。

③ 自适应学习资源：个性化学习通常包括提供自适应学习资源，这些资源根据学生的表现和需求进行调整。例如，一个学生在某个主题上表现出困难，系统可以提供额外的练习或解释性材料来帮助他们理解。

④ 进度跟踪和反馈：基于大数据的个性化学习系统可以实时跟踪学生的学习进度，并提供反馈。这有助于学生了解他们的表现，并找到改进的方法。

⑤ 多样化的评估方法：传统的考试和测验不一定适用于所有学生，因此个性化学习可能采用多样化的评估方法，包括项目作业、小组合作、实际案例研究等，以更全面地评估学生的能力和知识。

⑥ 时间和地点的灵活性：基于大数据的个性化学习通常是在线的，这意味着学生可以根据自己的时间和地点选择学习，增加了学习的灵活性。

⑦ 教育研究和改进：收集的大数据不仅用于学生的个性化学习，还可以用于教育研究和改进教学方法。教育机构可以分析这些数据，了解哪些方法和资源对学生更有效，并做出相应的改进。

基于大数据的个性化学习有助于提高学生的学习效率和满意度，因为它根据每个学生的独特需求进行量身定制。然而，也需要关注数据隐私和安全问题，确保学生的个人信息得到妥善保护。此外，教育者需要不断改进和优

化个性化学习系统，以适应学生的不断变化的需求和学科的进展。

（三）了解虚拟现实技术与情境学习

虚拟现实（VR）技术与情境学习是两个教育领域的重要概念，它们之间存在着紧密的联系和互补性。下面是关于这两个概念的解释。

① 虚拟现实技术：虚拟现实是一种计算机技术，通过模拟现实世界的环境和场景，使用户能够与虚拟环境进行交互，通常通过头戴式显示器、手柄、体感装置等设备来实现。在虚拟现实中，用户沉浸在一个仿真的虚拟环境中，可以看到、听到，甚至触摸虚拟物体，仿佛身临其境。VR 技术已经在多个领域得到广泛应用，包括娱乐、医疗、工业、军事等，同时也在教育领域展现出潜力。

② 情境学习：情境学习是一种教育理论和方法，强调学习环境和情境对于知识和技能的获取和应用的重要性。情境学习认为学习最有效的方式是将学习内容置于实际生活情境中，让学生在真实或仿真的情境中进行学习。这种学习方法有助于学生将抽象的理论知识与实际应用相结合，提高了知识的传输和应用。

虚拟现实技术与情境学习的结合可以产生强大的教育效果。以下是一些关于如何将虚拟现实技术与情境学习相结合的方式。

虚拟实验室：虚拟实验室可以提供仿真的科学实验环境，使学生能够在虚拟世界中进行实验，无需真实实验室。这有助于提高学生的实验技能和理解科学原理。

虚拟历史重现：历史课程可以通过虚拟现实技术再现历史事件和场景，使学生能够亲身体验历史时期的生活和事件，提高对历史的理解和兴趣。

职业培训和模拟：虚拟现实可以用于职业培训，例如医学生可以在虚拟手术室中进行手术模拟，飞行员可以在虚拟飞行器中进行模拟飞行培训。

语言学习：虚拟现实可以提供模拟语言环境，帮助学生练习外语口语和交流技能。

总之，虚拟现实技术为情境学习提供了丰富的工具和资源，可以增强学习的沉浸感和真实性，提高学习效果。它在教育领域的应用前景广阔，有望为学生提供更丰富、更互动的学习体验。

（四）掌握人工智能与适应性学习

掌握人工智能（Artificial Intelligence，AI）与适应性学习是在现代教育和技术领域具有关键意义的能力。人工智能是一种模拟和复制人类智能思维和决策过程的技术，包括机器学习、深度学习、自然语言处理等领域。适应性学习是一种教育方法，旨在根据每个学生的需求、能力和学习进度个性化地调整教学内容和方式。

通过掌握人工智能，教育者和学生能够实现以下目标。

① 个性化教育：人工智能可以分析学生的学习表现和需求，根据个体差异提供定制化的学习路径和资源。这有助于最大程度地满足学生的学习需求，提高学习效果。

② 智能辅助教学：AI 可以充当虚拟助手，为教育者提供教学建议和资源推荐。教育者可以更好地了解学生的进展并做出适时的干预。

③ 自动化评估和反馈：AI 可以自动评估学生的作业和测试，并提供即时反馈。这减轻了教育者的工作负担，同时为学生提供了更多的学习支持。

④ 教育数据分析：AI 可以处理大规模的教育数据，帮助教育机构识别趋势、改进课程设计和决策制定。

⑤ 创新教育方法：AI 技术的应用鼓励了新的教育方法，例如虚拟现实教室、在线学习平台和智能教材。

总之，人工智能与适应性学习的结合正在改变教育领域的格局。教育者和学生需要不断学习和适应这些新技术，以更好地满足教育需求，提高教育质量，并为未来的学习和工作做好准备。掌握这些能力将使个体更有竞争力，并推动教育领域的创新和进步。

五、在线开放课程

（一）“互联网+”时代：重构教育流程

1.“互联网+”催生教育变革

“互联网+”已催生了教育领域的深刻变革。通过将互联网技术与教育相结合，教育不再受限于传统的教室和课本，而是进入了一个全新的数字时代。学生可以通过在线学习平台获取丰富的教育资源，实现个性化学习，提高学习效率。教育机构可以利用互联网拓展教学范围，实现教育资源的共享和全球化传播。互联网+教育为学生、教育者和教育机构提供了更多机会和挑战，同时也推动了教育方法和模式的创新，为未来的教育发展开辟了广阔的前景。

2.“互联网+教育”的本质特点

“互联网+教育”的本质特点在于将互联网技术与教育深度融合，从根本

上改变了传统教育的方式和模式。这一概念强调了教育的数字化、个性化、开放性和全球化。首先，它使教育变得数字化，通过在线平台提供教育资源、课程内容和学习工具，使学习过程更便捷、高效。其次，个性化学习成为可能，学生可以根据自身兴趣、需求和进度定制学习计划，提高学习的效果和满意度。同时，互联网+教育打破了传统教育的时空限制，学习不再受制于地点和时间，实现了全球化的学习机会。最重要的是，这一模式强调了开放性，教育资源和知识得以共享，任何人都可以获得高质量的教育，无论其身处何处。因此，互联网+教育代表了未来教育的趋势，将深刻改变我们对教育的理解和实践。

（二）“互联网+”视域下新技术对远程教育的影响

“互联网+”视域下，新技术对远程教育产生了深刻的影响。随着信息技术的不断发展，远程教育迎来了前所未有的机遇和挑战。首先，新技术极大地提高了远程教育的可行性和效率。高速互联网连接、云计算、大数据分析、人工智能等技术的应用使得远程教育更加稳定、互动性更强，能够实现更高质量的在线教学。其次，新技术催生了创新的教学方式和工具，如虚拟现实、增强现实、在线协作平台等，丰富了学习体验，提供了更多个性化的学习途径。再者，新技术推动了远程教育的全球化，学生可以跨越地域界限，参与全球各地的课程，促进了国际化教育的发展。最重要的是，新技术为教育智能化和个性化提供了支持，能够根据学生的学习数据和需求定制教育方案，提高了学习成效。综上所述，“互联网+”视域下的新技术正在推动远程教育向更高水平迈进，为学生和教育机构带来了更多的机会和潜力，塑造了未来教育的新格局。

第三章　现代教育技术的应用

第一节　多媒体教育技术的应用

一、多媒体课件

（一）多媒体课件的概念和特点

多媒体课件通过综合运用多种媒体元素和技术，提供了更丰富、生动、互动的学习体验，有助于提高教学效果和学习效率。多媒体课件具有以下特点。

1. 教学性

在多媒体教学软件系统中，教学过程和教学策略通过多种方式得以反映，包括多媒体信息的选择与组织、系统结构、教学程序、学习导航、问题设置以及诊断评价等。因此，这些系统通常包含了知识讲解、举例说明、媒体演示、提问诊断和反馈评价等教学的基本要素。这些组成部分共同促进了多媒体教学软件系统的有效教育传递和学习体验。

2. 科学性

在多媒体教学软件系统中，教学过程和教学策略通过多种方式得以反映，包括多媒体信息的选择与组织、系统结构、教学程序、学习导航、问题设置以及诊断评价等。因此，这些系统通常包含了知识讲解、举例说明、媒体演示、提问诊断和反馈评价等教学的基本要素。这些组成部分共同促进了多媒体教学软件系统的有效教育传递和学习体验。

3. 交互性

多媒体教学软件必须具备友好的人机交互界面，这是学生与计算机进行

信息交流的关键通道。在教学软件系统中，交互界面可以采用多种形式，包括图形菜单、图标、按钮、窗口和热键等。这些界面元素的设计和布局应当考虑用户友好性，以便学生能够轻松地导航、互动和使用软件，从而提升教学效果和学习体验。友好的交互界面有助于降低学习门槛，使教学过程更加流畅和愉快。

4. 集成性

多媒体教学软件是一种教育工具，它将文本、图形、动画、声音、视频等多种媒体信息有机地集成在一起，经过加工和处理，形成一个综合性的教学系统。这种综合性的特点使得多媒体教学软件具备了多种媒体的集成性，让教育内容图文并茂，声画合一，具有极强的表现力和感染力。这样的教育工具能够引发学生的学习兴趣，激发他们的学习积极性，从而提高教学效果和学习成果。多媒体教学软件的综合性和多样性为教育领域带来了新的可能性，为学生提供了更具吸引力和互动性的学习体验。

5. 诊断性

多媒体教学软件必须内置诊断评价和反馈强化的功能。在这类软件系统中，通常设有一系列形成性练习或问题，供学生回答和互动。这些问题旨在测试学生的理解和掌握程度，激发他们的思考和参与。关键在于，多媒体教学软件应该具备能够对学生的学习反应进行诊断性评价的能力，通过分析学生的回答，提供个性化的反馈信息。这个反馈可以包括解释、建议、正确答案等，有助于指导学生的学习方向，强化他们的知识和技能。通过这种方式，多媒体教学软件不仅提供了互动性的学习体验，还能够促进学生的自我评价和进步，从而更好地实现教育目标。

（二）多媒体课件的类型和应用

1. 课堂演示型

课堂演示型的多媒体课件主要用于支持课堂教学，在教育领域广泛应用。通常，教师会根据自己的教学计划和需求，利用诸如 PowerPoint 等课件制作工具，自行制作这种类型的课件。这些课件旨在在课堂上演示教学内容，并与教师的授课或其他教学媒体相协调使用。通常情况下，这种类型的课件不与学生进行直接互动。

为了有效使用课堂演示型课件，通常需要具备大屏幕显示器或高亮度投影仪等硬件设备。在开发这类课件时，教师应以自己的教学流程为设计原则，确保课件充分体现教学理念，并考虑到课堂环境对演示效果的影响因素。选择合适的屏幕显示属性以突出主题也是重要的考虑因素。此外，使用课堂演示型课件的教师需要深入了解课件内容，以便能够在课堂上流畅地展示和讲解教学内容。这种类型的多媒体课件在传统课堂教学中起到了重要的辅助作用，提高了教学效果和互动性。

2. 操练与练习型

操练与练习型的课件旨在帮助学习者通过反复的操作和练习来巩固学习内容。操练通常涉及通过反复的练习和比较来记忆陈述性知识，例如英语词汇、地理名称、历史事件等。而练习则旨在通过应用知识来解决问题，使学生获得程序性智力技能，如算术运算、方程求解、电路故障排除。

通常的操作与练习型课件会列出一系列问题，要求学习者逐一回答。而优质的操作与练习型课件则能够根据学习者的回答结果来调整问题的难度。例如，如果学习者对某个问题回答错误，课件可以引入相关前提知识的问题，以帮助学习者弥补知识差距。一旦学习者掌握了相关知识，课件就会引入更高层次的问题，挑战他们的理解和技能。

操练与练习对学生将新获得的信息转化为长期记忆非常有帮助。通过不断的重复和应用，学生可以更牢固地掌握知识和技能，提高他们的学习成果和能力。这种类型的课件在教育中起到了重要的角色，促进了深层次的学习和理解。

3. 个别指导型

在个别指导型课件中，教学内容通常被划分成小的教学单元，每个单元专注于教授一个概念或知识点。在每个教学单元中，计算机首先通过屏幕上的讲解向学生介绍概念、知识或技能，然后提出问题来检查学生的理解和掌握情况。随着学习的进行，计算机会定期对先前学过的内容进行回顾和测试，类似于单元复习或总复习的检查。就像有经验的教师一样，计算机会根据学生的反应和表现，决定是否继续新内容的学习，或者需要回顾和巩固原有的内容。只有当学生达到课件所规定的成绩标准后，才能进入下一个主题的学习。

这种个别指导型课件的优势在于，它可以根据每位学生的学习速度和理解程度提供个性化的教育，确保每个学生都能够充分掌握所学的知识和技能。同时，它也为学生提供了自主学习和反馈的机会，帮助他们更有效地学习和成长。

4. 超媒体型

超媒体型是一种多媒体技术，它将文本、图像、声音、视频等多种媒体

元素以超链接的方式组织在一起，形成一个非线性的信息网络。与传统媒体不同，超媒体允许用户通过点击链接或按钮来自由导航和浏览信息，从而以个性化和非顺序的方式获取所需内容。

超媒体通常包括以下特点和元素。

① 超链接：超媒体的核心特点是超链接，它允许用户在不同文档、页面或媒体元素之间进行跳转。用户可以通过点击链接来访问相关信息，实现非线性的信息检索和导航。

② 多媒体元素：超媒体可以包括文本、图像、声音、视频等多种媒体元素，使信息更富于表现力和多样性。

③ 非线性结构：与传统书籍或线性文档不同，超媒体的结构是非线性的，用户可以根据自己的兴趣和需求自由选择浏览路径。

④ 交互性：用户可以积极参与超媒体的浏览和导航，通过点击、输入或其他互动方式来与信息互动。

⑤ 导航工具：超媒体通常提供导航工具，如导航栏、搜索功能和书签，以帮助用户更轻松地浏览和定位所需信息。

超媒体被广泛应用于教育、培训、知识管理、文档检索、互联网浏览等领域，它为用户提供了更灵活、互动和富有趣味性的信息浏览体验。著名的超媒体应用包括万维网和许多教育性的电子课程和教育资源。

5. 模拟型

模拟型是一种教育和培训方法，它通过模仿真实情境或系统的运行过程来帮助学习者获得实际经验和技能。模拟通常涉及使用计算机程序、虚拟环境或物理模型来模拟特定情境或过程。这种教育方法的目的是让学习者在相对安全和受控的环境中练习和掌握特定的任务、技能或知识。

模拟可以分为以下几种类型。

① 计算机模拟：通过计算机程序创建虚拟环境，模拟实际情境或系统的运行过程。例如，飞行模拟器可用于训练飞行员，医疗模拟器可用于医学培训。

② 虚拟现实模拟：使用虚拟现实技术创建沉浸式的虚拟环境，使学习者能够在其中互动和操作。这种类型的模拟通常需要头戴式显示器和手柄等设备。

③ 物理模型模拟：使用实际的物理模型或装置来模拟特定过程或系统的运行。例如，化学实验室中的反应器可以用于模拟化学反应。

④ 角色扮演模拟：学习者扮演特定的角色，参与模拟情境，与其他参与

者互动。这种类型的模拟常用于培训和团队建设。

模拟型教育方法的优势在于它提供了实际经验的机会，使学习者能够在不带来实际风险的情况下练习和应用知识和技能。模拟还可以帮助学习者开发解决问题、决策制定和团队协作等方面的能力。它被广泛用于医学、航空、军事、工程和其他领域的培训和教育中，以提高学习者的准确度和实际能力。

6. 教学游戏型

教学游戏型是一种教育方法，将游戏元素和互动性融入教学过程中，旨在通过游戏体验来促进学习和知识传递。教学游戏型通常结合了教育目标和娱乐性质，以吸引学习者的兴趣，提高他们的参与度，并激发学习动机。

以下是教学游戏型的一些特点和元素。

① 游戏化元素：教学游戏型通常包括游戏化元素，如竞赛、积分、排行榜、成就和奖励系统，以激发学习者的竞争心和动力。

② 互动性：游戏提供了与内容互动的机会，学习者可以积极参与解决问题、作出决策和实验，从而更深入地理解和掌握知识。

③ 情境模拟：教学游戏型经常模拟真实情境，让学习者在虚拟环境中应用所学的概念和技能，以增加实际经验。

④ 即时反馈：游戏通常提供即时反馈，告知学习者他们的表现如何，从而帮助他们改进和学习。

⑤ 个性化学习：一些教学游戏型可以根据每个学习者的进展和水平提供个性化的挑战和内容。

⑥ 教育目标：虽然有娱乐性质，教学游戏型的主要目标是教育。它们旨在支持课程的学习目标和教育内容。

教学游戏型广泛应用于教育领域，包括学校教育、培训、在线课程和职业发展。它们被认为是一种有效的教育工具，能够激发学习兴趣、提高参与度、促进知识的吸收和应用，并培养解决问题和团队合作的能力。教育游戏可以采用各种形式，包括电子游戏、桌面游戏、模拟游戏和角色扮演游戏等。

7. 问题解决型

问题解决型教育（Problem-Based Learning，PBL）是一种教育方法，强调学生通过主动参与解决实际问题来学习和掌握知识、技能和概念。在问题解决型教育中，学生通常以小组形式或个体形式面对具体问题或情境，然后通过独立或协作的方式来探讨、研究和解决这些问题。这种方法注重培养学生的批判性思维、问题解决能力、自主学习和团队合作技能。

问题解决型教育通常包括以下特点和元素。

① 实际问题：学生面对的问题通常是真实的、有挑战性的问题，与课程内容或职业领域相关。

② 自主学习：学生被鼓励自主获取信息、分析数据、提出假设和解决问题的方法，而不是被动授予知识。

③ 小组合作：学生通常以小组形式合作，共同探讨问题和寻找解决方案，这有助于培养团队合作和沟通技能。

④ 导师角色：教师在问题解决型教育中扮演导师的角色，提供指导、支持和反馈，而不是传统教学中的知识传授者。

⑤ 主动学习：学生在解决问题的过程中积极参与，提出问题、发掘资源、设计实验、评估解决方案等。

⑥ 批判性思维：问题解决型教育鼓励学生思考、分析、评估和批判信息和解决方案，培养他们的批判性思维能力。

问题解决型教育被广泛用于各种学科和领域，包括医学、工程、商业、科学和社会科学等。它有助于学生将理论知识与实际应用相结合，培养解决实际问题的能力，提高自主学习和团队合作的技能。这种教育方法强调了学习者的主动参与和深度理解，对于培养终身学习者和应对复杂问题的挑战非常有价值。

（三）多媒体课件教学的优势

多媒体课件的广泛应用在学校教育中取得了显著的成就。它不仅丰富了教学资源，还提高了教学效果，为学生和教师创造了更丰富、更互动的学习环境，有助于提高教育质量和学生的学习成绩。这一教育技术的不断发展将继续推动教育领域的创新和进步。多媒体课件教学具有以下优势。

1. 激起学生的学习兴趣

多媒体技术作为当今最先进的教育工具之一，在课堂中以其生动、完美的展示方式，能够将教学情境以更形象的方式呈现给学生。这种技术使学生仿佛身临其境，置身其中，从而引发了他们强烈的好奇心和学习兴趣。举例而言，可以以苏轼的诗句“横看成岭侧成峰，远近高低各不同”为基础，通过多媒体呈现著名的庐山，从不同的角度呈现景色，并加上优美的音乐，使学生能够感受到祖国山水的壮丽和美丽。更重要的是，这种方式能够通过视觉效果向学生展示，从不同角度观察物体可以获得各种不同的图像和印象。这样的教学方法吸引了学生的注意力，激发了他们的兴趣，自然而然地将他们引入了教学内容。

多媒体技术的应用不仅丰富了教学方式，还提高了教学的吸引力和效果。它通过生动的展示和互动性，帮助学生更深入地理解和体验教育内容，从而提高了他们的学习动力和效果。这种创新性的教育方法为教育领域带来了更广阔的可能性，为学生提供了更丰富和令人难忘的学习体验。

2. 提高课堂的教学效率

多媒体技术在传统教学课堂中发挥了重要作用，尤其是在打破传统“老师讲，学生听”的模式方面。在传统教学中，教师往往需要大量的时间用于在黑板上写字或手绘图形，这使得教学变得单调乏味，学生只能被动地接受知识。很多时候，教师难以实现精讲多练的教学方法。

然而，通过多媒体技术的应用，这一问题可以得到很好的解决。教师可以在多媒体课件的制作过程中提前准备好需要展示的内容和图形，然后在课堂上通过电脑控制逐步呈现这些内容。这不仅为教师节省了大量书写时间，还使得教学内容更加生动、直观，能够更好地吸引学生的注意力和兴趣。

多媒体课堂的使用为教学带来了更大的灵活性和效率。教师可以更好地组织课程，更注重互动和学生参与，从而提高了教学质量。学生也受益于更具吸引力和多样性的教育方法，能够更深入地理解和掌握知识。因此，多媒体技术在教育领域的应用对于提升教学效果和学生学习体验具有积极的影响。

3. 提高学生的思维能力

多媒体信息技术在教育中的一个显著优势在于其能够将抽象的教学内容具体化和简化，从而改善了课堂学习的氛围，使学习更生动有趣。举例来说，在数学教学中，当涉及圆和圆的位置关系时，通过视频展示两个圆由远而近移动的过程，学生更容易理解圆相对位置的概念，如相离、外切、相交、内切和内含。同时，学生也能掌握两圆的半径与圆心距之间的关系。

通过视觉效果，学生能够在大脑中建立感性认识和图像记忆，他们的思维可以随着物体的变化而变化。这种教学方法激发了学生的思维想象力，鼓励他们积极思考和探索。学生不再被动接受抽象概念，而是通过实际观察和互动来深入理解，这有助于提高他们的思维能力和问题解决能力。

总之，多媒体信息技术为教育提供了一种更具吸引力和互动性的方式，能够让学生更轻松地理解抽象概念，建立坚实的基础，并激发他们的学习兴趣和思维发展。这种创新性的教育方法对于提高教学质量和学生学术成就具有积极的影响。

4. 激起学生的求知欲望

在课堂教学中，多媒体技术提供了一个强大的工具，几乎可以将整个教学过程的各个环节生动地展示出来。通过精心设计的图文形式，多媒体可以以静态或动态的方式，按照教师事先的计划和步骤，直观地呈现给学生。在教师的引导下，学生不仅被动地接受知识，还积极参与到问题的解决和探讨中。

这种教学方式活跃了课堂氛围，提高了学生的学习兴趣。学生不再只是被动听讲，而是积极思考、互动交流，寻找问题的解决方案。这激发了学生的求知欲望，让他们更深入地理解教材内容。教师可以通过多媒体技术的巧妙运用，让学生在观察、实验、探索的过程中主动参与，从而达到最佳的教学效果。

总之，多媒体技术为教师提供了强大的工具，可以更生动地呈现教学内容，激发学生的兴趣和求知欲望，提高教学效果。通过创造性地整合多媒体资源，教师可以为学生创造更具互动性和吸引力的学习体验，帮助他们更好地掌握知识和技能。这种创新性的教育方法有望进一步提升教育质量，培养更具创造力和批判性思维的学生。

（四）多媒体课件教学应注意的问题

多媒体课件教学和传统教学比较，优势尤为明显，但在教学实践中，也要注意以下问题。

1. 避免过分注重多媒体课件外在形式

在多媒体教学中，一些教师选择制作课件时特意追求幽默、搞笑甚至刺激的元素，这有时会导致课堂变成娱乐课或过于刺激的体验，而偏离了教育的本质。过分强调画面的完美性、多样性和娱乐性可能分散了学生的学习注意力，反而对教学效果产生负面影响。

多媒体课件应该根据教学内容和学生的需求进行合理设计。过度强调视觉和娱乐元素可能降低学生的思维水平，限制了他们的抽象思维能力的发展。此外，过于直观和形象化的呈现可能会浪费教师在课前制作课件的大量时间。

教师应该在制作课件时谨慎选择元素，确保它们符合教学目标，并能够有效地传达重要的知识和概念。过于强调娱乐性的元素可能会导致学生只关注画面而忽视了重要的教育内容，这是得不偿失的。因此，在多媒体教学中，平衡娱乐性和教育性是非常重要的，以确保教学能够取得最佳效果，同时保持学生的专注和学习兴趣。

2. 多媒体课件应为提高教学质量服务

多媒体课件应该被视为一项旨在提高教学质量的有力工具。它们能够以生动、直观、多样的方式呈现教学内容，激发学生的学习兴趣，增强他们的参与度，并帮助教师更有效地传达知识。通过多媒体课件，教育者可以创造更具互动性和吸引力的学习环境，鼓励学生积极思考和探索，提高他们的理解水平和问题解决能力。因此，多媒体课件不仅为教育提供了现代化的工具，还为提高教学质量和学生学术成就提供了有力支持。

二、多媒体教学系统

多媒体教学系统是由多媒体计算机及其外围设备组成的系统，旨在支持多媒体教育和教学活动。它是学校教育中的重要设施，为教师提供了现代化的教育工具和资源，同时也为学生创造了更富互动性和吸引力的学习环境。学校的多媒体教学系统包括多媒体投影教室、多媒体网络教室、多媒体语言实验室等，这些设施的存在有助于提高教学效果，提供更多教育机会，为学生和教师提供了更多的教育资源和工具。

（一）多媒体投影教室

多媒体投影教室是一种教育设施，通过配备多媒体投影仪和音响设备，为教师提供了更丰富、更生动的教学工具。在多媒体投影教室中，教师可以将教学内容以图像、文字和声音的形式投影到大屏幕上，使学生可以更清晰地理解和接受知识。这种教室不仅提供了互动性教学的便利，还为丰富课堂体验和提高教学效果提供了支持。

学生在多媒体投影教室中可以更容易地理解抽象概念，同时也更加专注于教学内容。教师可以灵活运用多媒体资源，包括图片、动画、视频和音频等，以更好地传达知识。这有助于提高学生的参与度和学习兴趣，从而提高他们的学术成绩。

总的来说，多媒体投影教室已经成为现代教育不可或缺的一部分，它为教师提供了更多教育工具和资源，同时也丰富了学生的学习体验，有助于提高教育质量。

（二）多媒体网络教室

多媒体网络教室是一种教育设施，它是一个计算机局域网络，分布在一个教室范围内，专门用于支持课堂教学活动。这种教室的组成相对简单，当

计算机数量较少时，通常由集线器（Hub）和双绞线组成共享式局域网。而当计算机数量较多时，网络教室则需要使用交换机或交换式Hub来组成局部交换式的网络，以满足更多设备的连接需求。多媒体网络教室为教师和学生提供了便捷的网络访问和资源共享，支持教学中的数字化内容和互动性教育，有助于提高教育的质量和效率。

网络教室为了更便于存储校园网和互联网上的教学资源以及促进在线交流，通常通过校园网或ADSL与互联网进行连接。同时，在教师机和学生机上添加相应的硬件或软件，可以实现对教室设备的控制，以及进行信息资源的传输和共享。这使得计算机网络的功能得以实现，为教学活动提供了更广泛的资源和互动性，有助于提高教育的效率和质量。网络教室的这些功能和连接方式为教师和学生提供了更多便利，促进了现代化教育的发展。多媒体网络型教室的主要功能有以下几个方面。

1. 实时广播教学

屏幕广播不仅可以像传统黑板一样显示文字和图形，还能够插入各种精美的图片、音视频动画和图像等多媒体元素。这不仅丰富了屏幕教学的功能，还提高了课堂教学的效果。通过屏幕广播，教师能够以更生动、直观的方式呈现教学内容，帮助学生更好地理解和吸收知识。

声音广播则赋予网络教室语音室的功能，允许教师通过声音传递信息。这种功能可以用于进行语音解释、回答学生问题、进行课堂讨论等教育活动，增强了师生之间的交流和互动。

2. 远程控制

在网络教室环境中，教师具备了根据教学活动的实际需要，要求学生机远程执行特定命令的能力，以实现相应的控制效果。这些命令可以包括对学生机进行锁定或解锁，关机或启动，全体黑屏，个别辅导等操作。

通过远程控制学生机，教师可以更灵活地管理教室中的学习环境，确保学生专注于教学内容。例如，教师可以在需要时锁定所有学生机，以获得他们的注意力，然后解锁以进行讨论或互动。同时，个别辅导功能允许教师为特定学生提供个性化的帮助和指导，以满足不同学生的需求。

这种远程控制功能有助于提高教学效率和管理学生的学习行为，使教育者能够更好地调整教学过程，以提供更有效的教育体验。同时，它也为教师提供了更多的工具，以应对不同的教育场景和学生需求。

3. 学习监督

学习监督功能使教师能够在自己的计算机上观看和检查网络上的全体学

生、某个小组学生或个别学生的屏幕信息。这意味着教师无需离开自己的位置，就可以实时了解学生的活动情况，包括他们在屏幕上的操作和学习进展。这个功能为教师提供了强大的监控和管理工具，使他们能够更有效地进行指导、互动和教学活动的控制。

通过学习监督功能，教师可以随时检查学生的屏幕，确保他们专注于教学任务，避免不必要地分散注意力。同时，教师可以及时发现学生可能遇到的问题或困难，提供必要的帮助和指导。这种技术不仅提高了教育的效率，还促进了更有针对性的教学方法的应用，有助于学生更好地理解和掌握教学内容。它为教师提供了更多的掌控权和支持，有助于提高教育教学的质量和成果。

4. 实时分组

实时分组是一项教育技术功能，允许教师在教学过程中根据学生的计算机编号迅速地对全班学生进行分组。这个功能使教师能够在不中断教学的情况下组织学习活动、竞赛或小组合作任务。通过实时分组，教师可以更灵活地调整课堂动态，根据学生的需求和课程目标将他们分为不同的小组，以促进互动和合作。这种教育工具有助于提高课堂的活跃度，鼓励学生之间的互动，同时也为个性化学习提供了支持。它为教育者创造了更多的教学可能性，有助于丰富教育体验，提高学生的参与度和学术成就。

5. 在线交流

在线交流功能不仅为教育者提供了更灵活的交流工具，还促进了互动学习和协作学习。它有助于建立积极的学习社区，提高教育效果，并为学生提供更多参与教学的机会。这种技术的应用在现代教育中起到了积极的作用。

6. 电子“举手”

在教学过程中，学生如果有疑问或想要提问，可以随时通过自己的计算机请求发言，这个过程类似于虚拟的“举手”操作。教师可以在教师机上随时看到学生的“举手”信息，从而了解哪些学生希望发言或提出问题。教师可以根据情况决定是否允许学生提问，以便更好地管理课堂互动和掌握教学进度。

这种技术为学生提供了更多主动参与课堂的机会，让他们可以随时提出疑问和观点，促进了课堂互动和学习氛围的建立。同时，教师也能够更有效地管理学生的提问，确保教学过程的有序进行。这种在线“举手”功能有助于提高教学的互动性和学习效果，是现代教育中的一项有益工具。

（三）多媒体语言实验室

多媒体语言实验室是一种专门为语言学习和教育设计的教育设施。这种实验室通常配备了一系列多媒体技术和设备，旨在提供学生在语言学习过程中的丰富资源和工具。以下介绍多媒体语言实验室的主要特点和用途。

多媒体语言实验室的主要特点包括高度数字化和互动性。它通常配备了计算机工作站，每个工作站都配备了耳机、麦克风、高分辨率显示器以及各种语言学习软件。这些工作站允许学生通过多媒体内容进行听力、口语、阅读和写作练习。学生可以在这个数字化环境中与各种语言资源互动，包括录音、视频、在线词典、语法教程等，以提高他们的语言技能。

多媒体语言实验室还支持远程教学和在线协作。教师可以通过网络远程访问学生的工作站，监控他们的学习进度，提供实时反馈和指导。此外，学生之间也可以通过实验室内的系统进行语言学习项目的协作，共同完成任务和项目。

这种实验室的用途广泛，适用于各个年龄段和语言水平的学生。它可以用于初级语言教育，也可以用于高级语言研究。多媒体语言实验室为语言教育提供了现代化的工具和资源，有助于提高学生的语言技能、文化理解和跨文化交流能力。它是语言教育领域的一项重要支持设施，有助于满足不同学生的教育需求，提升语言教育的质量和效果。

三、智能计算机辅助教学

（一）智能计算机辅助教学的含义

智能计算机辅助教学是指利用人工智能和计算机技术来增强、优化和个性化教育过程的方法。它包括各种教育软件、智能教育平台和虚拟教育工具，旨在提供更个性化、交互性强、针对性强的教育体验。通过智能计算机辅助教学，教育者可以更好地理解学生的需求、监测他们的学习进展，并根据数据和算法提供个性化的学习建议和教育资源，以提高教育效果和学生的学术成就。这种方法还可以通过自动化、虚拟实验和模拟等方式丰富教学内容，拓展学习渠道，使教育更具创新性和可访问性。

（二）智能计算机辅助教学的特征

智能计算机辅助教学具有以下特征：首先，个性化学习，能够根据学生的需求和能力水平提供定制化的学习体验；其次，互动性强，允许学生积极参与、探索和实验，促进深层次的理解；此外，实时反馈，能够提供及时的学习进度和表现反馈，帮助学生改进学习策略；还有，多媒体和虚拟体验，通过多媒体资源和模拟实验提供生动、直观的教育内容；最后，数据驱动，利用学习数据和分析来优化教学方法和个性化建议，不断改进教育效果。这些特征共同为智能计算机辅助教学提供了强大的教育工具和资源，有助于提高学生的学习体验和成绩。

（三）智能计算机辅助教学的类型

智能计算机辅助教学可分为多种类型，其中包括以下几种主要形式。

① 个性化学习平台：这种类型的系统利用智能算法和学习分析，根据每个学生的学术水平、学科需求和学习风格，为他们提供定制化的教育内容和学习路径。个性化学习平台可以包括在线课程、练习、测验和反馈机制，以满足学生的独特需求。

② 虚拟教育助手：虚拟教育助手通常是虚拟角色或智能机器人，能够与学生互动并回答问题。这些助手可以用于在线学习平台、教育应用程序和网站上，提供实时支持和指导，以解决学生的问题和困难。

③ 在线课程和慕课：慕课是在线教育的一种形式，通常由顶级大学和机构提供。它们允许大量学生通过互联网参加课程，提供视频讲座、测验、作业和讨论论坛等多种学习资源。

④ 虚拟实验室和模拟：这些教育工具提供了虚拟的科学实验室、仿真环境和互动模拟，让学生可以进行实验和观察，探索各种学科领域的概念和原理。

⑤ 语言学习应用程序：语言学习应用程序利用语音识别、文本分析和互动练习，帮助学生学习新语言或提高语言技能。这些应用程序通常提供单词学习、语法练习和口语对话等功能。

⑥ 智能教育游戏：教育游戏结合了娱乐性和学习性，通过游戏化的方式教授知识和技能。这些游戏可以涵盖各种学科，包括数学、科学、历史等。

⑦ 虚拟现实和增强现实教育：利用虚拟现实和增强现实技术，学生可以沉浸在虚拟环境中，进行互动学习和模拟实验，提供更丰富的教育体验。

这些类型的智能计算机辅助教学工具和平台为学生和教育者提供了多样化的学习方式和资源，有助于提高教育的质量和效果。

第二节　网络教育技术的应用

网络技术在教育教学领域的应用为多媒体教学注入了丰富的资源和活力。新技术的广泛运用使得教育途径更加多样化，满足了不同学生的学习需求，并更好地适应了信息社会的要求。通过网络，学生可以轻松访问在线课程、数字化教材、教育应用程序和多媒体资源，从而拓展了学习的范围和深度。这种信息技术的渗透也深刻影响了教育方式，促进了在线学习、远程教育和协作学习等新兴教育模式的兴起。总之，网络技术在教育中的应用为多媒体教学提供了无限可能，为教育领域带来了革命性的改变。

一、网络课程

（一）网络课程概述

网络课程代表了在信息时代的新教育范式，它是通过网络传达特定学科的教学内容和教育活动的整体。这种教育模式包括有计划的教学目标、策略和在线学习资源，以及在网络教育平台上实施的教学活动。网络课程的特点包括互动性，使学生能够积极参与学习；共享性，让学习资源更广泛地传播；开放性，提供灵活的学习机会；协作性，促进学生之间的合作；以及自主性，允许学生在自己的节奏下学习。网络课程的不同形式包括高质量课程、在线公开课、微课等，为学生提供了更多选择，同时也为教育领域带来了更多的创新和机遇。

1. 网络课程的基本构成

网络课程包括两个部分：教学内容与网络教学支撑环境。

（1）教学内容

教学内容是构建课程的基础，它以知识点为最小教学单元，通过多种表现手段如文本、图像、动画、音频和视频等，以科学性、系统性和先进性为原则，呈现给学生。教材的表达形式必须遵守国家的教育规范标准，与特定学科的内在逻辑结构和学生的认知规律相一致。

每个教学单元应包括以下部分。

① 学习目标：明确课程的学习目标，描述学生在完成该单元后应该达到的知识、技能和能力。

② 课时安排：规定单元的授课时间，以确保在教学周期内充分覆盖内容。

③ 学习方法说明：指导学生如何有效地学习该单元的内容，包括学习策略、资源利用等方面的建议。

④ 教学内容：详细列出该单元的教育内容，包括所需的理论知识、概念、案例研究等。

⑤ 练习题：提供学生练习的问题或任务，以巩固所学内容。

⑥ 测试题：包括用于评估学生理解和掌握程度的测试题目。

⑦ 相关资源：列出其他可用于深化学习的资源，如相关文章、网站、视频、动画等。

这种结构有助于教师和学生明确教学的目标和方法，以及提供多样化的学习资源，以满足不同学生的需求。

（2）网络教学支撑环境

网络教学支撑环境是指为在线教育和远程学习提供必要基础设施和工具的综合系统。它包括硬件、软件、网络设备和教育资源等要素，旨在支持教育机构、教师和学生有效地开展网络教学活动。这个环境的核心功能是提供稳定的网络连接、在线课程管理、学习资源库、互动工具、评估和监控功能，以确保教育过程的顺利进行，促进学生的学习和成长。网络教学支撑环境的不断改进和创新有助于提高教育的质量和效率，推动教育领域的数字化转型。

2. 网络课程的功能

（1）开放式教学

网络课程的开放性体现在多个层面，它不仅消除了传统课堂教学的时间和空间限制，还引领了教学方法的创新和教育模式的变革。首先，网络课程允许学生以自己的节奏和时间学习，打破了传统教室的时间限制，使学习更加灵活。其次，通过多样的教学资源和互动工具，网络课程改变了教学方式，鼓励学生参与、合作和探索，促进了主动学习。最重要的是，网络课程支持开放教育模式，使教育资源更广泛地共享，不受地理位置和学历限制，为更多人提供了高质量的教育机会。这种开放性教学的转型有助于满足不同学生的需求，推动教育领域的发展和创新。

（2）大规模资源集成

网络课程的开放性体现在多个层面，它不仅消除了传统课堂教学的时间和空间限制，还引领了教学方法的创新和教育模式的变革。首先，网络课程允许学生以自己的节奏和时间学习，打破了传统教室的时间限制，使学习更加灵活。其次，通过多样的教学资源和互动工具，网络课程改变了教学方式，鼓励学生参与、合作和探索，促进了主动学习。最重要的是，网络课程支持

开放教育模式，使教育资源更广泛地共享，不受地理位置和学历限制，为更多人提供了高质量的教育机会。这种开放性教学的转型有助于满足不同学生的需求，推动教育领域的发展和创新。

（3）多维化信息交互

交互性是网络课程的关键特征之一，它不仅包括学习者与教师、学习者与学习者之间的互动，还包括页面之间的交互。页面的交互是通过交互图标实现的，这些图标充当了学习者与课程内容之间的桥梁。合理运用交互图标可以将每个页面整合为一个有机的整体，使学习者能够在网络课程中自由自在地学习。

网络课程提供了多种信息交互途径，包括实时和非实时的方式，以及视听和文本方式。这种多样性使学生可以根据自己的学习风格和需求选择最合适的方式来获取和交流信息。网络课程的交互性不仅促进了学生的主动学习，还提高了课程的吸引力和效益，为学习者提供了更灵活的学习机会。

（4）全日制教学的一种重要辅导手段

传统的教育实践一直以班级为单位的课堂教学为主要方式，而网络课程在过去和未来的教育实践中充当了重要的辅助工具。网络课程为全日制教育提供了多样化的应用场景。首先，它可以用于学生的自主学习，提供了灵活的学习时间和地点，使学生能够根据自己的节奏进行学习。其次，网络课程可用于测验和作业，为学生提供了在线评估和练习的机会，有助于他们巩固所学知识。此外，它还可以用于答疑和在线讨论，促进学生之间的互动和合作。最重要的是，网络课程可以强化传统课堂授课效果，通过多媒体演示等方式丰富教学内容，提高学习的吸引力和效益。因此，网络课程在教育中的作用不仅限于自主学习，还包括了多种教学和学习场景的支持，为教育实践带来了更大的灵活性和可能性。

3. 网络课程的设计原则

这里所说的原则，不是从技术角度出发，而是从教育角度出发，也就是网络课程的设计如何符合现代教学的原理的问题。网络课程设计的基本原则如下。

（1）开放性原则

开放性在网络课程设计中具有多层含义。它涵盖了学习者的开放性，这意味着学习者可以按照自己的需求和兴趣参与课程，不应受到过多的限制，从而促进了个性化学习。

开放性也适用于教学内容，这意味着课程内容应该体现各个知识领域之间的相互关联性，鼓励跨学科的学习和思考，使学习更加丰富和多样化。

开放性也包括课程资源的开放性，这要求为学习者提供所需的资源，并确保学习者能够轻松获取这些资源。同时，教师也应该有机会随时补充和更新资源，以保持课程的新鲜和活跃。

开放性还涉及网络课程教学支撑平台的开放性，这意味着教师应该有能力根据学习者的需求和课程内容的发展情况，灵活地调整教学策略和教学设计，以满足不同学习者的需求，确保课程的适应性和有效性。总之，开放性是网络课程设计中的重要原则，它有助于创造更具灵活性和自主性的学习环境，满足不同学习者的需求。

（2）自主性原则

网上教学的核心理念之一是以学习者为主体，创造一种促进自主学习的环境。这意味着学习者应该在学习过程中拥有更大的自主权，能够根据自己的需求和兴趣来选择学习的内容、方式、时间和地点。这样的自主性学习环境有助于培养学生的探究性学习能力和自主学习文化。

自主学习活动包括各种形式的自主学习，如自主阅读、观察演示、案例研究、信息搜索、问题解决、互动讨论、创作作品以及自我评价等。通过这些活动，学习者可以积极参与课程，深入思考和探索知识，培养自主学习的技能和习惯。

在网络教学中，教育者的角色也在发生变化，从传统的知识传授者转变为学习的引导者和支持者，鼓励学习者在自主学习过程中发挥主动性和创造性。这种以学习者为主体的教育理念有助于提高学习者的学习动力和学习成效，使他们更好地适应信息时代的学习需求。

（3）交互性原则

交互性在网络课程中具有重要的含义，可分为两个关键层面。首先，它涵盖了教学内容和方式上的改变，不再采用传统的集中式和灌输式教学方式，而是强调人机交互的学习方式。这意味着网络课程应当为学习者提供更多的主动参与和反馈机会，而不仅仅是将教材内容传递给学习者。课程应当及时对学习者的学习活动作出反馈，以促进更深入的学习和理解。

其次，交互性还强调了为教学双方以及学习者的相互交流创造便利条件。这意味着学习者应该能够方便地表达自己的意见和见解，寻求帮助，进行相互讨论和合作。这有助于培养学习者的高级认知能力和合作精神，提供了更富有互动性和参与性的学习环境。

目前，交互性的实现方式包括基于文本的工具，如 E-mail、讨论区和

BBS，还有基于文本和图像的工具，如电子白板和应用程序的共享等。这些工具和方式都旨在增强学习者与教师以及学习者之间的交流和互动，从而提高教学效果和学习体验。交互性是网络课程设计中的关键原则，有助于建立更具互动性和参与性的学习环境。

（4）便利性原则

便利性原则在课程设计中起着关键作用，它强调了满足学习者的需求，为学习者提供尽可能便利的学习条件。这一原则的目标是确保学习者能够轻松地使用和参与网络课程，无论他们的技术水平如何。

在实践中，便利性原则可以通过以下方式来体现。

① 导航设计简洁明了：课程应具有直观的导航结构，使学习者能够轻松找到所需的信息和资源，而无需经过额外的培训。导航应当清晰明了，不会让学习者感到困惑。

② 提供详细和准确的提示信息：在课程中提供详细、准确和恰当的提示信息，以避免引起学习者的歧义或困惑。包括清晰的说明、帮助文档和提示。

③ 媒体适应性：课程设计应尽可能提高媒体的适应性，使它可以在主流的计算机和操作系统上方便地使用。这意味着课程媒体应该具有跨平台兼容性，以确保广大学习者都能够访问和使用。

④ 适合绝大多数人的交互方式：课程的交互方式应该考虑到绝大多数学习者的习惯，以确保一般人都能够轻松地使用。包括通用的界面元素和操作方式，以及易于理解的交互设计。

通过遵循便利性原则，课程设计者可以创建更容易访问和使用的网络课程，从而提高学习者的满意度和学习效果。这有助于确保课程能够满足广大学习者的需求，提供更便捷的学习体验。

（5）可评价性原则

可评价性原则强调在网络课程中对学习者的学习情况和学习效果进行真实而有效的评价和反馈，以提供准确的学习评估，并为学习者提供指导和改进的机会。这一原则的实施对于课程的质量和学习者的进步至关重要。

在贯彻可评价性原则时，以下是一些关键考虑因素。

① 提供考试和测验：网络课程应该包括定期的考试和测验，以便评估学习者对课程内容的理解和掌握程度。这些评估应具有一定的挑战性，以鼓励学习者深入学习。

② 分析错误答案：在考试和测验中，课程应当具有分析学习者错误答案

的功能。这有助于学习者了解自己的弱点和错误模式，为改进提供指导。

③ 批阅作业和习题：网络课程应该支持教师对学习者的作业和习题进行批阅和评估。这种个性化的反馈可以帮助学习者更好地理解和应用课程内容。

④ 提供成绩单和学习报告：学习者应该能够访问自己的成绩单和学习报告，以查看他们在课程中的表现，并获得相关反馈。这有助于他们跟踪自己的进步并采取适当的措施。

⑤ 提供指导性建议：网络课程还应该提供指导性建议，以帮助学习者改进学习策略和提高学习效果。这包括学习计划和学习技巧的建议。

通过贯彻可评价性原则，网络课程能够为学习者提供更多的学习支持和指导，帮助他们更好地理解和应用课程内容，提高学习效果，激发学习兴趣，从而实现更高质量的教育和培训。

（二）精品开放课程

1. 精品课程概念

精品课程是高等学校教育领域的示范性课程，它具备多方面的一流特点，包括拥有杰出的教师队伍，优质的教学内容，创新的教学方法，出色的教材，以及高效的教学管理。这些特点使得精品课程在教学质量和教学改革方面发挥着重要作用。精品课程通常分为不同级别，包括校级、省级和国家级，以示范出色的教育标准和实践，为学校和学生提供高水平的教育资源和学习机会。这些课程的目标是提高教育质量，推动教育领域的发展，培养优秀的人才，以满足社会和国家的需求。

2. 精品课程建设内容

精品课程建设的内容通常包括以下几个方面。

① 教学内容与教材的更新与优化：精品课程需要不断更新和优化教学内容，确保其符合最新的学科发展和教育要求。同时，选择高质量的教材，确保学生能够获得权威和有效的学习材料。

② 教学方法与教学过程的创新：精品课程要引入创新的教学方法，如问题导向学习、合作学习、实践教学，以提高学生的学习兴趣和能力。教学过程需要更加活跃、互动和有趣。

③ 教师队伍的培养与提升：培养和提升教师队伍是精品课程建设的关键。包括教师的专业发展、教育技术培训、教学设计能力的提高等方面的工作。

④ 学习资源与支持服务的提供：精品课程需要提供丰富的学习资源，包

括图书馆资源、实验室设施、在线教材等。同时，提供学生支持服务，如学术指导、学习辅导。

⑤ 教学质量评估与反馈改进：建设精品课程需要建立有效的教学质量评估体系，收集学生和教师的反馈意见，不断改进课程设计和教学方法。

⑥ 教学管理与监督体系：建设精品课程需要建立健全的教学管理和监督体系，确保课程的质量和效果得到有效控制和提高。

⑦ 精品课程的宣传与推广：精品课程需要进行有效的宣传和推广，吸引更多的学生参与，并在教育界和社会上建立良好的声誉。

这些内容共同构成了精品课程建设的基本要素，旨在提高教育质量，促进学科和教育领域的发展，培养高素质的人才。

3. 精品开放课程的应用

精品开放课程的应用主要涉及以下几个方面。

① 高等教育：精品开放课程可以作为高校课程的一部分，供在校学生学习。这些课程可以帮助学生扩展知识领域，提供不同领域的选修课程，丰富学生的学习体验。

② 终身学习：精品开放课程为终身学习者提供了机会。无论是专业人士还是普通大众，他们都可以通过这些课程来获取新的知识和技能，满足自己的学习需求。

③ 教育资源共享：精品开放课程可以作为教育资源的共享平台。教育机构可以共享他们的教材、教学视频、习题库等资源，从而提高教育资源的效益。

④ 职业培训：企业可以利用精品开放课程来进行员工培训。这些课程可以根据不同岗位和行业的需求进行定制，帮助员工提高专业知识和技能。

⑤ 全球学习：精品开放课程具有全球性的特点，任何人都可以访问这些课程，无论他们身在何处。这种全球性的学习机会有助于促进国际教育交流和文化理解。

⑥ 自主学习：精品开放课程鼓励学习者自主学习。学习者可以根据自己的兴趣和学习进度选择课程，自行安排学习时间，提高学习的自主性。

⑦ 学术研究：精品开放课程的教材和资源也可以用于学术研究。研究人员可以借鉴这些资源来进行教育研究和课程设计。

总之，精品开放课程在教育领域有广泛的应用，可以满足不同人群的学习需求，促进教育资源的共享和全球教育的发展。

（三）视频公开课

1. 视频公开课概念

视频公开课是一种以视频记录的教学形式，它具有明确的教学目标和任务，通常吸引学生、领导以及其他老师参加，是一种展示教学水平和交流教育经验的重要方式。在新课程改革的背景下，公开课需要反映先进的教育理念，同时也需要更新课堂观念，将学生的成长和发展作为设定教学目标的出发点。通过师生之间的共同努力和交流，可以实现多维度的课程目标，使教学更符合学生的需求，平衡教师的主导作用和学生的主体作用，有助于提高教育质量和教育效果。

2. 主要视频公开课介绍

目前，流行的视频公开课主要有以下几种。

（1）世界名校视频公开课

这些世界著名大学的视频公开课提供了丰富多样的学习资源，学生可以通过百度视频、新浪教育网、网易公开课等渠道方便地访问这些视频内容。这些公开课覆盖了各种学科领域，包括但不限于文学、科学、工程、社会科学等，为学生提供了学习和探索的机会。这些资源的开放性和多样性有助于丰富学习经验，帮助学生在不同领域中积累知识和技能。

（2）中国大学视频公开课

中国大学视频公开课集结了中国国内一流高校的顶级教授和名师的授课视频，覆盖了广泛的学科领域，包括文学艺术、哲学历史、经济管理法学、基础学科、工程技术、农林医药、职业教育等多个领域。这些视频公开课提供了学生学习的机会，无论是在校内学习还是在自学过程中，都可以通过这些视频内容获取丰富的知识和教育资源。这是一种开放的教育模式，有助于提高教育的普及性和可及性，为广大学习者提供了更多的学习选择。

（3）TED

TED 是一个非营利性机构，成立于 1984 年，由理查德·温曼和哈里·马克思创办。自 1990 年以来，TED 每年在美国加州的蒙特利举办一次大会，邀请来自各个领域的杰出人物分享关于技术、娱乐和设计的思考和探索。TED 大会吸引了科学家、设计师、作家、音乐家等世界各领域的精英，他们通过演讲来传递他们的观点和创意。

TED 大会的特点是将演讲限制在短时间内，通常为 18 分钟或更短，以

确保演讲内容紧凑、精彩，能够吸引观众的关注。TED 大会也以其开放性和多样性而闻名，邀请到来自不同背景和领域的演讲者，包括科学家、艺术家、创业家、思想领袖等。

除了年度大会外，TED 还举办了全球各地的 TEDx 活动，这是由志愿者组织的小型 TED 活动，旨在推广 TED 的理念和精神。此外，TED 还将大会演讲录制成视频并在互联网上免费分享，这些 TED 演讲视频成为全球范围内的教育和启发资源，影响了数百万人。

总之，TED 是一个致力于传播创新思想和激发人们的好奇心的组织，通过演讲和视频分享改变了许多人的思考方式和生活方式。

（4）新浪公开课

新浪公开课的 iPhone 客户端提供了丰富的公开课视频内容，包括来自国际一流名校的高质量公开课。该客户端不仅提供了多门学科的分类整合，还具备一系列实用功能，如快捷搜索、播放记录、翻译进度提示等，使用户能够方便地浏览、搜索和学习各种课程。

在内容方面，新浪公开课汇集了来自耶鲁大学、斯坦福大学、麻省理工学院等世界知名大学的公开课视频，其中一部分课程已经翻译成中文字幕，为广大网友提供了更多学习的机会。这些课程涵盖了各种学科领域，满足了不同用户的学习需求。

受众群体也十分广泛，包括在校学生、教师、白领人群，以及商界名流和学界专家等各个领域的人士。通过 iPhone 客户端，用户可以随时随地访问这些名校公开课程，扩展知识、提升技能，受益匪浅。这使得新浪公开课的 iPhone 客户端成为了一个受欢迎的学习工具，促进了教育资源的分享和传播。

（四）“微课”

1.“微课”概念

“微课”是指一种短时、小容量的在线教育课程形式，通常以短视频为主要教学媒体，以点播和随时学习为主要特点。微课的特点包括：

① 短时：微课通常时间较短，一般在几分钟到十几分钟之间，注重精简和高效的教学内容。

② 小容量：微课视频文件大小相对较小，适合在不消耗大量网络带宽的情况下在线观看或下载。

③ 点播学习：学生可以根据自己的时间和需求随时点播微课，无需按照

固定的课时计划。

④ 便携性：微课可以通过移动设备（如手机、平板电脑）随时随地学习，具有高度的便携性。

⑤ 高效性：微课强调内容的紧凑和高效，通常集中在一个特定主题或知识点，有助于学生迅速获取所需信息。

微课在在线教育中得到广泛应用，特别适合快节奏的学习方式和生活方式，以及需要随时获取知识的情况。微课可以涵盖各种学科和领域，从语言学习到职业培训都有应用。

2.“微课”特点

（1）教学时间较短

微课的时长确定在 5 到 10 分钟之间，这种时间长度有助于保持学生的注意力和集中精力聚焦在教学内容上。相对于传统的较长课程，微课的短时长更符合现代学生的快节奏生活方式，也更容易在需要时随时进行点播学习。微课的设计要精练，强调重点和亮点，以提供高效的学习体验。

（2）教学内容较少

微课的设计通常侧重于深入探讨一个特定的知识点、教学环节或主题，而不是像传统课堂那样需要覆盖众多内容。这种精练的设计有助于学生更好地理解和掌握特定的教育概念或技能，并提供更高效的学习体验。微课的主题性和问题导向性有助于学生集中注意力，更好地理解教学内容，并在短时间内达到教学目标。这种紧凑的教学形式在现代教育中具有重要价值，尤其适用于需要快速获取特定知识点或技能的情境。

（3）资源容量较小

微课的小文件、流媒体格式、在线观看和离线下载功能，使其成为了教学和学习的重要工具，特别是对于教师的观摩、评课、反思和研究等教育活动。这种教育形势的发展有助于提高教学的效率和质量，也为学生提供了更多学习的便捷途径。

（4）资源使用方便，内容构成“情境化”

微课的主题突出、资源紧凑、真实情境等特点有助于促进教师和学生的教学和学习效果。微课通过实际案例和典型情境的展示，有助于学习者更好地理解和运用知识，同时也提供了教师教学案例的范例，帮助他们提升课堂教学水平和专业成长。这种教学资源的开发和应用对于现代教育有着积极的影响。

二、WebQuest

（一）WebQuest 概念

WebQuest 是一种特殊的教育活动，旨在让学生通过互联网上的资源进行主题调查和探究。它的创始人伯尼·道格和汤姆·马奇为教育领域带来了这一创新的教育方法，使教师能够更好地利用互联网资源来激发学生的学习兴趣和批判性思维能力。WebQuest 课程在全球范围内得到广泛应用，为教育领域的创新和进步作出了重要贡献。

（二）WebQuest 的结构

WebQuest 的灵活性使教师能够根据不同的学习目标和学生水平来设计任务，同时鼓励学生主动参与研究和合作。这种教育设计模型可以帮助学生发展信息素养、批判性思维和解决问题的能力。

1. 简介

WebQuest 的简介是这种教育教学设计的核心部分之一，它用于向学习者介绍 WebQuest 任务的背景、主题、目标和相关信息。以下是 WebQuest 简介通常包括的内容。

① 主题和背景：简介部分通常会提供任务的主题或主要问题，并简要描述任务的背景。这有助于学习者了解任务的上下文和重要性。

② 任务：简介明确指出学习者将要执行的任务或挑战。这可以是一个开放性问题、一个项目、一个角色扮演或其他类型的任务。任务应该明确、具体，能够引导学习者的行动。

③ 学习目标：简介部分列出了学习者将要达到的学习目标或学习成果。这些目标应该与任务和主题相关，并帮助学习者了解他们将会学到什么。

④ 任务说明：有时，简介部分会提供更详细的任务说明，解释任务的步骤、要求和期望。这有助于学习者明白如何着手完成任务。

⑤ 角色扮演或情境：如果任务涉及到学习者扮演某个角色或处于某种情境中，简介部分会描述这些角色或情境，以增加任务的情感连贯性和吸引力。

⑥ 资源链接：在简介中可能会包含链接到学习所需的资源，这些资源可以是网页、文档、视频或其他多媒体内容。这有助于学习者获取所需的信息。

⑦ 评估标准：有时，简介部分还会提供评估任务完成的标准，让学习者知道他们将如何被评估和评分。

WebQuest 的简介应该设计得引人入胜，能够吸引学习者的兴趣，激发他们的好奇心，并明确任务的重要性。通过精心构建的简介，可以帮助学习者更好地理解任务并全身心投入到学习活动中。

2. 任务

教师应该清晰明了地说明学生将在学习过程中完成的任务和最终的结果。任务的设计应该具有吸引力、有趣且具有挑战性，以激发学生的兴趣和积极性。以下是一些任务类型的示例。

① 解决现实问题：学生可以被要求解决实际存在的问题，例如提出解决当地社区问题的方案，调查环境问题并提出解决方案，或者设计一个社会项目。

② 评价历史：学生可以被要求调查历史事件或人物，分析其影响，并提出自己的评价或观点。这有助于培养学生的历史意识和批判性思维。

③ 创造作品：任务可以包括要求学生创作文学作品、艺术品、音乐作品、演讲或其他创意作品。这可以促进学生的创造性思维和表达能力。

④ 处理亲身经历的事件：学生可以被要求回顾自己的生活经历，分享重要事件，并从中提取教训或洞察。

任务的类型可以因 WebQuest 的主题和目标而异，但关键是确保任务是具体的、可行的，能够引导学生的行动和思考。此外，任务还应与学习目标和主题密切相关，以确保学生在任务中实际应用他们所学的知识和技能。

3. 过程

在 WebQuest 的过程部分，教师需要提供详细的步骤和指导，以帮助学生完成任务。包括列出每个角色所需进行的活动，确保学生了解他们在任务中的角色和责任。教师还可以在这个模块中为学习和交互过程提供指导，以确保学生能够顺利地完成任务并实现学习目标。

4. 资源

资源是教师选定的各种工具和材料，旨在帮助学习者完成任务和实现学习目标。这些资源可以包括网页清单，其中大部分资源通过超链接指向互联网上的相关信息，以便学生能够轻松访问。然而，资源不仅限于在线内容，还可以包括非网络性的资源，如录像、录音带、书籍、海报、地图、模型、操纵器、雕塑。教师可以根据任务的性质和学习者的需求选择合适的资源。此外，教学方法也可以被视为一种资源，包括讲座、小组教学、实地考察等，这些方法可以帮助学生更好地理解和应用所学的知识。资源的选择和使用对于 WebQuest 的成功实施至关重要，它们应该与任务的目标和要求相匹配，

以提供丰富的学习体验。

5. 评估

WebQuest 的评价和测评是为了对学生的工作和表现进行全面评估。评价人员可以包括教师、家长或同学，这有助于多样化的视角和反馈。评价测评表的形式可以多种多样，根据学习者的任务和要求，可以包括书面作业、多媒体创建、网页制作等不同类型的作品。通过制定合适的评价标准，可以帮助评价人员更有效地评估学生的表现，并提供有针对性的反馈，以促进学习的改进和提高学生的成就水平。这有助于 WebQuest 的成功实施和学习者的综合发展。

6. 结论

WebQuest 的结论部分扮演着多重角色，为学习过程提供了有益的机会和空间。首先，它允许学生总结他们在任务中所学到的知识和经验，这有助于巩固学习成果。同时，结论部分也鼓励学生对整个学习过程进行反思，思考他们的学习方式和策略，从而提高元认知能力。

另外，结论部分也为教师提供了一个平台，可以引导学生的讨论，并提出问题，促使学生思考和应用他们所学的知识。这有助于建构主义教育理念的实现，让学生在合作和讨论中构建新的知识和理解。

最重要的是，结论部分应该鼓励学生提出不同的解决问题的方法，这有助于培养创造性思维和解决问题的能力。教师应该为学生提供足够的自由度，以便他们能够探索不同的途径和观点，从而拓展和推广他们的学习成果。

综上所述，WebQuest 的结论部分不仅是学生进行反思和总结的阶段，还是教师引导讨论和促进深层次学习的机会，它在整个学习过程中发挥着重要的作用。

三、远程教育

远程教育并不意味着取代或超越传统学校教育，而是可以作为一种补充和辅助的形式存在。它可以与传统学校教育相互配合，充分发挥各自的优势，为学习者提供更丰富的教育资源和机会。综合而言，远程教育已经成为教育领域中不可或缺的一部分，为学校教育的组织和实施提供了有力的支持。

（一）远程教育概述

远程教育是一种教育方法，通过使用各种通信和信息技术，允许学生在与教育机构或教师分离的地理位置上进行学习。这种教育形式的主要特点是学习者和教育提供者之间的物理距离，因此学生可以根据自己的时间表和地点自由选择学习。

远程教育可以采用多种形式，包括在线课程、视频会议、电子邮件通信、学习管理系统等。它为学生提供了更大的灵活性，使他们能够根据自己的需求和时间进行学习，而不受传统教室上课的限制。这对于那些无法参加常规课程的学生、成年学习者、在工作或其他职责中有时间限制的人们来说尤其有用。

远程教育的优势如下。

① 灵活性：学习者可以自行安排学习时间和地点，适应自己的日常生活。

② 多样性：提供各种在线资源和教材，丰富学习体验。

③ 可及性：能够让更多的人获得教育，包括那些地理位置偏远的人们。

④ 经济性：降低了学习成本，减少了交通和住宿费用。

然而，远程教育也面临一些挑战，如需要学习者具备自我纪律和自我管理的能力，以及一些学科可能不适合远程教育的形式等。

总的来说，远程教育已经成为现代教育领域的一个重要组成部分，为学习者提供了更多的学习选择和便利，同时也在技术和教育方法方面不断发展和改进。

（二）远程教育的分类

远程教育是一种新兴的教育形式，它在媒体和社会的不断发展和变化中呈现出多种多样的教学模式。从不同的研究角度和教育实践中，可以将远程教育划分为不同的教学模式。这些模式包括在线学习、混合式学习、电视教育、开放式课程、远程研讨会等。

1. 按教学媒体角度分类

（1）函授教学模式

函授教学模式是一种最早的远程教育形式，主要借助印刷媒体教材来传送和呈现教学信息。在这种模式下，学生主要依靠自学印刷材料，这些材料包括教科书、教学手册和其他书面教材。与此同时，学生会定期或不定期地参加函授机构主持的面授课程、辅导会议、实验、实践活动以及考试等。

函授教育模式的特点在于学生和教育提供者之间存在物理距离，因此学习者需要具备一定的自我纪律和自主学习能力。学生通过独立阅读和学习教材，然后通过面授课程和辅导来解答问题、讨论学习内容以及进行实践性活动。这种模式为那些无法常规参加学校课程的学生提供了一种便捷的学习方

式，尤其适用于成年学习者和职业人士。

虽然函授教育是最早的远程教育形式之一，但随着技术的发展，现代远程教育已经演变出多种多样的模式，包括在线学习、混合式学习等，为学生提供更多的学习选择和便利。然而，函授教育仍然在一些情境中发挥着重要作用，为那些需要灵活学习方式的学生提供了有价值的教育机会。

（2）无线电广播教学模式

利用无线电广播媒体传送口头语言来传播教学信息，同时辅以印刷教材的模式被用于教育领域，特别适用于语言类和音乐类课程的教学。在这种模式下，学习者按时收听广播节目，通过广播获得口头语言和音频教材，然后结合印刷教材进行自学。这种方法在一定程度上弥补了学生对口头语言和音乐素材的需求，为他们提供了一种独立学习的方式。

然而，这种模式也存在一些限制。首先，学习者必须按照广播节目的时间表收听，这可能与他们的个人日程安排不符。此外，广播是一种即时性媒体，学生需要在特定的时间点收听，否则会错过教学内容。而随着现代教育技术的迅猛发展，更先进的教学媒体，如在线学习平台和多媒体课程，已经取代了传统的广播教育模式，因为它们可以提供更大的灵活性和便捷性。

因此，尽管以广播为主要媒介的教育模式在过去曾有一定的应用，但目前已经没有太大的发展。现代教育更多地采用了多种多样的教学媒体，以满足学生的多样化需求，并提供更灵活的学习体验。

（3）电视教学模式

在这种教育模式中，学员需要按照特定的时间表定时观看电视教学节目，或者通过录像带学习教育内容。此外，他们还需要自学印刷媒体教学资料，这些资料通常与电视节目内容相对应。此外，学员通常需要定期到当地的学习中心参加面授课程，进行实际的互动教学、辅导和讨论。他们还需要完成规定的教学计划，并参加考试等评估活动。

这种模式的受欢迎程度部分归功于电视媒体的广泛覆盖和视听效果。学员可以在家庭环境中观看电视节目，同时通过自学印刷教材来加深理解。然而，这种模式也要求学员具备一定的自律和学习能力，因为他们需要按照课程计划自主学习，并且需要定期前往学习中心参加面授课程。

（4）计算机网络教学模式

多媒体网络技术作为远程教育的媒介，被视为最具前景的教育模式。这种模式充分利用了多媒体网络的特性，将远程教育带入一个新的境界。在这里，多媒体技术不仅能够整合文字、声音、图像和视频等多种媒体元素，还能够消除时空距离的限制，实现自由的双向交流，使师生之间和学员之间能够进行实时互动，真正实现了“足不出户，学所欲学”的理念。这使教育变得更加个性化和灵活。

目前，这种多媒体网络技术教学模式在欧美、日本等一些国家和地区已经得到广泛应用，并取得了良好的教育效果。我国也在迅速发展这一领域，逐渐引入和推广这种模式，以满足不同学习者的需求和提高教育的质量。

可以毫不夸张地说，计算机多媒体网络技术的教学形式将成为现代远程教育不可或缺的方式。它不仅为学生提供了更多学习的便利性和灵活性，还为教育者提供了更多的教学工具和资源，为教育领域带来了巨大的变革和进步。随着技术的不断发展，可以期待多媒体网络技术在教育中发挥更大的作用，为学生提供更丰富的学习体验。

2. 按感觉通道角度分类

按感觉通道角度分类是指将远程教育模式分为不同类型，基于学生感知信息的方式。以下是按感觉通道角度分类的几种远程教育模式。

① 视觉教育模式：这种模式主要依赖于视觉感知，学生通过观看教育内容的图像、图表、视频等视觉媒体来学习。在线视频课程、电视教育、多媒体演示等都属于视觉教育模式的一部分。

② 听觉教育模式：这种模式侧重于听觉感知，学生通过听取音频课程、讲座、广播节目等来获取教育信息。音频教材、广播教育以及在线音频课程都属于听觉教育模式。

③ 多感觉教育模式：这种模式结合了多种感觉通道，包括视觉、听觉、触觉等。学生通过多媒体课程、交互式模拟、虚拟现实环境等方式来获得综合的教育体验。

④ 文字教育模式：这种模式主要依赖于文字信息，学生通过阅读印刷材料、电子书籍、在线文本等来学习。传统的教科书、电子教材和在线学习平台都属于文字教育模式。

⑤ 手势教育模式：这种模式涉及学生的身体运动，包括手势、操作物品、模拟实验等。虚拟实验室、模拟器和互动式教育游戏可以归类为手势教育模式。

不同的感觉通道角度分类模式为学生提供了多样化的学习体验，可以根据学科特点和学习者的需求选择合适的模式。综合使用不同的感觉通道可以丰富教育内容，提高学习效果。

3. 从办学和管理的角度分类

从办学和管理的角度，远程教育模式可以分为以下几种分类。

① 在线学校和大学：这是一种完全基于互联网的远程教育模式，学校或大学提供在线课程和学位项目，学生可以在全球范围内访问这些课程。学校通常有专门的在线教育部门和教育平台，以支持学生的学习。

② 开放大学和开放课程：开放大学通常以开放招生为特点，任何有兴趣的学生都可以报名参加课程，不受年龄、背景等限制。开放大学提供一系列的学习机会，包括学位课程和职业培训。开放课程也允许学生自主选择和注册感兴趣的课程。

③ 混合式教育：这种模式结合了传统面对面教育和远程教育元素，学生可以在学校或教育机构的课堂上参与教学，同时也使用在线教材和资源进行学习。混合式教育旨在融合传统教育和现代远程教育的优势，提供更灵活的学习体验。

④ 企业培训和职业发展：这种模式是针对职场人士和企业员工的远程教育，通过在线培训课程和工作坊提供专业知识和技能培训，以促进职业发展和提高员工绩效。

⑤ 自主学习和自学教育：这种模式强调学生的自主性，学习者可以根据自己的兴趣和需求选择课程和教材，并独立进行学习。这种教育模式通常依赖于在线资源和自学材料，学生可以自行安排学习时间和进度。

⑥ 联邦和国际合作项目：一些远程教育项目是由不同国家或地区的教育机构合作开展的，以提供跨国教育机会。这种合作涉及在线课程交换、双学位项目等形式。

不同类型的远程教育模式适用于不同的学习需求和背景，机构和学生可以根据自己的情况选择合适的模式。这些分类有助于更好地理解和管理远程教育的多样性和复杂性。

（三）现代远程教育的优势

随着科技的不断发展，现代远程教育为教育领域带来了巨大的变革。它提供了全球范围内的教育机会，为学生和教育机构提供了更多的选择和资源。因此，现代远程教育已经成为当今教育领域不可或缺的一部分，为个体学习和终身学习提供了更多的可能性。现代远程教育的优势主要表现在以下方面。

1. “五个任何”与主动学习

网络应用于远程教育的显著特征可以总结为“五个任何”，即任何人、在任何时间、任何地点、从任何章节开始、学习任何课程。这些特征使网络教育成为一种非常便捷和灵活的学习方式，直接体现了学习和主动学习的特点，同时充分满足了现代教育和终身教育的基本要求。

① 任何人：网络教育为各个年龄段的学习者提供了学习机会，不受年龄、背景或地理位置的限制。无论是学生、职场人士、还是退休人员，任何人都可以参与在线学习。

② 在任何时间：学习者可以根据自己的时间表和日程安排自由选择学习时间。这意味着他们可以在白天、晚上、周末或节假日学习，不受固定课程时间的束缚。

③ 任何地点：学习者可以在任何地点进行学习，只需拥有互联网连接的设备，如电脑、平板电脑或手机。这消除了地理位置的限制，使学习更加灵活。

④ 从任何章节开始：学习者可以根据自己的需求和兴趣选择课程内容，并且可以从任何章节或模块开始学习。他们不必按照线性教学进度，可以根据自己的学习需求进行个性化学习。

⑤ 学习任何课程：网络教育提供了广泛的课程选择，涵盖了各种学科和领域，从基础课程到专业培训都可以找到。学习者可以选择符合自己兴趣和职业目标的课程。

这些特征使网络教育成为一种高度个性化和灵活的学习方式，满足了不同学习者的需求，并促进了终身学习的理念。网络教育的发展为人们提供了更广泛的教育机会，有助于提高知识和技能，促进个人和职业发展。

2. 双向互动、实时全交互

互联网中的信息资源与用户、用户与用户之间具备全方位的、能动式的实时互动特性，这意味着可以进行主动、可控型的交流。正是这一网络的重要特性，使网络教育成为唯一的、真正能够在教师与学生、同学与同学之间实现双向互动、实时全面交互的远程教育方式。

网络教育利用互联网的互动性和实时性，使教育过程更加活跃和个性化。教师可以与学生实时互动，提供答疑解惑、评估学习进度，并提供个性化的教育支持。同时，学生之间也可以通过网络平台互相交流、合作学习，共同解决问题和分享知识。

这种全面的、双向的实时互动让教育变得更加灵活和有趣，促进了知识的共享和合作学习。网络教育的独特之处在于，它不仅是信息传递的工具，还是一个能够创造互动和社交学习机会的平台，为学生提供了更多的参与的机会，从而提高了学习的质量和效果。

3. 内容丰富和多媒体生动表现

计算机网络具备强大的信息处理功能，可以采用文字、声音、图表、视频、动画等多媒体形式来表现信息。它包括制作、存储、自动管理和远程传输等多种功能，将多媒体信息表和处理技术应用于网络课程讲解和知识学习的各个环节。这使得网络教育具有以下显著特征。

① 信息容量大：计算机网络能够承载大量的多媒体信息，包括文字、音频、视频等形式的内容。这使得网络教育可以提供丰富的教育资源和学习材料。

② 资料更新快：在网络环境下，教材和课程内容可以轻松地进行更新和修改。教育机构可以随时根据最新的知识和发展趋势进行课程更新，确保学生获得最新的信息。

③ 多向演示：通过多媒体形式，网络教育可以进行多向演示，包括文字、图像、视频等多种媒体元素的结合。这有助于更生动地呈现教育内容，提高学习的吸引力和效果。

④ 模拟生动：计算机网络可以支持模拟和虚拟实验，使学生能够参与实际情境的模拟，从而更好地理解和应用所学知识。这为实践性课程和实验提供了有力的支持。

这些特征使网络教育成为一种独特的教育方式，不受空间和时间限制，为学生提供了更丰富、更灵活、更具互动性的学习体验。与传统教学方式相比，网络教育能够更好地满足学生的个性化需求，并为教育领域带来创新和变革。

4. 个性化教学

在现代远程教育中，利用计算机网络所特有的信息数据库管理技术和双向交互功能，实现了两方面重要的功能。首先，系统能够对每个网络学员的个性资料、学习过程和学习阶段等进行完整的系统跟踪记录和储存。其次，教学和学习服务系统可以根据系统记录的个人资料，为不同学员提供个别式、个性化的学习建议，指导教学和应试辅导等。

这种教育模式具有以下特点。

① 个性化跟踪：系统能够精确地记录学员的学习行为和进度，包括学习时间、学习内容、答题情况等。这为教育机构和教师提供了有关学生学习情况的详细信息。

② 个性化学习建议：基于系统记录的学员个人资料，教育机构可以为每个学员提供个性化的学习建议。包括推荐特定课程、练习、阅读材料，以满

足学生的学习需求和目标。

③ 教学辅导：教师和教育机构可以通过网络教育平台与学生进行双向交流。教师可以根据学生的需求提供实时的教学和答疑辅导，帮助学生解决学习难题。

④ 个性化评估：系统还可以根据学生的学习表现进行个性化的评估和反馈，帮助学生了解自己的学习进展和改进方向。

网络教育通过信息数据库管理技术和双向交互功能，为个性化教学提供了现实有效的实现途径和条件。它不仅可以更好地满足学生的学习需求，还可以提高教育质量和效果，使教育更加个性化、有针对性和有成效。

5. 自动化远程管理

自动化远程管理是指利用计算机和网络技术，通过自动化工具和系统来远程监测、控制和管理各种设备、系统或过程，而无需物理接触。这种管理方式具有高度的效率、便捷性和实时性，可应用于多个领域，包括工业、信息技术、物联网、远程教育等。

以下是自动化远程管理的一些关键特点和应用领域。

① 远程监控：自动化远程管理系统可以实时监测设备、系统或过程的状态和性能。例如，在工业生产中可以监控生产线的运行情况，IT 系统可以监控服务器的运行状态，远程教育平台可以监控学生的学习进度。

② 远程控制：远程管理允许操作员远程控制设备或系统。包括远程重启服务器、调整生产线的参数、远程教育教师可以控制在线课堂的功能。

③ 自动化决策：自动化远程管理系统可以基于预定的规则和算法自动进行决策。例如，自动化生产线可以根据生产计划自动调整生产速度，智能家居系统可以根据环境条件自动调整温度和照明。

④ 故障检测和维护：系统可以自动检测设备或系统的故障，并发送警报或通知相应的维护人员。这有助于减少停机时间和维护成本。

⑤ 资源优化：通过自动化远程管理，可以更有效地利用资源，包括时间、能源和人力资源。这可以降低成本，提高效率。

应用领域包括制造业、物流、能源管理、远程医疗、智能家居、远程教育等。自动化远程管理在提高生产效率、降低成本、提供便捷性和增强决策支持方面发挥着关键作用，并在现代社会的多个领域中得到广泛应用。

（四）现代远程教育应用方式

现代远程教育的形式是多种多样、灵活多变的。当前，现代远程教育的

应用方式主要有以下几种。

1. 讲授型方式

现代远程教育采用多种讲授型方式，以满足不同学习需求和情境。这些方式利用计算机和互联网技术，使教育内容能够以多种媒体形式呈现，并提供互动和个性化学习体验。以下是一些现代远程教育的讲授型方式。

① 在线课程和讲座：这是最常见的远程教育方式之一。教育机构或教师可以通过在线教育平台提供录制的视频课程、讲座或教学演示。学生可以根据自己的时间表观看这些视频，并在需要时进行回放。在线课程通常包括教材、作业和测验。

② 实时直播课程：教师可以通过视频会议工具实时传输课堂内容，学生可以在线参与讲座、提出问题，并与教师和同学互动。这种方式模拟了传统面对面课堂的互动性。

③ 自主学习平台：学生可以使用自主学习平台访问各种教育资源，包括电子教材、练习题、模拟考试和在线课程。他们可以自主选择学习材料，按照自己的进度学习。

④ 网络研讨会和讨论板：这些工具允许学生和教师进行在线研讨和讨论。学生可以在虚拟环境中分享观点、提出问题，并与同学和教师进行深入的讨论。

⑤ 个性化学习途径：一些现代远程教育平台采用个性化学习方法，根据学生的学习进度和需求提供定制化的学习内容。这些内容包括个性化的学习计划、教材和评估等。

⑥ 移动应用和社交媒体：学生可以使用移动应用和社交媒体平台来获取教育内容和与同学互动。一些教育应用程序提供了互动式学习游戏和测验。

⑦ 虚拟实验室：在科学和工程领域，虚拟实验室可以模拟实际实验，学生可以在虚拟环境中进行实验，观察和分析结果。

这些讲授型方式提供了多样化的学习体验，适应了不同学科和学习目标的需求。学生可以选择最适合他们学习风格和时间表的方式，并在远程教育中获得高质量的教育。

2. 个别辅导方式

个别辅导方式是一种远程教育的讲授型方式，旨在提供学生一对一的教学支持和指导。这种方式可以通过各种技术和工具来实现，包括在线视频会议、电话、电子邮件和在线聊天。以下是一些个别辅导方式的示例。

① 在线视频会议：教师和学生可以通过在线视频会议工具进行一对一的

实时互动。这种方式允许教师和学生面对面交流，讨论课程内容、解答疑问以及提供个性化的指导。视频会议通常支持屏幕共享，教师可以展示教学材料和演示。

② 电话辅导：教师可以通过电话与学生进行个别辅导。这种方式适用于需要即时交流但无法使用视频会议的情况。电话辅导可以包括答疑解惑、学习进展跟踪和学术建议。

③ 电子邮件和在线聊天：学生可以通过电子邮件或在线聊天工具向教师提出问题，教师可以及时回复并提供指导。这种方式允许学生在自己的时间表内提问，并获得书面的解答。

④ 学习管理系统：一些学习管理系统（LMS）具有内置的个别辅导工具，教师和学生可以在系统内进行一对一的交流和讨论。这种方式通常与在线课程和教材集成在一起。

⑤ 面对面会议：在某些情况下，教师和学生可以安排面对面的个别辅导会议。尤其是在学校教育和机构培训中，这种方式可以提供更加亲近的学习经验。

个别辅导方式的优点包括个性化指导、及时反馈和解决学生疑问的机会。它适用于各个学科和年龄段的学生，可以满足不同学习风格和需求的学生。通过个别辅导，学生可以更好地理解和应用所学知识，提高学术成绩和自信心。

3. 讨论学习方式

在网络上实现讨论学习的最简单实用方法之一是利用现有的电子布告牌系统（BBS）和在线聊天系统（CHAT）。这种模式通常由专职教师监控，其中各个领域的专家或专业教师在在线平台上建立相关学科主题的讨论组。学生可以在特定主题区域内发表观点和评论，而这些发言和评论会立即被所有参与讨论的学习者看到。

这个学习过程需要受到具有特权的教师或领域专家的监督，以确保学生的讨论和发言符合教学目标的要求，并防止讨论偏离当前学习的主题。整个讨论学习过程由教师组织和引导，讨论的问题通常由教师提出。

教学设计中的讨论方式通常可以分为两种情况：异步讨论和在线讨论。在异步讨论中，学生有足够的时间来深思熟虑所讨论的问题，因此他们通常以文章的形式发表意见，这种方式使得讨论更加深入和全面。而在线讨论则是实时进行的，因此时间有限，学生的发言通常比较简短，类似于日常生活中的交谈。这两种方式各有特点，可以根据教学目标和情境来选择合适的讨

论方式。

4. 探索学习方式

探索学习是一种强调学生主动参与、发现和探索知识的学习方式。在这种学习方式中，学生被鼓励提出问题、寻找答案、进行实验和观察，以积极参与知识的建构过程。这种学习方式强调问题解决、批判性思维和自主学习的能力，鼓励学生在有趣和有挑战性的环境中主动探索，以促进更深层次的理解和学习成果。探索学习有助于培养学生的好奇心、创造力和解决问题的能力，使他们成为积极的知识建构者和自主学习者。

5. 协作学习方式

协作学习是一种强调学生合作、共同解决问题和共享知识的学习方式。在协作学习中，学生以小组或团队的形式一起工作，分享彼此的观点、经验和资源，以达到共同的学习目标。这种学习方式促进了互动和社交学习，培养了学生的合作技能、沟通能力和团队协作精神。通过协作学习，学生可以从彼此的不同视角和专长中获益，丰富了他们的学习经验，提高了问题解决和批判性思维能力。协作学习有助于培养学生的团队合作意识，使他们在实际工作和生活中更具竞争力和适应性。

6. 自主学习方式

自主学习是一种强调学生主动控制学习过程、自我规划和自我评估的学习方式。在自主学习中，学生扮演了学习的主体，他们自主选择学习内容、方法和进度，以满足个人学习目标。这种学习方式鼓励学生发展自我管理、自我激励和独立思考的能力，培养了他们的学习自觉性和问题解决技能。通过自主学习，学生可以更深入地探索自己的兴趣和热情，自由地追求知识和技能的发展，同时也提高了自信心和学术成就。自主学习有助于培养终身学习的习惯，使学生在不同情境下都能积极主动地获取知识和发展自己。

（五）远程教育对学习者的要求

尽管远程学习可能对一些学生来说会有一些不适应，但通过适应和培养上述能力，学生可以更好地应对远程教育的挑战，并从中获益。教育机构和教师也可以提供支持和资源，帮助学生逐渐适应远程学习的环境和方式。

1. 始终保持自发的学习动力

在远程教育中，教育机构和教师可以提供支持和资源，以帮助成人学习者保持学习动力。包括建立有效的学习社区、提供定期反馈、提供导师支持以及提供适应不同学习风格的教材和资源。通过这些措施，成人学习者更有可能在远程学习中取得成功。

2. 主动探索的精神

成年学习者的自主学习能力是远程学习的关键之一。他们应该具备能力来自主决定学习的时间投入，制定适合自己的学习计划，并选择并逐渐适应一种适合自己的学习方法。学会学习已成为21世纪教育的重要支柱，对于远程学习者来说，这是一项必备的能力。

在具体的学习过程中，积极的学习者不会局限于接受单一答案或等待教师的指导。他们会主动探索多种解决方法，建立自己的观点和想法，然后根据主动的探索决定自己应该采取什么行动和如何处理问题。这种主动性和自主性的学习方式有助于培养学生的批判性思维、问题解决和创造性思维能力。

自主学习者通常具备以下特质。

① 自我激励：他们能够自我激励，不仅有明确的学习目标，还能够自发地追求知识和技能的提升。

② 自我管理：他们能够有效地管理学习时间和资源，制定学习计划，并坚持执行。

③ 多元思维：他们不局限于单一观点或方法，而是尝试多种解决途径，灵活思考问题。

④ 主动探索：他们乐于主动探索新知识，独立思考和提出问题。

⑤ 反馈接受：他们能够接受反馈并从错误中学习，持续改进自己的学习方法。

培养自主学习能力对于远程学习者来说至关重要，有助于他们在自我引导和有效学习方面取得成功，使他们能够持续学习并应对不断变化的知识和技能需求。

四、数字图书馆

（一）数字图书馆概述

数字图书馆是一种数字化的图书馆形式，它将传统图书馆的资源和服务数字化并在线提供，以便学者、研究人员、学生和公众能够随时随地访问书籍、期刊、文章、资料和多媒体内容。数字图书馆包含了广泛的学科领域，涵盖文学、科学、技术、历史、艺术等各个领域的信息资源。它们提供了强大的搜索和检索工具，使用户能够轻松查找所需信息，并且通常提供了下载和分享选项，促进了知识传播和学术研究。数字图书馆的出现已经极大地改

变了信息获取和学术研究的方式，使信息更加便捷、广泛和可及。

（二）数字图书馆基本组成

数字图书馆的基本组成包括以下要素。

① 数字化资源：这是数字图书馆的核心，包括数字化的书籍、期刊、文章、照片、音频、视频和其他多媒体内容。这些资源通常以电子格式存储，便于在线访问和检索。

② 数据库管理系统：用于组织、存储和管理数字化资源的数据库系统，确保资源的有效组织和检索。

③ 用户界面：提供给用户的界面，通过这些界面用户可以搜索、浏览和访问数字图书馆的内容。用户界面通常包括搜索引擎、分类目录、检索工具等。

④ 元数据：描述数字化资源的元数据，包括标题、作者、出版日期、主题词汇等信息，用于帮助用户识别和选择所需资源。

⑤ 数字化工具：用于数字资源创建和处理的工具，包括扫描设备、光学字符识别（OCR）软件、图像处理工具等。

⑥ 访问控制和安全性：确保只有授权用户能够访问某些受限资源，并保护数字图书馆的内容不受未经授权的访问或盗用。

⑦ 持续维护和更新：需要定期维护数字图书馆的内容和技术，确保资源的完整性、可用性和最新性。

这些组成要素共同构成了数字图书馆的基础，使其能够为用户提供广泛的在线学习和研究资源，并促进知识的传播和分享。

（三）数字图书馆特征

数字图书馆的主要特征有以下几点。

1. 信息储存空间小，不易损坏

数字图书馆通过将信息以数字形式存储在电脑光盘或硬盘中，显著减小了存储空间需求，与传统纸质资料相比更为节省。此外，数字图书馆解决了传统图书馆中常见的问题，例如资料磨损和珍贵资料的可见性问题。数字化媒体的特性使得珍贵的文献和资料得以永久保存，而且可以随时在线访问，让更多人受益于这些宝贵的信息资源。这种数字化转型为信息管理和知识传播提供了更为便捷和可持续的途径。

2. 信息查阅检索方便

数字图书馆的电脑查阅系统极大地简化了信息查找和检索的过程。通过输入关键词，读者可以迅速获取与其查询相关的大量信息资源，无需像传统图书馆一样需要多道繁琐的工序，如手动检索、寻找书架和图书等。这种便捷的检索方式节省了时间，提高了查找效率，使信息的获取更加快速和便利。数字图书馆的电脑查阅系统为用户提供了强大的搜索和检索工具，极大地改善了信息检索体验。

3. 远程迅速传递信息

数字图书馆相对于传统图书馆具有显著的便捷性。传统图书馆的建设受到地理位置的限制，读者需要花费时间和精力前往图书馆，而数字图书馆则通过互联网实现信息的快速传递，读者只需登录网站，点击鼠标，即可即时获取所需信息，无论他们身处何地，这种便捷性是传统图书馆无法比拟的。数字图书馆的虚拟性质使其成为学术和研究工作中不可或缺的资源，极大地扩展了知识的可及性和可利用性。这种便捷性为学习者、研究人员和读者提供了更广泛、更灵活的知识获取途径。

4. 同一信息可多人同时使用

数字图书馆克服了传统图书馆一本书只能借给一个人使用的限制。在数字图书馆中，通过服务器和在线访问，一本“书”可以同时借给多个用户查阅，这极大地提高了信息资源的使用效率和共享能力。无需等待书籍的归还，用户可以随时在线访问所需的资料，这种多人同时访问的特性促进了知识的广泛传播和分享，为学术研究和学习提供了更便捷的方式。数字图书馆的共享模式使得知识更加开放和可及，推动了信息时代的知识共享和合作。

（四）数字图书馆功能

数字图书馆提供基于先进网络环境的开放服务，采用浏览器—服务器架构，向终端用户提供数字化图书馆服务。任何具备互联网访问权限的用户都可以通过 Web 浏览器访问数字图书馆，并进行各种操作，如系统登录、图书检索、在线阅读、评论、书签管理等。用户的服务请求和系统响应都是通过标准的 HTTP 协议进行的，这种开放性的服务模式使得数字图书馆能够广泛地为用户提供知识和信息资源，满足不同需求的学者、研究人员和读者。这种基于网络的开放服务为知识获取和分享提供了便捷途径。目前先进的数字图书馆都具有以下功能。

1. 海量信息

互联网被形象地描述为世界上最大的数字化图书馆，因为它提供了全球范围内的数字信息资源，这些资源通过互联网以内容丰富、结构清晰、极为

便捷的目录引导方式呈现给读者。无论用户身处何地，都可以通过互联网轻松访问和利用这些资源，包括文献、文化遗产、学术论文、多媒体内容等。互联网的开放性和无国界性为信息的全球传播和知识的共享提供了强大的平台，使人们能够更广泛地参与到知识社群中，推动了全球信息化和学术研究的发展。

2. 资源共享

数字图书馆的服务对象分布在不同的地理位置，包括校园内的用户、全国范围内的用户，甚至世界各地的用户。其中的关键优势是用户无需考虑自己的物理位置，即可轻松获取来自远地的共享资源。这意味着用户可以在任何地点，不受时间和空间的限制，访问并利用数字图书馆的丰富资源，从而提高了知识的可及性和可利用性。这种无距离限制的服务模式为全球范围内的学者、研究人员和读者提供了方便的知识获取途径，促进了信息的自由流动和学术合作。

3. 使用方便、快捷

数字图书馆的用户界面被设计成标准友好，使读者无需接受特殊培训即可轻松应对各种信息资源的检索操作，以最快最便捷的方式获取所需信息。在互联网上，许多信息检索工具采用了友好的可视化界面，包括菜单、图标、超文本等元素，以及接近自然语言的查询方式。这种用户界面的设计使得用户能够直观地导航、搜索和访问数字图书馆的内容，无需具备高级技术或专业知识，从而降低了使用门槛，提高了信息检索的可用性和效率。用户可以更轻松地获取他们所需的信息，促进了知识的广泛传播和应用。

4. 多媒体化的信息和全文检索功能

数字图书馆的信息内容不仅局限于目录和文摘，更重要的是用户可以获取全文以及丰富的影像和多媒体信息。这意味着用户不仅可以查看文献或书籍的简要描述，还可以获取完整的文本内容，并且有机会访问包括图像、音频、视频等多媒体资源。这种多样性的信息形式丰富了用户的学习和研究体验，使他们能够更全面地理解和利用数字图书馆中的知识资源。全文和多媒体信息的可用性使数字图书馆成为了知识的多维度库，满足了不同用户对于信息的多样化需求。

5. 提供自行服务和请求帮助的数字化咨询系统

数字图书馆中有两种不同的支持方式，一种是通过特定软件自动引导读者使用数字化图书馆资源，而另一种则是提供实时帮助给读者。后者包括各种信息专家随时接受联机访问咨询，有的还使用人工智能的计算机专家系统来解决疑难问题。前者旨在通过自动化工具和引导，使读者更容易地获取所需的信息资源，而后者则提供了与专业人员的实时互动，帮助读者解决更复杂或特殊的信息需求。这两种支持方式共同促进了数字图书馆的使用和满足用户的信息需求。

（五）数字图书馆的应用

教育机构积极利用数字化信息资源，为学生和教职员工提供更广泛、更多样化的学术文献、研究成果和多媒体资源，推动了教育和科研水平的不断提升。数字图书馆和多媒体阅览室等资源已成为学校教育和学术研究的重要支持工具，为知识的传播和应用提供了重要平台。

1. 学校数字图书馆的主要应用

（1）科研

科研课题从立项到完成过程中，信息资源的支持至关重要。数字图书馆通过科研课题导航索引，将分布在网络上的相关信息资源集中、分类、整理和加工，为课题提供系统的导航索引。这意味着研究人员可以轻松获取该领域的前沿研究动态和最新进展资料，使零散无序的信息资源变成整体有序的宝库。数字图书馆在科研服务中发挥了重要作用，为科研人员提供了有力的支持，帮助他们更高效地进行研究工作，促进了科研成果的产出和知识的传播。这种科研课题导航索引的功能使数字图书馆成为科研领域的宝贵工具。

（2）教学

数字图书馆中丰富的学科资源对于教师备课和开展教学研究活动起到了至关重要的作用。教师可以从学科资源中轻松下载所需的素材，然后经过加工和整理，最终创建出 PowerPoint 课件、基于网络的 CAI 课件、专题学习网站、网络课程等各种网络教学资源。这些资源可以用于课堂教学，也可以供学生在线学习使用。数字图书馆为教师提供了便捷的获取和利用学科资源的途径，有助于提高教学质量和丰富教学内容。同时，这也促进了教育技术的应用和教学方法的创新，为教育领域带来了新的可能性。

（3）素质教育

数字图书馆为多种学习模式提供了丰富的资源，包括自主探究式学习、专题研究式学习和小组项目协作式学习等。这为学校提供了良好的环境，可以开展各种素质教育活动，培养学生的信息素养、学习能力、合作能力和创新能力。例如，教师可以向学生提出问题或任务，并提供相关的背景和素材。学生可以利用数字图书馆来搜索与问题或任务相关的大量素材和资料，然后

自行检索、分析和整理，最终形成报告或完成作品。随后，教师可以组织学生之间的交流、讨论和评价，最终进行总结和归纳。

与传统教学相比，这种问题探究式学习模式可以使学生发掘和掌握的知识量大幅增加，而且更容易记忆和理解。这种学习模式充分发挥了学生的主观能动性，培养了他们多方面的能力，包括信息查找和分析能力、批判性思维、合作和沟通技能，以及解决问题的能力。数字图书馆在这方面发挥了关键作用，为学生提供了丰富的学习资源和支持。

（4）远程教育

互联网中存在大量大型联网图书馆，这些图书馆提供了丰富多彩的网络学习资源，包括网络期刊、电子图书、参考工具资料、政府信息、新闻、图书馆网上公共目录、学位论文数据库、电子论坛和各类网络学习资源指南等。这些资源为人们的终身学习和实施远程教育提供了丰富的可共享的信息资源。学生可以在如此丰富的信息中自由获取所需的知识，使他们能够随时随地进行学习。

数字图书馆的存在将学习的课堂扩展到了任何时间和空间领域，改变了传统教学场地的单一性、授课方式的被动性以及学生学习的受限性。学生可以根据自己的兴趣和需求，自主选择学习的时间和地点，这大大激发了他们的自主学习兴趣和热情。数字图书馆为培养学生的自主学习能力，建立终身学习体系创造了良好的平台和条件，有助于推动教育的创新和学习效果的提高。

随着数字图书馆内容的不断丰富和功能的不断提升，它将继续为未来教育发挥更大的作用。教育将更加注重培养学生的综合素质和创新能力，数字图书馆将成为实现这一目标的重要工具和平台。它将为学生提供更多的学习机会和资源，帮助他们更好地适应知识社会的要求。

2. 我国主要的数字图书馆

（1）中国数字图书馆

中国数字图书馆是一个综合性数字化图书馆平台，致力于收集、整理和提供丰富多样的数字化图书、期刊、文献、音像资料等文化资源。该平台通过互联网为广大用户提供免费的在线阅读和检索服务，涵盖了各个领域的知识，包括文学、历史、科学、技术、艺术等。中国数字图书馆的建设旨在促进知识的传播与共享，为学术研究、教育教学、文化传承等提供了重要的支持和便利。

（2）中国期刊网

中国期刊网（CNKI）是中国知网的旗舰产品，是一个综合性的学术信息资源平台，旨在为用户提供广泛的学术期刊、论文、会议论文、学位论文等各类学术文献资源。CNKI 拥有庞大的数字化文献库，包括了来自中国及国际上的数百种学术期刊，数百万篇学术论文，以及丰富的学术会议和学位论文资源。

中国期刊网为用户提供了强大的文献检索和下载功能，用户可以通过关键词、作者、题名等多种检索方式找到所需的学术文献，并在线阅读或下载全文。CNKI 还提供了一系列的学术分析工具，帮助用户进行文献引用分析、研究趋势分析等学术研究工作。

作为中国最大的学术资源平台之一，中国期刊网不仅服务于学术界的研究人员和学生，还广泛应用于教育、科研、政府机构和企业等领域，为知识的传播与共享提供了重要的支持和便利。CNKI 的建设和发展推动了中国学术研究和科学技术创新的进步，也促进了国际学术交流与合作。

第三节　新技术在教育中的应用

一、云计算技术

（一）云计算概述

1. 云计算的定义

云计算是一种基于互联网的计算模式，它通过将计算资源、存储资源、网络资源以及各种应用和服务提供给用户，使其能够以按需、灵活、可伸缩的方式访问和利用这些资源。云计算的核心思想是将计算任务和数据存储从本地计算机转移到远程的云服务器上，用户可以通过互联网连接远程访问这些资源，而无需关心资源的物理位置和具体管理。

云计算通常包括三种基本服务模型。

① 基础设施即服务（Infrastructure as a Service，IaaS）：提供虚拟化的计算资源、存储资源和网络资源，用户可以租用这些资源来部署自己的应用和服务。

② 平台即服务（Platform as a Service，PaaS）：除了基础设施，还提供了开发和运行应用程序所需的开发工具、中间件和数据库等平台，用户可以在上面构建自己的应用。

③ 软件即服务（Software as a Service，SaaS）：提供完整的应用程序，用

户无需关心底层的硬件和软件管理，只需通过浏览器或应用程序接口直接使用这些应用。

云计算具有多种优势，包括灵活性、可伸缩性、高可用性、成本效益等。它已广泛应用于企业、个人、政府和各种组织中，支持了各种应用场景，包括数据存储、网站托管、应用开发、大数据分析、人工智能等。云计算已经成为现代信息技术领域的重要组成部分，推动了数字化转型和创新的发展。

2. 云计算的特点

云计算具有以下主要特点。

① 资源共享：云计算平台通过虚拟化技术将计算、存储和网络资源汇集在一起，多个用户可以共享这些资源，实现资源的高效利用。

② 按需服务：用户可以根据实际需求动态地获取和释放计算资源，只需支付实际使用的资源，避免了资源的浪费。

③ 可伸缩性：云计算平台可以根据用户需求自动扩展或缩减资源，保证应用的性能和可用性。

④ 自动化管理：云计算平台通过自动化的管理和监控机制，降低了管理和维护的成本，提高了系统的可靠性和稳定性。

⑤ 多租户模式：云计算支持多个用户共享同一组资源，但各用户之间相互隔离，保障了安全性和隐私性。

⑥ 高可用性：云计算平台通常提供高可用性的服务，通过分布式架构和冗余设计来保证系统的稳定性。

⑦ 灵活性和可定制性：用户可以根据自己的需求选择不同的服务模型和配置，实现个性化定制。

⑧ 网络访问：云计算服务通过互联网或专用网络提供，用户可以随时随地通过网络访问云资源。

⑨ 资源池化：云计算平台将多种资源汇集到一个资源池中，用户可以根据需要从资源池中分配资源。

⑩ 安全性和隐私性：云计算提供各种安全措施和加密技术，保护用户数据的安全和隐私。

这些特点使云计算成为了一种灵活、高效、经济、可扩展的计算模式，广泛应用于各个领域，推动了数字化转型和创新的发展。

（二）云计算技术在教育中的应用

教育云是云计算在教育领域的应用，它为教育机构、教育从业人员和学员提供了一个全面的云服务平台，包括硬件计算资源、应用软件、教育内容和教学工具等。教育云的目标是支持教育信息化，促进教育领域的数字化转型和创新。通过教育云，教育机构可以实现教育资源的共享和管理，教育从业人员可以更便捷地开展教学活动，学员可以获得更灵活、个性化的学习体验。教育云的引入有助于提高教育的效率、质量和可及性，推动教育领域的不断发展和进步。

教育云平台是中国教育信息化领域的领军品牌，采用先进的云计算技术，将广电网、电信网和互联网三个网络融合为一，形成了亚洲教育网的三网合一模式。该平台被誉为中国教育产业的第一航母，为教育领域提供了全面的教育云服务。它的目标是推动智慧教育的发展，为教育机构、教育从业人员和学生提供先进的教育资源和工具，促进教育信息化的不断进步和创新。

教育云涵盖了多种形式，其中包括“云计算辅助教学”（Cloud Computing Assisted Instructions，CCAI）和“云计算辅助教育”（Clouds Computing Based Education，CCBE）。这些形式利用云计算技术来支持教育领域的不同方面，包括教学辅助和基于云计算的教育。云计算辅助教学可以提供教师和学生所需的计算资源和工具，以支持更高效的教学和学习。而云计算辅助教育则是基于云计算的教育模式，它可以提供在线学习平台、教育资源管理和分发，以及个性化学习支持等功能，为学生提供更灵活、个性化的学习体验。这些形式的教育云都旨在推动教育信息化的发展，提高教育的质量和效率。

1. *云计算辅助教学*

云计算辅助教学（Cloud Computing Assisted Instructions，CCAI）是一种教育模式，它利用云计算技术提供的教育云服务，构建了个性化的教育信息化环境。这个环境支持教师进行有效的教学，并鼓励学生进行主动学习。通过云计算，教育机构和教师可以轻松地共享教育资源，获得无限的存储空间，并提供给学生更多的学习工具和资源。这种模式旨在促进学生的高级思维能力和群体智慧的发展，提高教育的质量。总之，云计算辅助教学通过充分利用云计算技术，为教育提供了更便捷、更灵活的条件。

随着云计算技术的不断发展，它在信息化教育领域的应用也变得越来越重要。云计算提供了高度灵活性和可扩展性的平台，可以支持教育机构的教学、管理和信息交流等多种功能。云计算辅助教学模式在教育领域具有巨大潜力，可以为教育提供更多的资源和工具，促进学生的主动学习，提高教育的质量。因此，从教育的发展趋势和云计算技术的特点来看，云计算辅助教学模式应当是今后教育领域发展的主要方向之一。

（1）自主式学习

云计算辅助教学确实为学习提供了更大的灵活性和个性化的学习体验。学生可以根据自己的需求和兴趣定制学习计划，选择适合自己的学习资源，这有助于提高学生的学习积极性和主动性。同时，教育机构和教师也需要引导学生正确理解云计算辅助教学的目的，即提高学习效率和质量，而不仅仅是追求娱乐性。

通过合理利用云计算辅助教学，学生可以更好地利用课堂时间，充分发挥各种教育媒体的作用，加速知识的掌握和理解。教师在这个过程中扮演着重要的角色，需要指导学生如何有效地利用云计算工具，将其融入到学习中，以提高学习的效益。正确的引导和培养学生的学习方法和学习态度，是实现云计算辅助教学的关键之一。

（2）协作交流式教学

云计算辅助教学在教育中带来了许多挑战，同时也为教师提供了机会。教师需要不断提高自己的能力，不仅局限于技术方面，还要探索教学的艺术境界。云计算的应用可以解放教师于繁重的教学准备中，让他们有更多的时间来充实自己和进行教育研究，将他们转变为研究型教师。然而，这也意味着教师需要不断学习和掌握新技术，以适应教育现代化的需求。因此，教师必须积极地转变自己的角色，并不断充实自己，以适应变化不断的教育领域。这是教师在云计算辅助教学中面临的新挑战和机遇。

开放的教育教学内容涵盖了从课程数据到互动教学社区的各个方面。教师和学生可以借助云计算和开放资源的支持，更加灵活地访问、分享和交流教育材料，从而促进教育的创新和互动。这一开放的教育理念为教育领域带来了更大的可能性和机会，让教育变得更加自由、可访问和多样化。

（3）个性化学习

学生可以提出问题、分享观点，而教师可以提供及时的反馈和引导，这种云计算支持下的探索式学习方式有助于培养学生的独立思考和问题解决能力，促进了更深层次的学习体验。这是云计算技术为教育带来的创新，为教学提供了更多的互动和参与机会。

以灵活的方式，根据学生的需求和特点选择合适的媒介，从而提供更个性化的学习体验。这种个性化教育方法有助于激发学生的学习兴趣，促进他们的学习与创新能力的发展。云技术的应用使教育变得更加灵活和定制化，为教育者提供了更多工具和机会，以满足不同学生的需求，推动学生在云时代的学习和发展。

2. 云计算辅助教育

云计算辅助教育代表着计算机科学和教育科学两个领域的交汇，旨在研究和探索在未来云计算时代，教育领域中各个要素的整合与应用。包括了云计算服务在教育教学中的应用规律，以及与主流学习理论的结合和支持，同时也涵盖了教育教学资源的设计和管理等方面的内容。云计算辅助教育代表了教育领域向数字化和云化方向发展的重要趋势，为教育提供了更广泛、更灵活的可能性，以满足不断变化的学习需求。

（1）建设大规模高质量共享教育资源库

建设大规模高质量共享教育资源库是为了创建一个广泛可访问的教育资源存储库，其中包含了丰富而高质量的学习资料、教材和教学工具。这个资源库的目标是为教育者和学生提供便捷的途径，以获取和分享教育资源，从而提升教育的质量、可及性和效率。通过共享教育资源，可以促进知识的传播和共享，推动教育领域的创新和发展，使教育更加普及和可持续。

（2）建设灵活高效的网络学习平台

建设灵活高效的网络学习平台旨在提供学生和教育者一个多样化的在线学习环境，以适应不同学习需求和节奏。这个平台利用现代技术和创新方法，使学习变得更加灵活，让学生可以随时随地获取教育资源、参与互动学习和测评，同时也为教育者提供了强大的工具，以便于教学、资源管理和监测学生进展。这种网络学习平台有助于提高教育的可及性，推动个性化学习，促进远程教育和在线学习的发展，为学习者和教育机构创造了更多的教育机会和灵活性。

（3）建设更加快捷方便的教学管理系统

建设更加快捷方便的教学管理系统旨在提供教育机构和教育者一个高效的工具，以简化教学和学生管理的流程。这个系统整合了各种教育管理功能，包括课程计划、学生信息、教学资源管理、考试和成绩管理等，使教育者能够更轻松地管理教育活动，节省时间和精力。通过提供快捷方便的教学管理系统，可以提高教育的效率，提供更好的学生支持，同时也有助于数据收集和分析，从而改善教育质量和决策制定。这种系统的建设有助于推动教育现代化，提高管理效率，为教育领域带来更多便利和优化。

（三）云计算教育环境

1. 成绩管理系统

系统允许教育机构进行任课班级的设置，从而更有效地分配资源和管理

学生。这一系统快速解决了校长和教师在年级和班级学生成绩管理上的负担，使家长能够进行综合成绩分析，及时发现问题，采取措施，以帮助孩子在各科成绩上取得更快的进步。这种成绩管理系统不仅提高了管理效率，也促进了家校合作，有助于学生的学术发展和学校管理的优化。

2. 综合素质评价系统

系统不再局限于传统的用笔墨方式对学生的学习态度和作业评分，而是提供了互评功能，让教师、家长和学生能够更直接地参与评价过程。通过互相鼓励、反馈和支持，学生能够更全面地了解自己的优势和改进点，建立积极的学习态度。这种新的评价方式有助于培养学生的自我意识和自主学习能力，促进更健康和积极的学习环境的建立。

3. 家校互动系统

学生的成长是一个需要老师、学生和家长密切协作的过程。通过采用三网合一互动家校通，实现了便捷快速的信息沟通渠道，从而有效地减少了学校老师与家长之间传统繁琐的家长会。这种良好的沟通机制不仅节省了时间，还促进了教育者、学生和家长之间更紧密的联系。通过共同关注学生的需求和进步，为学生的健康成长创造了更有利的环境。这种强化的家校合作有助于培养出更加坚强、有信心的学生，为他们的未来发展提供了更广阔的可能性。

4. 选修课系统

选修课系统通过计算机网络平台实现了选修课的查询、提交和管理等工作，为学校、学生和教师提供了便捷的选修课程管理工具。这个系统的引入拓展了学生的知识和技能领域，促进了他们兴趣和特长的发展，有助于培养个性化的学习路径。同时，也为教师提供了专业成长的机会，使他们能够更好地适应学生的需求和教育的多样性。这个系统的实施方便了学校对选修课程信息的管理，提高了教育资源的有效利用，为学校教育的优化和发展提供了支持。

5. 平安考勤系统

平安考勤系统通过详细记录学生的上学和放学时间，提供了有效的班级管理工具。同时，教师上下班时使用系统刷卡，系统按月统计刷卡情况，这使其成为学校教师考勤的强大工具。这一系统不仅简化了学生和教师的考勤记录保存，还提高了管理的效率和准确性。通过自动化考勤过程，学校能够更好地管理学生和教师的出勤情况，为班级和教育机构提供了便捷的工具，同时也加强了学校的安全性和管理水平。

6. 亚教英语课程

亚教英语系统致力于解决学生在英语单词记忆方面的难题，将单词的认读、拼写和测试紧密结合，与教材单元同步，为学生提供了全面的学习支持。通过网络数字教育的方式，学生可以随时随地进行英语学习，这不仅提高了学习的灵活性，还激发了学生学习英语的积极性。这个系统的综合教学方法有助于学生更有效地掌握英语单词，提升英语水平，为他们的语言学习提供了更加便捷和高效的途径。

7. 数字图书馆

数字图书馆是一个基于网络环境的开放式知识资源中心，它摒弃了传统图书馆的物理界限，实现了共建共享和不断扩展的特性。这个图书馆精选了上万册数字图书，为学生提供了丰富的阅读资源。它不仅让学生能够轻松地阅读大量书籍，还拓宽了学生的视野，为他们打开了思维的大门。通过数字图书馆，学生可以在广泛的知识领域中汲取信息，丰富自己的学识，促进了终身学习的理念，为个人和学校教育提供了宝贵的支持。

8. 班级社区

学生在老师的引导下，可以自主创建班级资源，包括班级动态、班级公告、班级相册、班级作文、班级竞赛等内容。这一创新性的举措有助于拉近班级学生与教师、学生与学生之间的距离，营造更加亲近和协作的学习氛围。同时，它还为家长提供了参与班级活动和建设的渠道，促进了家校合作。这个服务平台不仅提供了班级管理的便捷工具，还为学校、教师、家长和学生提供了一体化的管理、教学和沟通服务，为整个教育生态系统带来了更多的便利和协作机会。

9. 教育博客

教育博客为学生提供了一个互相学习、讨论和沟通的平台，鼓励他们共同进步。这个平台不仅让学生有机会展示个性，还允许他们在博客或微博上分享自己的见解和思考。同时，家长也可以随时关注孩子的成长和学习进展，促进了家校之间的互动。这种教育博客培养了学生的思考能力，鼓励他们善于并勇于表达自己的观点，从而促进了他们的健康成长和全面发展。这个平台为学生提供了一个更加丰富和有益的学习环境，激发了他们的学术和思想潜力。

10. 教学资源库

教学资源库是一个宝贵的教育工具，汇集了丰富的高质量教育资源，覆盖了各个年级和学科领域。其中，大量的视频和音频资源为多媒体教育提供

了强大支持，构建了一个多媒体资源的“积木式”平台。这个资源库不仅丰富了教学内容，还提供了多样化的教育方式，激发了学生的学习兴趣，促进了知识的更好理解和吸收。这种综合的教学资源库为教育者和学生提供了宝贵的工具，有助于提高教育的质量和效果，促进学生的全面发展。

11. 智能试题库

智能试题库是一个强大的教育工具，具备智能组卷和阅卷等功能。在阅卷系统中，它拥有庞大的试题量，覆盖了不同年级和学科的多样试题。这个系统的高效性体现在它能在仅 30 秒内自动生成一套试卷，为教育者提供了便捷和快速的评估工具。这种智能试题库不仅节省了教师的时间，还提高了试卷的多样性和质量，有助于更好地满足不同学生的学习需求，促进了教育的个性化和高效性。它为教育领域带来了便利和创新，提升了教育的水平和效果。

二、社会性软件

（一）社会性软件概述

1. 社会性软件的内涵

21 世纪末，互联网络以惊人的速度融入了人们的日常生活，使得人们在日常交流和互动的基础上建立了跨足家庭、工作单位、朋友圈、社区等各种生活领域的社会网络。社会性软件是一类软件，旨在帮助人们构建社交网络、支持群组交流、提供社会互动平台，促进协作合作。回顾其发展历程，社会性软件的概念早在多年前就已出现，包括电子邮件、新闻组、电子公告板等，都可视为社会性软件的前身。然而，当下，社会性软件更多指的是近年来在网络上兴起的工具，如博客、微博、维基、书签、即时通信、内容聚合和社交网络等，这些工具基于互动和社交，极大地改变了人们的社会交往方式和信息传播方式，成为数字时代社交互动的重要组成部分。

社会性软件的定义有多种，但它们都强调了其具有“社会性”的特点。这种软件通过网络将社会中的个体连接起来，构建社会关系，有效促进了社会群体之间的知识获取、管理、转化和共享。这种互动和社交的特性使得社会性软件在数字时代的社交互动和信息共享中发挥着重要作用，推动着社交网络和在线协作工具的不断发展和演进。

社会性软件首要以个人为基础，它是个体借助软件工具将虚拟的网络和现实社会有机结合的一种方式。通过互联网，社会性软件扩展了个体的社交

圈，并建立了社交网络，用户成为内容的创造者和参与者。社会性软件突破了原有的社交圈限制，将更多有着相似兴趣、共同目标和认知特点的陌生人纳入自己的社交网络中，从而形成了许多“弱联系”。在这些弱联系的基础上，个体之间可以进行更深入的交流、沟通和对话，构建出“强联系”。在这样的社交网络中，由于不同个体具备不同的知识背景、经验和技能，他们的交流和合作不仅有助于显性知识的共享，还能够激发隐性知识的产生和创新。这种社会性软件的特性为知识的传播、共享和创新提供了更广泛和深入的平台。

维果斯基的观点强调了知识的生成和优化过程，以及知识交流的重要性。社会性软件的应用确实体现了这一思想。在使用社会性软件时，个体作为主体积极参与，创造和分享知识，促进了知识的生成和丰富。同时，社会性软件也注重了人与人之间的社会关系和对话。在这种环境下，人们更关注彼此之间的互动，通过对话和交流，优化和丰富了知识。这种社会性软件的应用方式有助于人际关系的建立和维护，促进了知识的共享和共创，反映了社交互动对知识的重要影响。因此，社会性软件不仅是知识传播的工具，也是社会关系和互动的平台，为知识的生成和优化提供了有力支持。

在知识爆炸时代，社会性软件发挥着至关重要的作用，为人们的终身学习提供了关键支持。它将学习者的学习和工作紧密结合，创造了一个融合学习和实践的环境。社会性软件不仅提供了学习者之间的交流和互动平台，还促进了知识和经验的积累。通过协作和互助学习，个体能够在广泛的社交网络中获取、分享和共同创造知识。这种学习方式强调了人与人之间的互动和合作，有助于应对不断涌现的知识和信息，使学习变得更加有效和有趣。因此，社会性软件在知识爆炸时代为终身学习提供了不可或缺的工具，推动了个体和社会的知识发展和进步。

社会性软件是建立在信息技术和互联网基础之上的应用软件。它在功能上能够反映和促进真实社会关系的发展和交往活动的形成，将人的活动与软件的功能融为一体。社会性软件的定义多种多样，且不断演化。它的核心思想是一种聚合效应，即将人、社会和商业等各种元素聚合在一起，以避免信息的损耗和分散。社会性软件的出现改变了人们的社交和互动方式，为社交网络、在线协作和信息共享提供了创新和便捷的途径。这种软件的发展反映了信息社会的特点，将个体和群体联系在一起，促进了知识和信息的流动和传播。因此，社会性软件在数字时代扮演着重要的角色，成为社交和信息交流的重要工具。

2. 社会性软件的特征

在使用其他软件时，人们通常将其视为工具，但在使用社会性软件时，人们更多地关注的是社会关系和人际互动。社会性软件的核心内涵在于建立和加强人际关系，促进人们之间的交流、分享和合作，从而使互联网成为一个社交平台，而不仅是信息获取和处理的工具。这种变革影响了互联网的使用方式，将社交因素纳入了互联网体验的核心。

社会性软件作为一种新兴的网络工具形式，引领了软件设计思想的一次伟大变革。它充分体现了 Web2.0 的“资源共享”理念，不再强调技术本身，而是强调在其背后建立的社会关系网络。在这样的网络环境中，一方面，信息和知识的量不断增加，内容不断丰富，通过社会关系网络的成员之间的交流和补充，这些信息和知识得以进一步创新和演化。另一方面，这种社会关系中的个体，即“人”，也经历了成长和变化。他们不再仅仅是信息和知识的被动吸收者，更成为了信息和知识的创造者。社会性软件的出现改变了人们的角色，使他们更加积极参与知识的生成和分享，同时也促进了社交关系的建立和发展。因此，社会性软件推动了信息和知识的创新和演进，同时也促使个体在社交互动中发挥更积极的作用。这种变革在数字时代塑造了全新的学习和合作模式。

互联网专家 Stowe 认为社会性软件至少具有下列三个特征之一。

① 社交性：社会性软件的核心特征是建立和促进人与人之间的社交关系。它提供了互动和沟通的平台，使用户能够分享信息、互动交流，并建立社交网络。社会性软件强调社交因素，将人际关系置于应用的核心。

② 用户生成内容：社会性软件鼓励用户参与内容的创造和分享。用户可以发布自己的文章、图片、视频等多种形式的内容，从而丰富了平台的信息流。这种用户生成的内容成为社会性软件的重要组成部分，反映了用户的兴趣和观点。

③ 社交互动和协作：社会性软件提供了各种工具和功能，促进用户之间的社交互动和协作。这包括评论、点赞、分享、群组讨论、协作编辑等功能，使用户能够在平台上共同参与和合作，共享知识和经验。

社会性软件的兴起改变了原来的互联网应用范式，这种应用模式的转变突出了社会性软件的共有特征，包括个性张扬、资源开放、信息共享、读写自由、群体协作、人人平等、技术门槛低等。社会性软件使互联网从以技术为核心的应用模式过渡到以用户或个人的思想脉络为线索的应用模式，强调了用户参与和个性化的特点，使每个人都能在互联网上表达自己的观点和创造内容。这也促使互联网成为一个更加开放和民主的平台，强调了“我的地盘我做主”的理念。

（二）社会性软件分类

社会性软件以极快的速度不断涌现，使学习者面临众多选择。为帮助学习者在这个多样化的社会性软件世界中做出明智的选择，我们进行了调查和分析，总结出了最常见的构建个人学习环境的社会性软件。我们的分类方法主要基于功能和对学习者学习交流的益处，将社会性软件分为四个主要维度：个人创作型、社区讨论型、协作创作型和网络聚合型。这个分类方法有助于学习者根据自己的学习风格和喜好，有针对性地选择适合他们需求的软件工具。虽然社会性软件种类众多，但通过这个分类，学习者可以更好地理解不同类型软件的特点和用途，以便更有效地构建个人学习环境。

1. 个人创作型

个人创作型社会性软件是一类强调个人创作和表达的工具，它们为用户提供了平台，让他们可以发布自己的观点、文章、照片等个人内容。这些工具通常具有用户友好的界面，使用户能够轻松地创建和分享内容，同时也允许其他用户与之互动和评论。

一些常见的个人创作型社会性软件包括以下 4 个方面。

① 博客平台：博客允许用户创建个人博客，发布文章、日记、观点等内容。用户可以通过博客分享自己的知识和经验，与读者互动，并建立自己的读者群体。

② 微博：微博是一种短消息分享平台，允许用户发布短文本、图片、链接等内容，与关注者分享生活和思考。微博也支持互动，用户可以评论和转发其他用户的内容。

③ 个人网站/博客：一些用户选择创建自己的个人网站或博客，以完全掌控内容和布局。这些网站通常用于展示个人作品、项目和想法。

④ 图片分享平台：图片分享平台如 Instagram、Pinterest 允许用户上传和分享图片，并与其他用户互动。这些平台通常用于展示摄影作品和视觉艺术。

个人创作型社会性软件适合那些喜欢独立思考、表达自己观点和创造内容的学习者。通过这些工具，他们可以建立个人品牌，与他人分享知识和经验，同时也能够从其他用户的反馈中获益。

2. 社区讨论型

社区讨论型社会性软件是一类专注于社交互动和讨论的工具，它们提供在线社区或论坛，允许用户参与话题讨论、分享观点、提出问题和与其他用户互动。这些工具强调用户之间的交流和共享，通常构建了各种兴趣社区和讨论群体。

一些常见的社区讨论型社会性软件包括：

① 论坛：论坛是在线社区，用户可以在特定主题下发布帖子，与其他用户进行讨论。论坛通常涵盖广泛的主题，从技术和兴趣爱好到学术和生活建议。

② 社交问答平台：社交问答平台如 Quora 和 Stack Exchange，允许用户提出问题，其他用户可以回答并投票选择最佳答案。这些平台旨在促进知识共享和专业交流。

③ 兴趣社交网络：兴趣社交网络聚焦于特定领域或兴趣，例如音乐、电影、健康等。用户可以在这些社交网络中找到与自己有共同兴趣的人，进行讨论和分享。

④ 专业社交网络：专业社交网络如 LinkedIn 专注于职业领域，允许用户建立职业联系、参与专业讨论和获取职业建议。

社区讨论型社会性软件适合那些喜欢与他人合作、讨论和分享观点的学习者。通过参与社区讨论，他们可以获取不同观点和建议，解决问题，扩展知识，并建立有益的社交关系。这些工具有助于学习者与同行进行互动，共同探讨各种主题和学科。

3. 协作创作型

WiKi 和掘客是两个具有协作特色的社会性软件。百科类社会性软件，如 WiKi 和互动百科，是多人协作的写作平台，允许众人维护和共享资源，任何人都可以发表观点和知识。当学习者遇到陌生的知识点或名词时，可以通过这些平台来获取信息和解答疑问。有一句流行的说法是“知之为知之，不知百度知”，强调了在互联网时代，人们可以通过搜索引擎来获取知识。

掘客则代表了“草根文化”，它允许任何人不论学识水平如何，通过投票或发表文字来分享自己的观点。与国内的百度有一些相似之处，但掘客强调了社区投票和评论的重要性，以决定哪些内容更受欢迎和有影响力。

这两种社会性软件为学习者提供了获取信息、表达观点和参与知识共享的机会。它们强调了协作和社区互动的重要性，不论学习者的知识水平如何，都可以从中受益并参与到知识的创造和传播中。

4. 网络聚合型

网络聚合型软件和工具是在互联网上使用的应用程序，它们的主要功能是将各种信息、内容和资源从不同的来源整合到一个统一的平台或界面中，以方便用户查看、管理和获取所需的信息。这些工具可以包括个性化新闻聚合器、社交媒体聚合器、内容聚合网站、信息管理工具、多媒体流服务和个性化搜索引擎等，它们帮助用户个性化定制他们的互联网体验，使其更容易访问和利用各种在线资源，从而提高了信息获取和管理的效率。网络聚合型软件和工具在数字时代的信息浸润环境中发挥着重要作用，使用户能够更好地适应和利用互联网上的多样化信息和内容。

（三）利用社会性软件构建个人学习环境案例

构建个人学习环境是一个基于多种基本学习理念的过程，包括泛在学习、终身学习、个人知识管理和非正式学习等。这个过程遵循一般的非正式学习活动流程，包括信息获取、信息管理、知识反思与交流以及知识增值与共享。为了实现这一目标，我们将一系列社会性软件重新进行了维度划分，以确保不同层次的软件工具能够有机地结合，从而构建一个有序、高效的个人学习环境，使个体学习者能够更好地适应和应对不断涌现的学习需求和挑战。

1. 信息的获取

非正式学习的起始阶段涉及信息资源的获取，学习者可以借助多种社会性软件来实现这一目标。一些常用的工具包括搜索引擎、订阅工具、百度百科、维基百科、Google 学术搜索以及文献检索工具如 CNKI 等。研究生群体通常倾向于使用 Google Reader、鲜果等工具来订阅相关信息，同时利用 Google 学术和 CNKI 等检索工具来获取学科的动态和前沿信息。他们还通过访问网易开放课程、TED 演讲以及 AAA 网站等资源来聆听领域内专家的见解，从而获得最新的领域内信息和资料。这些社会性软件和工具为学习者提供了便捷的途径来获取各种领域的信息，有助于他们在学习过程中不断更新，能够深入了解所学领域。

2. 信息的管理

在当今信息爆炸的时代，个体获取的知识往往是零碎的片段，如何将这些碎片化的知识整合起来成为一种完整体系是一个重要的挑战。一些社会性软件如 Onenote、有道笔记、思维导图和 QQ 书签等逐渐受到学习者的关注和喜爱。通过这些工具，学习者能够将知识进行分类和整理，以便在后续的学习过程中更好地内化、反思和交流，从而实现将知识真正转化为实际应用的

目标。这些软件提供了有效的方式来管理和组织知识，有助于学习者更好地应对信息过载和知识碎片化的挑战。

3. 知识的反思与交流

反思和交流是非正式学习活动的关键环节，在网络时代，它们更加重要。只有通过反思、内化和交流，个体才能真正提高自己，充分发挥知识的价值。在这一环节，社会性软件扮演着重要的角色。从反思性工具和交流性工具两个方面来看，Blog是当下最流行的用于反思、总结和创作的工具，它允许个体记录自己的学习和思考过程，与他人分享自己的见解和观点。而QQ和人人网等社交媒体则是有效的用于交流和讨论的工具，学习者可以通过这些平台与他人进行互动，分享知识和经验。此外，还有一些其他工具如个人图书馆、网络电话、电子邮件、论坛以及Facebook，学习者可以根据自己的学习习惯和偏好选择适合自己的工具来完成学习活动。这些社会性软件为个体提供了丰富的方式来进行知识的反思和交流，有助于促进学习的深化和知识的共享。

4. 知识的增值与共享

人类的群体性特征使得我们的各种活动通常需要通过与他人互动或者通过物质形式来彰显自身的价值。学习活动也不例外。学习者通过前面的学习阶段最终的目标是增强自己的知识并与他人共享知识，这也是学习的乐趣所在。在这一时刻，学习者可以利用各种社会性软件如豆瓣书评、Blog、微博、轻博、QQ主页、优酷、土豆或奇艺视频网等来分享自己的学习成果和见解。与此同时，同行好友和社交网络上的联系也会提供及时的反馈、评价和建议。通过这种方式，学习者能够更有效地促进知识的应用和创造，从而构建了一个良好的“个人学习圈”，在这个圈子中，知识不仅仅是个体的积累，还可以通过分享和交流不断丰富和完善。这种互动和合作的学习环境有助于提高学习的效果和乐趣。

三、移动技术

（一）移动技术概述

移动技术是指一类用于无线通信、移动计算和移动设备的技术和应用。它包括了移动通信网络，如4G和5G，以及移动设备，如智能手机和平板电脑。移动技术的发展使人们能够随时随地访问信息、沟通、工作和娱乐，已经深刻地改变了我们的生活方式和工作方式，同时也推动了无数创新和应用的出现，如移动应用程序、移动支付和智能家居等。随着移动技术的不断进步，我们可以期待更多令人激动的发展和应用的涌现。

（二）移动学习定义及特点

1. 移动学习的定义

移动学习是一种基于移动技术的教育和学习方式，它允许学习者使用移动设备（如智能手机、平板电脑、笔记本电脑）来获取、交流和分享知识，而无需受限于特定的地点或时间。移动学习通过各种应用程序、在线课程、电子书籍、多媒体资源等方式，为学习者提供了灵活的学习环境，使他们可以根据自己的需求和时间安排自主学习。这种学习方式的特点包括便携性、个性化、实时性和互动性，它已经在教育、培训、职业发展和终身学习等领域得到广泛应用，为学习者提供了更多便捷、高效和多样化的学习机会。随着移动技术的不断发展和普及，移动学习将继续在教育领域发挥重要作用，推动学习方式的转变和教育的创新。

2. 移动学习的特点

移动学习有机地结合了移动互联技术，与传统学习方式相比，移动学习有它独特的优越性。

（1）便携性

移动学习的兴起，与传统学习工具书籍资料的不便携性形成鲜明对比。传统书籍和教材常常具有庞大的体积和沉重的重量，学习者需要携带大量纸质书籍，不方便在不同场所学习，而且会增加负担。然而，随着移动终端设备的不断发展，它们变得更加轻巧、便携，支持无线网络连接，具备高分辨率的显示屏和多功能性。这使得学习者可以轻松携带自己的移动设备，无需携带大量纸质书籍，随时随地进行学习，不再受限于特定的教室或学习场所。这种便捷性和灵活性是移动学习的一个显著优势，使学习变得更加自主和便利。

（2）即时性

传统课堂学习通常受限于固定的时间和地点，学习者需要按照预定的课程表和教室安排参加课堂教学。然而，这种学习方式无法满足学习者的灵活性和即时需求。移动学习的最大优势之一是它可以随时随地进行，不再受时间和地点的限制。学习者可以在移动中，如乘车、就餐、逛街等碎片化时间里进行学习，这种即时学习形式允许学习在学习者有学习需求时随时发生。这种非正式学习方式使学习更加灵活，能够更好地满足学习者的个性化需求。

（3）跨时空性

移动学习的灵活性让学习者能够在任何时间、任何地点都可以进行学习，而不再受到传统教育体系里固定的学习时间和地点的限制。同时，教师也可以利用移动技术进行直播教学或发布在线视频公开课，使知识传播不再受时空的限制。这一特点让学习和教学都变得更加自由和便捷，有助于提高学习的效率和质量。

（4）交互性

在交互新技术的条件下，学习过程获得了更大的优势。移动终端的即时通信工具使师生之间、学生之间以及学习者或教师与学习资源之间的交互变得非常便捷。这意味着学习者可以迅速提出问题并获得及时反馈，有助于加强学习效果。这种实时互动性能够促进更深入的学习和更有效的教学。

（5）自主性

现代教育观念强调个性化学习，鼓励学习者根据自身情况来决定学习进度、学习时间、学习地点，以及学习内容。移动学习体现了以学习者为中心的自主学习理念，它不依赖传统课堂的签到，也没有来自外部的威逼利诱。在移动学习中，学习者完全依赖自己的自觉性来打造个性化的学习路径，这个过程真正体现了个性化学习的理念。

（6）终身性

传统的教育体系通常包括了九年义务教育、高中教育、大学教育，以及在大学进行的深造教育，如硕士、博士研究生和博士后教育。在互联网应用尚未普及的时代，一旦离开大学，普通民众的终身学习通常只能通过书籍阅读和个人导师的指导来实现。然而，随着移动互联网时代的到来，教育资源变得极为丰富且容易获取，这促成了终身教育的蓬勃发展。以成人教育为例，成人教育的初衷是鼓励国民进行终身学习，它具有多样的特点，成人教育的学生来自社会各阶层，而现代的成人教育，如广播电视大学（现代远程开放教育）和远程教育（网络教育），主要依赖移动终端来实现。

（三）移动学习的应用模式

最直接的应用形式就是让学习者能够通过移动设备来实现数字化学习。其应用模式主要有以下六种。

1. 基于短信息的移动学习服务

基于短信息的移动学习是一种非常简单和迅速的移动学习方式。在这种学习方式中，学习者可以通过手机、PDA 等无线设备，将短信息发送到教学服务器，这个服务器位于互联网上。一旦教学服务器接收到学习者的短信息，它会进行分析并将其转化成数字请求，然后进行数据分析处理，最终将相关信息发送回给学习者。通过这个过程，学习者能够通过无线移动网络与互联网进行通信，完成各种教学活动。这种学习方式特别适用于通信数据量较小且教学内容以简单文字描述为主的情况。最常用的交互工具包括移动通信设备、电子邮件、在线论坛以及移动 QQ 等聊天工具。

2. “播客”（Podcasting）

Podcasting 是由苹果公司的 iPod 和“广播”（broadcast）两个词组合而成的，它是一种基于 RSS 技术的音频内容发布方式，通常包含预先录制的 MP3 音频文件。这些 MP3 文件可以通过相关的 RSS 订阅软件（例如 iPodder）进行定制订阅，并下载到电脑上播放，或者直接传输到便携式 MP3 播放器中供随时收听。同时，Podcasting 也为个人提供了制作和发布自己的广播节目的便捷方式，让用户能够随时随地获取所需信息。

在教育领域，一些教师利用音频软件将自己的教学内容录制成 MP3 文件，并发布在互联网上，供学习者下载到他们的电脑或 MP3 播放器中进行听课。这种方式扩展了传统教室教学的范围，学习者可以通过随时随地访问这些 MP3 文件来复习课程内容或补充课堂笔记。这对于提高教育资源的可访问性和学习的便捷性具有积极意义。

3. 课堂及时信息反馈系统

课堂及时信息反馈系统是一种基于移动设备和无线网络的交互式教育工具，旨在提供实时的课堂互动体验。在这个系统中，每位学习者都配备了一个遥控器，并与计算机通过接收器连接，使他们能够参与课堂测验、游戏竞赛等互动活动。学习者使用遥控器提供答案或反馈，系统将这些数据传送给教师，从而实现即时的教学信息反馈。

这种系统不仅有助于教师更好地了解学习者的理解程度和学习进展，还能够帮助教师进行即时的教学调整和补救。同时，通过收集学习者的反馈数据，系统还可以用于后续的知识结构分析和研究，有助于改善教学方法和课程设计。

课堂及时信息反馈系统可以应用于各种课堂活动，如形成性评价、演示文稿控制、抢答竞赛、投票表决、团队竞赛和意见调查等，以提高课堂互动和教学效果。这一系统的使用有助于创造更加积极和参与度高的学习环境。

4. 在线信息浏览

移动设备接收的信息通常以 WML 格式为基础，而在一般的 Web 服务器

上，网页文件以 HTML 格式存储。因此，为了通过移动设备在线浏览互联网信息，需要将 HTML 文件转换为 WML 文件，以适应移动设备的浏览需求。

在线信息浏览在移动学习中起着重要的作用，它促进了学习者与教师之间以及学习者之间的实时交互。在学习者与教师之间的交互中，教师可以为学习者提供针对移动学习特点的学习策略，帮助他们了解自己的学习风格，并找到适合其个人需求和发展的学习策略。此外，教师还需要提供咨询、支持和鼓励，以帮助学习者解决学习中遇到的问题。

学习者之间也可以建立学习小组，通过协作来实现共同的学习目标。在学习小组中，不同的成员可以担任不同的角色，相互合作，共同完成学习任务。这种协作方式有助于促进学习者之间的互动和知识共享，提高学习效果。移动学习为学习者和教师提供了更多交互和合作的机会，有助于个性化学习的实现。

5. 基于问题和基于资源的学习

基于问题的学习强调将学习置于具体问题情境中，通过学习者合作解决真实问题来获取知识和技能，培养解决问题和自主学习的能力。这种学习模式注重问题的探究和解决，强调学习者积极参与和主动探索。

基于资源的学习则侧重于学习者利用各种学习资源，包括书籍、文章、在线课程、网络资料等，以完成学习目标和自主学习的过程。这种学习方式强调学习者自主选择、组织和管理学习资源，倡导学习者主动探索和拓展知识领域。基于资源的学习注重个性化学习和自主知识获取。

6. 非正式学习

非正式学习是一种自主、隐性的学习过程，通常不受正式教育机构的控制和指导。它涵盖了从日常生活中的经验、社交互动、自发的研究和自主学习中获取的知识和技能。非正式学习强调了学习的普遍性，认为学习不仅发生在课堂上，还在日常活动和社交互动中。这种学习方式通常基于个人兴趣和需求，具有自主性和自发性，有助于个人的终身学习和个人发展。

（四）移动学习的未来趋势

综合世界范围内对移动学习的研究项目，可以发现以下几个方面的发展趋势。

1. 融合了网络技术，形成了一种无处不在的学习环境

融合了网络技术的学习环境已经成为一种无处不在的学习生态系统，它使学习者能够在任何时间、任何地点，通过互联网和移动设备获取知识、参

与学习活动，并与其他学习者和教育资源实时互动。这个学习环境推动了终身学习的理念，使个人的学习过程变得更加个性化、灵活和多样化，为知识的传播和共享提供了前所未有的机会，创造了无处不在的学习机会。

2. 移动交互技术的应用，使得移动学习的开展更加便利

移动交互技术的应用极大地提升了移动学习的便利性和效果。学习者可以随时随地使用移动设备获取学习资源、参与课堂互动、进行在线讨论和作业提交，无需受到时间和地点的限制。这种便利性促进了个性化学习、终身学习和即时学习的发展，同时也为教育领域带来了更多创新和可能性，推动了教育的现代化和普及。

3. 面向成人教育，使得终身教育观得到了进一步发展

面向成人教育的移动学习技术的兴起进一步推动了终身教育的发展。成人学习者可以随时随地利用移动设备获取所需的教育资源，无论是提升职业技能、追求个人兴趣还是持续学习新知识。这种灵活性和便利性使得终身学习观得以更广泛地实现，不再受限于传统教育模式和地点，进一步提高了成人教育的普及率和质量，促进了社会的知识更新和个人职业生涯的发展。

4. 不同教育观和学习观的引入，使得现代移动技术支持下的随时随地学习成为可能

在现代移动技术的支持下，不同教育观和学习观的引入使随时随地学习成为可能。传统的教育观念逐渐演化为更加个性化和灵活的学习观念，强调学习者在自己的节奏和方式下掌握知识和技能。这一变革使得移动学习能够满足不同学习者的需求，无论是传统课堂学习、基于问题的学习还是基于资源的学习，都可以随时随地进行，从而推动了教育的进步和学习的自主性。

5. 侧重于教与学的关系、学习方式、教学模式、课程资源开发与建设等方面的探索

在现代移动学习领域，我们看到了对教与学的关系、学习方式、教学模式以及课程资源开发与建设方面的深入探索。这些探索旨在重新定义教育和学习的动态，强调学习者的主动参与和个性化学习体验。教育者和学习者通过移动技术的支持，可以更灵活地互动、共享知识和资源，从而推动了教育领域的革新，提升了学习的质量。这种探索为未来的教育和学习提供了更多可能性，使教育更加适应现代社会的需求和学习者的特点。

6. 移动学习的应用模式呈现多样化的发展趋势

移动学习的应用模式呈现出多样化的发展趋势。从传统的课堂延伸到虚拟学习环境，包括在线课程、远程教育和混合式学习。同时，移动学习也进

一步拓展到了工作场所培训、自主学习、社交学习和个性化学习等领域。这种多样化的发展趋势使得学习者可以根据自己的需求和情境选择适合的移动学习方式，提高了学习的灵活性和适应性，为不同领域和群体提供了更多学习机会和可能性。

四、思维可视技术

在现实生活中，我们常常感受到图形和图像的强大表现力，有一句俗语说得好："一图胜千言"。不论是与文字结合还是独立存在，图形和图像都能够传达丰富的信息，远远超越了言语的表达能力。这一特性在教育领域也得到广泛应用，概念图和思维导图就是在教学中广受欢迎的工具之一。这些图形化的工具帮助教育者更好地传递知识、激发学生的思维，而且在国外，尤其是在欧美国家，它们已经成为常见的教学形式。通过概念图和思维导图，教育者能够更清晰地呈现复杂的概念和关系，帮助学生更好地理解和记忆知识，促进他们的思维发展和创造性思考。

（一）思维可视技术概述

1. 思维可视化

思维可视化是一种强大的工具，它利用图形和图像来呈现和组织思维过程，使抽象概念和复杂信息更加清晰和易于理解。这种方法的核心思想是通过可视化手段将思维模式可视化，从而帮助人们更好地分析问题、理解关系、制定计划和作出决策。

思维可视化工具的应用范围非常广泛，包括但不限于概念图、思维导图、流程图、组织图、时间线图等。这些工具允许人们创建图形化的表示，将信息以层次清晰的方式展示出来。思维可视化不仅在教育领域得到广泛应用，还在业务、科学研究、项目管理、创意思维等各个领域发挥作用。

在教育中，思维可视化有助于教育者更好地传达知识，激发学生的兴趣和参与度。学生可以使用这些工具来整理笔记、理清思路、创建学习计划，并将复杂的知识结构化，提高记忆和理解的效率。此外，思维可视化还培养了学生的思维能力和问题解决能力，鼓励他们进行创造性思考和创新。

总之，思维可视化是一种强大的工具，它不仅在教育中发挥重要作用，还在各个领域的信息处理和决策制定中具有广泛的应用前景。通过将思维可视化纳入日常学习和工作中，我们可以更加高效地处理信息、解决问题，提高工作和学习的质量和效率。

2. 概念图

（1）概念图的定义

概念图是一种图形化的表示方式，用于呈现和组织关于特定主题或概念的信息。它通常由中心主题或核心概念周围的相关子概念、关键词和连接线组成。概念图的目的是以清晰的视觉方式展示信息的层次结构和关系，帮助人们更好地理解、记忆和分析复杂的概念和信息。这种工具常被用于教育、知识管理、问题解决和创造性思维等领域，有助于促进思维的整理和沟通。

（2）概念图的特征

概念图具有以下特征。

① 层次结构：概念图通常以中心主题或核心概念为起点，周围围绕着相关的子概念或关键词。这些子概念可以进一步展开，形成多层次的结构，帮助人们更好地理解概念的层次和组织结构。

② 连接线：概念图中的概念之间通常通过连接线相互关联。这些连接线表示概念之间的关系，可以是有向的，表示因果关系，也可以是双向的，表示相关性或联系。

③ 视觉元素：概念图利用各种视觉元素，如颜色、形状、字体大小，来突出显示关键信息、强调重要概念或表示不同类型的关系。这些视觉元素有助于增强概念图的可视化效果。

④ 简洁性：概念图通常以简洁和清晰的方式呈现信息，避免过多的文字和复杂的图形。这有助于提高信息的可理解性和易记性。

⑤ 可扩展性：概念图是灵活的工具，可以根据需要不断扩展和修改。新的概念可以轻松地添加到图中，已有的概念也可以进行调整和重新排列。

⑥ 可视化思维：概念图鼓励可视化思维，帮助人们将抽象或复杂的概念具体化并更好地理解它们之间的关系。这种思维方式有助于促进创造性思维和问题解决能力。

⑦ 整理和总结：概念图可以用于整理和总结大量信息，使其更易于管理和理解。它们常用于学习、研究和知识管理领域，帮助人们组织和归纳复杂的知识。

总的来说，概念图是一种强大的工具，可以帮助人们更好地理清思路、组织信息和展示复杂概念。

（3）概念图的建构

概念图的建构通常包括以下步骤。

① 选择主题或核心概念：首先，确定要创建概念图的主题或核心概念。

可以是要研究、学习或展示的特定主题或概念。

② 确定子概念或关键词：考虑与主题相关的子概念或关键词。这些子概念是主题的组成部分，它们应该与主题有明确的关联。

③ 绘制中心节点：在纸上或概念图软件中绘制一个中心节点，并在节点上写下主题或核心概念的名称。这是概念图的起点。

④ 添加子节点：从中心节点开始，绘制连接线并添加子节点，每个子节点代表一个子概念或关键词。使用简洁的关键词或短语来标识每个子节点。

⑤ 建立关系：使用连接线将子节点与中心节点连接起来，并表示它们之间的关系。可以使用箭头、线条类型或颜色来表示不同类型的关系，如因果关系、相关性或分类关系。

⑥ 扩展概念图：继续添加子节点和连接线，以构建更多层次的子概念和更复杂的关系。可以不断扩展概念图，直到涵盖用户所需的所有信息。

⑦ 使用可视化元素：根据需要使用颜色、形状、字体大小等可视化元素来突出显示重要信息或强调关系。这可以使概念图更具吸引力和清晰度。

⑧ 优化布局：调整概念图的布局，使其更易于阅读和理解。可以重新排列节点的位置，确保连接线不会交叉或混乱。

⑨ 审查和完善：仔细审查概念图，确保信息准确、一致且清晰。根据需要进行修改和完善。

⑩ 分享或应用：完成后，可以分享概念图以进行演示、教学、学习或知识管理。还可以将其保存为图像文件或使用专业的概念图软件进行进一步编辑和共享。

概念图的建构是一个灵活的过程，根据用户的需求和目的可以进行适度的调整和定制。

（4）概念图的应用

概念图在教育和商业领域的广泛应用确实有助于头脑风暴和复杂概念的传达。以下是一些概念图在这些领域中的具体应用。

① 头脑风暴：概念图常被用作头脑风暴工具，特别是在团队会议或创意会议中。团队成员可以一起绘制概念图，将各种想法和关联性可视化呈现，以激发创意和找到解决方案。概念图的非线性结构有助于思维跳跃和联想，从而促进创新。

② 复杂概念传达：概念图可用于传达复杂的概念、流程和关系。在商业中，它们可以帮助员工理解组织的结构、业务流程和战略计划。在教育中，

教师可以使用概念图来向学生解释抽象或复杂的概念，使学习更具体和可视化。

③ 软件设计：在软件开发中，形式化的概念图常被用于设计和规划软件系统。Unified Modeling Language（UML）是一种常用的表记系统，用于绘制软件系统的概念图。这有助于开发团队理清系统结构和功能。

④ 本体建构：在人工智能和语义网研究中，概念图绘制被视为一种初步的本体建构工具。它可以用来定义和表达领域知识，以支持智能系统的理解和推理。概念图可作为本体的一部分，有助于形式化论证和知识表示。

总之，概念图是一种多功能工具，可以应用于不同领域，帮助人们处理复杂性、促进创意和传达信息。它们的灵活性和可视化特性使它们成为解决各种问题和挑战的有力工具。

（5）概念图软件

有许多可用于创建概念图的软件工具，以下是一些常用的概念图软件。

① MindMeister：MindMeister 是一款在线概念图工具，具有用户友好的界面和协作功能。它允许多个用户同时编辑概念图，并支持在多个平台上使用。

② Lucidchart：Lucidchart 是一款在线图表和概念图工具，适用于创建各种类型的图表，包括流程图、组织图和概念图。它还提供了与 Google Workspace 和 Microsoft Office 集成的选项。

③ XMind：XMind 是一款强大的概念图和思维导图工具，提供了丰富的功能和模板。它可用于个人和团队，支持导出为多种格式。

④ Coggle：Coggle 是一款简单易用的在线概念图工具，具有协作功能。它适用于快速创建概念图，并与他人共享和协作。

⑤ ConceptDraw DIAGRAM：ConceptDraw DIAGRAM 是一款专业的图表和概念图软件，适用于创建复杂的概念图和流程图。它提供了大量的模板和符号库。

⑥ FreeMind：FreeMind 是一款开源的思维导图工具，适用于个人和小团队。它简单轻巧，可用于创建基本的概念图。

⑦ Draw.io：Draw.io 是一款免费的在线图表和概念图工具，可以与各种云存储服务集成，并支持多种图表类型。

⑧ MindManager：MindManager 是一款专业的思维导图和概念图软件，具有强大的功能，适用于组织和项目管理。

这些软件工具提供了不同级别的功能和复杂性，可以根据用户的需求和技能水平选择适合的工具。无论是个人用户还是团队，都可以找到适合的概

念图软件。

3. 思维导图

（1）思维导图的定义

思维导图是一种可视化的工具，用于表示和组织想法、概念、信息和关系。它通常以中心主题或核心概念为起点，然后通过放射状的分支和子分支来展示与主题相关的思维和信息，形成一种树状结构的图表。思维导图的设计旨在帮助人们更清晰、更有序地理解、记忆和分享复杂的信息，以促进创意思考、问题解决和学习。这种工具被广泛用于教育、项目管理、创新、决策制定等领域。

（2）思维导图的特点

思维导图具有以下主要特点。

① 结构清晰：思维导图以中心主题为核心，通过分支和子分支的方式构建结构，使复杂信息变得有序、清晰可见。这种结构帮助人们更容易理解和记忆信息。

② 可视化表示：思维导图采用图形和符号来表示概念和关系，以视觉方式呈现信息，使信息更生动、易于理解，适用于视觉化思考。

③ 强调关键点：思维导图强调主要概念和关键信息，通过节点的大小、颜色或其他视觉元素来突出重要性，帮助用户集中注意力。

④ 灵活性：思维导图具有灵活性，可以根据需要随时添加、删除或修改节点，适应不同情境和目的，支持动态思考和创意发散。

⑤ 促进创意：思维导图鼓励创意思考和关联性思维，因为它们可以帮助人们识别不同想法之间的联系，激发新的观点和解决方案。

⑥ 整合多种信息源：思维导图可以整合文字、图像、链接、附件等多种信息源，使信息更加全面和多维，有助于跨学科的思考和学习。

⑦ 易于共享和传播：思维导图可以以电子或纸质形式轻松共享和传播，支持协作和团队工作，促进信息的传递和共享。

总之，思维导图是一种强大的工具，用于可视化和组织思维，帮助人们更有效地处理信息、解决问题和实现目标。

（3）思维导图的应用

思维导图具有广泛的应用领域。可以用于学习和教育，帮助学生整理和记忆知识，制定学习计划。在知识管理方面，思维导图有助于组织和管理信息，创建知识库。在创意和问题解决中，可以激发创意思维，帮助解决复杂问题。在项目管理中，思维导图用于规划项目、跟踪进展。在会议和演示中，可以组织会议议程，记录讨论，创建演示文稿。个人生活规划和目标设定也可以通过思维导图实现。研究人员使用思维导图组织研究信息和报告。最后，思维导图还可用于制定决策，整理信息以辅助决策制定。总之，思维导图是一种强大的工具，适用于各种领域，有助于提高组织能力、创造性思维和问题解决能力。

（4）思维导图软件

思维导图软件是专门设计用于创建、编辑和组织思维导图的工具。它们通常提供用户友好的界面，允许用户以树状或分支结构表示思维和概念之间的关系。这些软件通常包括各种功能，如添加文本、图像、链接、附件，以及自定义样式和布局。思维导图软件有助于用户可视化信息、构建概念图、制定计划、解决问题和进行创意思考。一些流行的思维导图软件包括 XMind、MindManager、FreeMind、Coggle 等，它们在教育、工作和个人生活中都有广泛的应用。

4. 思维导图与概念图的异同

思维导图和概念图都是可视化工具，用于组织和表示信息，但它们在用途和结构上有一些不同之处。

思维导图通常用于捕捉、组织和表示主题之间的层次性关系，通常以中心主题为起点，然后延伸出分支，每个分支代表一个相关的子主题或想法。思维导图的结构是树状的，以帮助用户可视化主题之间的层次关系，强调了中心思想与相关思想之间的连接。

概念图则更侧重于表示事物之间的关系和属性，通常使用圆圈或方框表示概念或事物，然后用线条连接它们，表示它们之间的关联。概念图的结构更加灵活，允许表示各种类型的关系，如包含、关联、属性。概念图可以用于建模复杂的系统、知识表示和数据库设计等领域。

总的来说，思维导图更注重层次和思想之间的层级结构，而概念图更注重概念之间的关系和属性。选择使用哪种类型的图取决于要表达的信息和所需的结构。

（二）概念图在教育教学中的应用

1. 概念图的教学意义

（1）优化知识的表征，促成思维可视化

优化知识的表征通过将信息以视觉化的方式呈现，有助于更清晰、更易于理解和记忆。这促进了思维可视化，允许人们将复杂的思维和概念以图形

方式表示，从而更好地理清思路、发现关联、创造新的见解和解决问题。思维可视化不仅提供了一种更直观的方式来探索和交流知识，还可以增强学习效果、提高创造力，并在各个领域中用于知识管理、项目规划、决策制定等方面。因此，优化知识的表征与思维可视化相互促进，共同推动了知识的更深入理解和应用。

（2）实现知识导学和课程导航

实现知识导学和课程导航意味着利用信息技术和教育工具来引导学习者在复杂的知识领域中找到适当的学习路径和资源，以帮助他们更有效地学习和达到学习目标。这可以包括个性化的学习建议、推荐相关学习资料、课程规划和进度跟踪等功能。通过知识导学和课程导航，学习者能够更系统地探索学习领域，减少迷失和信息过载的风险，提高学习效率和质量，从而更好地实现自己的学习目标。这是现代教育和学习管理中的重要方法，利用技术和工具为学生提供更智能化、个性化的学习支持。

（3）改善学生信息加工方式，提升思维能力

改善学生信息加工方式旨在帮助学生更有效地处理和理解大量的信息和知识。通过培养思维能力，学生能够更深入地思考问题、分析信息，提出有创意的解决方案，进而在学术和实际生活中取得更好的成绩。这种方法强调发展学生的批判性思维、创造性思维、问题解决能力和分析能力，使他们具备更强大的认知工具，可以更自信地面对复杂的挑战和问题。通过改善学生信息加工方式和提升思维能力，教育可以更好地满足现代社会对综合素质和创新能力的需求，培养出更具竞争力的学生。

（4）创设有意义的学习环境，实现师生会话和小组写作

创设有意义的学习环境是为了促进师生之间的互动和小组合作写作。这种环境可以包括教室内的实际课堂设置，以及在线学习平台上的虚拟学习空间。通过有效的师生对话，教师可以引导学生思考和提出问题，激发他们的兴趣和主动性。小组写作则鼓励学生在合作中分享观点、解决问题，并共同创造知识。这种学习环境有助于学生在交流和合作中建立深层次的理解和学习，培养他们的团队合作能力和沟通技巧，提高他们的学术成就和创造性思维。师生之间的积极互动和小组写作可以促进深层次的学习，帮助学生更好地理解和应用所学知识。

2. 概念图教学的教法步骤

（1）教学准备

教学准备是课程设计的关键部分，包括课前准备和课堂中的概念图任务

安排。概念图在整个课程框架内起到组织、准备和支持教学的重要作用。在教学准备阶段，教师需要考虑概念图在教学中的应用范围和适用对象，了解学生的概念图知识水平，并根据情况确定概念图的复杂程度。对于没有基础知识的学生，还需要进行概念图的基础培训，以确保他们能够有效地理解和使用概念图。这个过程有助于教师更好地利用概念图来支持课程教学，提高学生的学习效果。

（2）构思教学流程

教学的流程在概念图教学法中可以因教学内容和学生特点而有所不同，因为每个教师都有自己独特的教学风格。在构思教学流程时，教师需要考虑如何引入新课程，以激发学生的学习兴趣。在讲授新课程时，教师需要选择适当的教学方法和策略，组织分组学习，以及设计有效的学习评价方法。这些决策都应该基于教学内容的需求和学生的特点，以确保教学过程能够达到预期的教育目标，并满足学生的学习需求。不同的教师和不同的课程可能会采用不同的教学流程，以最好地支持学生的学习。

（3）构思并绘制概念图

构思并绘制概念图是一个重要的教学准备步骤。首先，教师需要明确教学内容和学习目标，然后思考如何将这些内容组织成一个有意义的概念图。教师可以从中心主题或核心概念开始，然后逐步添加相关的子概念和连接线，以建立一个完整的概念图。在构思过程中，教师还应考虑概念之间的层次关系和逻辑流程，以确保概念图能够清晰地传达知识结构。一旦构思完成，教师可以使用概念图软件或手绘工具将其绘制出来，以备课堂教学使用。这个过程有助于教师更好地理解教学内容，同时也为学生提供了一个有组织的学习工具。

（4）成果展示与评价

成果展示与评价是概念图教学法的重要环节。在教学结束后，教师可以要求学生展示他们根据概念图所学到的知识。这可以通过学生口头陈述、书面报告、小组讨论、演示或其他方式来实现。教师还可以使用各种评价工具和方法来评估学生的理解和应用能力，包括考试、作业、项目、课堂参与等。这个过程有助于教师了解学生的学习成果，同时也为学生提供了反馈和改进的机会。通过成果展示与评价，教师可以评估概念图教学法的效果，并根据学生的表现进行调整和改进。

（三）思维导图在教育教学中的应用

1. 思维导图的教学功能

思维导图在教学中具有多种功能。首先，它可以帮助学生组织和整理知识，将复杂的概念和信息以清晰的方式呈现出来，帮助他们更好地理解和记忆学习内容。其次，思维导图可以促进学生的创造性思维和问题解决能力，通过将不同的概念和观点联系起来，学生可以发现新的思考角度和解决问题的途径。此外，思维导图还可以用于课堂讨论和小组合作，帮助学生共同探讨和分享想法，促进互动和合作。最后，思维导图可以作为教师评估学生理解和分析能力的工具，通过分析学生的思维导图，教师可以了解他们的思考过程和知识结构，从而更好地指导教学和提供反馈。综上所述，思维导图在教学中有助于知识传递、思维发展、合作学习和评价等多个方面的功能。

2. 思维导图教学的教法步骤

思维导图教学通常包括以下教法步骤。

① 引入概念：教师首先介绍要学习的概念或主题，并激发学生的兴趣。可以通过提出一个引人入胜的问题、分享一个有趣的故事或展示相关的图像来实现。

② 构建核心思维导图：教师在黑板、白板、幻灯片或教学软件上创建一个核心思维导图，包括主要概念和它们之间的关系。这个思维导图将成为整个教学过程的框架。

③ 学生参与：学生被鼓励参与到思维导图的构建中。他们可以提出相关的概念、观点或问题，并与教师一起填充思维导图。

④ 教学互动：在思维导图的基础上，教师引导学生进行互动讨论。学生可以分享他们的见解，提出问题，并尝试建立更多的关联。

⑤ 扩展思维导图：教师和学生一起扩展思维导图，添加更多的细节和子概念。这有助于深入探讨主题，并帮助学生更好地理解复杂性。

⑥ 总结和回顾：教师和学生一起总结思维导图中的重要概念，并回顾他们的讨论和学习过程。

⑦ 应用和评估：学生被鼓励将所学的知识应用到实际情境中，解决问题或完成任务。教师可以根据学生的思维导图和应用成果进行评估和反馈。

⑧ 扩展学习：教师可以提供更多的资源和材料，以扩展学生的学习，鼓励他们继续探索主题。

⑨ 总结教训：最后，教师和学生一起总结教训，强调重要的学习点，并

为未来的学习做准备。

这些步骤可以根据教学内容和学生的需求进行调整和个性化，以最好地支持思维导图教学的效果。

五、虚拟现实技术

虚拟现实技术旨在创造一种以人为中心的交互环境，使人们能够沉浸在虚拟世界中，与计算机系统进行更自然、更直观的互动。这种技术的目标是让计算机适应人的需求和习惯，为用户提供更丰富、更具参与感的体验。通过虚拟现实，人们可以仿佛身临其境，与虚拟环境中的对象互动，这在教育、娱乐、医疗、工程等领域都有广泛的应用。虚拟现实技术的发展为人机交互领域带来了重大变革，使信息处理环境变得更加人性化和智能化。

（一）虚拟现实概述

1. 虚拟现实系统的概念

虚拟现实系统是一种计算机技术应用，旨在模拟现实世界或创建全新的虚拟环境，让用户能够沉浸其中，与虚拟环境中的对象进行互动。这种系统通常包括头戴式显示器、手柄、传感器和计算机程序，通过多种感知通道（视觉、听觉、触觉等）向用户提供身临其境的体验，使他们感觉好像置身于一个虚构的世界中。虚拟现实系统广泛应用于游戏、模拟训练、医疗治疗、教育和虚拟旅游等领域，已经成为计算机科学和人机交互领域的重要研究和应用方向。

2. 虚拟现实的特点

虚拟现实具有以下主要特点。

① 沉浸性体验：虚拟现实系统能够让用户完全沉浸于虚拟环境中，感觉好像置身于一个虚构的世界中，通过视觉、听觉、触觉等感知通道传递真实感。

② 互动性：虚拟现实允许用户与虚拟环境中的对象进行互动，可以操控虚拟物体、与虚拟角色交互，增强了用户的参与感和控制感。

③ 多感知通道：虚拟现实系统通过多种感知通道，如头戴式显示器、耳机、手柄，向用户提供视觉、听觉、触觉等多重感知体验，增强了虚拟体验的真实性。

④ 虚拟创造力：虚拟现实环境可以创造各种虚拟场景和对象，不受物理世界的限制，让用户体验到创造性和想象力的极大发挥。

⑤ 应用广泛性：虚拟现实技术已经应用于多个领域，包括游戏、模拟训练、医疗治疗、教育、建筑设计、虚拟旅游等，具有广泛的应用前景。

⑥ 认知训练：虚拟现实还可以用于认知训练，如模拟飞行训练、外科手术模拟等，帮助提高用户的技能和决策能力。

⑦ 科研和创新：虚拟现实是计算机科学和人机交互领域的重要研究方向，不断推动技术的创新和发展。

3. 虚拟现实系统的分类

虚拟现实系统可以根据其功能和应用领域的不同进行分类。以下是虚拟现实系统的主要分类。

① 头戴式虚拟现实系统：这类系统包括头戴式显示器、耳机和追踪设备，用户通过戴上头戴式设备完全沉浸于虚拟环境中，通常用于游戏、模拟训练和虚拟旅游等娱乐和教育领域。

② 增强现实系统：增强现实系统将虚拟元素叠加在现实世界中，通过手机、平板电脑或智能眼镜等设备来呈现虚拟信息。这种技术常用于应用程序、导航、教育和培训等领域。

③ 混合现实系统：混合现实系统结合了虚拟元素和现实世界元素，使虚拟和现实环境之间的互动更加紧密。这类系统通常用于工业领域，如维修、培训和设计。

④ 全息显示：这种系统使用投影和透明屏幕来创建三维全息图像，用户可以在现实世界中看到虚拟对象。全息显示技术通常用于医学、设计和科学领域。

⑤ 仿真系统：仿真系统用于模拟特定场景或过程，以进行培训、研究和测试。这些系统可以是虚拟现实、增强现实或混合现实的组合。

⑥ 虚拟现实游乐园：这些设施提供各种虚拟现实体验，如过山车模拟、射击游戏和探险活动，旨在娱乐和吸引游客。

⑦ 医疗虚拟现实：医疗领域使用虚拟现实来进行手术模拟、康复治疗和病人教育等应用。

⑧ 教育和培训虚拟现实：虚拟现实用于教育和培训领域，帮助学生和员工获得更具体的体验和技能培训。

这些是虚拟现实系统的主要分类，各种系统在不同的领域和应用中都发挥着重要作用。

（二）虚拟现实系统的教育应用

1. 虚拟现实系统的教学优势

（1）营造虚拟情境，突破课程内容的表现形式

虚拟现实技术能够营造逼真的虚拟情境，为学习者提供沉浸式的学习体

验。通过虚拟现实，学生可以亲身参与历史事件、科学实验、文化探索等，突破了传统课程内容的表现形式，使抽象概念变得具体可见，激发了学习的兴趣和深度理解。这种技术为教育带来了新的可能性，让学习变得更加生动和有趣，有助于提高学生的参与度和学习成效。

（2）提供教学示范，改进教学手段与方法

虚拟现实系统不仅可以提供教学示范，还能够改进教学手段与方法。教师可以利用虚拟现实技术创建各种教育场景，模拟实际情境，使学生能够亲身体验和探索。这种互动性的学习方式可以促使学生更深入地理解和记忆知识，提高了教学的效果。同时，虚拟现实还能够个性化地适应不同学生的需求，为每个学生提供定制化的学习体验，提高了教学的灵活性和个性化程度。

（3）优化教学环境，节约教学成本

虚拟现实系统的应用可以优化教学环境，同时节约教学成本。通过虚拟现实技术，教育机构可以建立虚拟教室和实验室，减少了对物理空间的需求，节省了教育设施和资源的投入。学生可以在虚拟环境中参与互动式学习，无需实际前往特定地点，从而节约了时间和交通成本。教育机构还可以利用虚拟现实来提供在线培训和远程教育，降低了教育的运营成本，使教育更加普及和可负担。这一技术还可以为学生提供更多的学习资源和机会，进一步优化了教学环境。

（4）规避风险

虚拟现实技术在教育中的一个重要应用领域是模拟危险实验或操作，以提供安全的学习环境。虚拟实验室和训练系统可以让学生在虚拟世界中模拟各种危险情境，如飞行、手术、火灾应对，而不必担心真实环境中可能的危险后果。这种方法使学生能够获得实际经验，提高技能，同时减少了风险和成本，是教育和培训领域的重要创新之一。

2. 虚拟现实技术在教育中的应用

虚拟现实系统的应用确实为教育和培训领域带来了革命性的变革。通过亲身体验和感受不同的环境和情境，学习者可以更深入地理解和掌握知识，这种沉浸式的学习方式更具有吸引力和说服力。虚拟现实技术不仅可以用于科技研究和虚拟仿真校园，还可以为虚拟教学、虚拟实验和教育娱乐等领域提供丰富的应用场景，为学习者提供更丰富多彩的学习体验。这一技术的广泛应用将有助于改善教育质量，拓宽教育的边界。

（1）科技研究

科技研究是指通过系统性的实验、观察和理论分析，旨在获取新的科学

知识、发展新的技术或解决特定问题的活动。这一领域涵盖了广泛的科学和工程领域，包括物理学、化学、生物学、工程学、计算机科学等。科技研究的目标是推动科学和技术的进步，促进社会和经济的发展，解决现实世界面临的挑战和问题。科技研究通常包括基础研究、应用研究和开发工作，以不断创新和改进现有的科学和技术知识，为人类社会的进步作出贡献。

（2）进行虚拟实验

① 虚拟实验的概念

虚拟实验是利用计算机技术和虚拟现实技术创建的仿真环境，用于模拟和模仿真实世界中的实验或操作过程。虚拟实验旨在提供一种安全、便捷、可控的方式，让用户能够进行实验、观察和学习，而无需实际物理设备或危险环境。这种技术广泛应用于教育、培训、科学研究和工程领域，为学生、研究人员和专业人士提供了进行实验和训练的有效工具，同时也有助于降低成本和风险。虚拟实验可以模拟各种学科和领域的实验，包括物理、化学、生物、工程、医学等。

② 虚拟实验的应用方式

虚拟实验可以通过多种应用方式来实现，以满足不同领域和需求的要求。以下是一些常见的虚拟实验应用方式。

教育和培训：虚拟实验用于学校、大学和培训机构，以帮助学生学习科学、工程和医学等领域的实验技能。学生可以在虚拟环境中进行实验，无需真正的实验室设备。这种方式有助于提高学习效率和安全性。

科学研究：科研人员可以使用虚拟实验来模拟和测试假设，进行实验设计和数据收集。这有助于加快研究进展，减少实验成本和时间。

工程设计：工程师可以使用虚拟实验来测试和验证设计方案，优化产品性能和可靠性。这有助于减少原型制作和测试的成本。

医学培训：虚拟实验在医学培训中被广泛应用，医学学生可以通过模拟手术和病例进行实践培训，提高临床技能和决策能力。

安全培训：虚拟实验可用于培训危险职业领域的工作人员，如火灾逃生、化学品处理和紧急情况处理。工作人员可以在虚拟环境中模拟各种紧急情况，提高应对能力。

娱乐和游戏：虚拟实验技术也被用于游戏和娱乐领域，以提供沉浸式的虚拟体验和互动性。

航空航天：虚拟实验在飞行模拟器和航天控制中扮演着关键角色，用于培训飞行员和航天员。

建筑和城市规划：建筑师和城市规划师可以使用虚拟实验来可视化项目设计，模拟交通流量和城市布局。

总的来说，虚拟实验的应用方式多种多样，可以根据具体的领域和需求进行定制和应用，为各种行业提供了更高效、更安全、更便捷的实验和培训方案。

（3）虚拟实训基地

虚拟实训基地是一种设施或环境，旨在通过虚拟现实技术和模拟系统提供实际场景的模拟体验和培训。这些基地通常包括计算机生成的虚拟环境、仿真设备、交互式工具和教育资源，以便学生、专业人员和培训者可以在安全和受控的环境中进行实际操作和培训。虚拟实训基地广泛用于医疗、军事、航空、工程、制造、紧急救援等各种领域，以提高技能水平、减少风险和提高效率。这些基地的目标是通过提供真实感的虚拟体验，帮助人们获得实际操作和决策的经验，以应对各种复杂的情况和挑战。

（4）虚拟仿真校园

虚拟仿真校园是一种基于虚拟现实技术和计算机模拟的教育工具，旨在模拟真实校园环境和教育场景。学生可以通过虚拟仿真校园在虚拟世界中参观校园、参加课程、与教师和同学互动，并进行各种学术和非学术活动。这种校园模拟环境可以提供互动性强、沉浸式的学习体验，帮助学生更好地理解和掌握知识，提高他们的学术成绩和技能。虚拟仿真校园还可以用于教育研究、教师培训和教育技术的发展，为教育领域带来了许多创新和机会。

第四章　智慧课堂的教学模式

第一节　智慧课堂教学模式的认识

大数据的兴起已经对各个领域产生了深远的影响，包括教育领域。在教育中，大数据分析可以用于跟踪学生的学术进展，提供个性化的学习建议，改善课程设计，优化学校管理，以及提高教育质量。通过分析大数据，教育机构可以更好地了解学生的需求和行为，从而更好地满足他们的学习需求，提高教育效果。这种教育理念已经在互联网+教育时代得到了广泛的应用，为教育领域带来了创新和进步。

一、智慧课堂的概念

智慧课堂是一种利用现代技术和教育方法，通过互联网、移动设备、大数据分析等工具，实现课堂教学的智能化和个性化的教育模式。它旨在提供更灵活、高效、互动性强的学习环境，充分利用先进技术来支持教师的教学活动，帮助学生更好地理解和掌握知识，促进教育的创新和教育质量的提高。智慧课堂强调教育的个性化、实时化和智能化，是教育领域的一项重要发展趋势。

二、智慧课堂的特征

智慧课堂的基本特征强调了教与学的双重重要性，为了实现更高质量的教育教学，教师需要关注资源推送、学情分析、辨析研讨、精准讲解、个性辅导和即时评价等环节，使教学内容更具针对性和生成性。同时，学生也需要积极参与自主学习、提出问题、展示成果、互动合作、反思交流和归纳总结等过程，以体验性和领悟性来推动学习。与传统信息化课堂相比，智慧课堂的教学手段和实践效果有了明显的改进。这些特点将有助于提高教育的质量，促进学生智慧的生成。

（一）教学决策数据化

教学决策数据化是将教育领域的教学过程和决策制定纳入大数据分析的范围，通过收集、存储和分析大量的教育数据，以提供更深入的洞察和信息，帮助学校和教育机构更好地制定决策和改进教学方法。这种数据化的教学决策有助于个性化教育、提高学生学习成绩、优化课程设计和资源分配，以及改善教育体系的效率和效果。同时，它也为教育决策者提供了更多的依据和工具，以更科学、有效地管理教育资源，提升教育质量。

（二）资源推送智能化

资源推送智能化是指利用人工智能和大数据分析技术来实现个性化、智能化的教育资源推送。通过收集和分析学生的学习数据、兴趣爱好、学科水平等信息，系统可以自动识别学生的需求和特点，然后根据这些信息智能地推送适合的教材、课程、练习题等学习资源，以满足每个学生的个性化学习需求。这种智能化的资源推送有助于提高学生的学习兴趣、学习效果和学习体验，同时也减轻了教师的工作负担，提高了教育资源的利用效率。

（三）评价反馈即时化

评价反馈即时化是指在教育领域，利用技术手段实现对学生学习过程和成果的即时评价和反馈。通过在线测验、作业提交、互动课堂工具等方式，教师和系统可以迅速收集学生的表现数据，然后提供实时的评价和反馈，帮助学生更好地理解自己的学习进展、发现问题并及时纠正。这种即时化的评价反馈有助于提高学生的学习效果和动力，同时也使教师能够更好地了解学生的需求，从而调整教学策略和内容，实现更个性化和有效的教育。

（四）合作学习网络化

合作学习网络化是指将合作学习的过程和活动移植到网络环境中进行，通过在线协作工具和平台，学生可以共同参与课程、讨论、任务和项目，而无需地理上的接触。这种方式使学生能够跨越时空限制，与来自不同地方的同学协同工作，共同解决问题、分享想法和合作完成任务。网络化的合作学习提供了更大的灵活性和多样性，有助于培养学生的团队合作和沟通能力，同时也促进了全球范围内的知识交流和合作。

三、智慧课堂的操作

智慧课堂的引入改变了传统课堂教学的格局，使教与学更加紧密结合，学习变得更加灵活和有趣。通过时空翻转和在线线下结合的方式，智慧课堂能够更好地满足学生的学习需求，促进知识的消化和内化。这种教学模式有助于学生全面发展，培养综合素质和关键能力。

（一）课前阶段——以学情分析为核心

在智慧课堂中的课前阶段，学情分析成为核心。通过利用大数据和信息技术，教师可以深入了解学生的学习情况、兴趣爱好、学科偏好等信息，从而有针对性地准备教学内容和教学策略。学情分析的结果可以帮助教师更好地个性化教育，满足不同学生的需求，提高教学的针对性和有效性。这一阶段的重要性在于为课堂教学提供了有力的数据支持，使教师能够更好地为学生提供个性化的学习体验。

（二）课内阶段——以互动实践为核心

在智慧课堂的课内阶段，以互动实践为核心。这一阶段的重点是通过各种互动方式，让学生积极参与课程内容的实践和讨论。教师可以借助技术工具创建丰富多样的互动环境，包括在线讨论、小组合作、虚拟实验等，以促进学生之间的互动和合作，提高他们的学习动力和参与度。互动实践不仅有助于学生更深入地理解知识，还能培养他们的问题解决能力、团队合作能力和创造性思维。同时，教师可以及时监测学生的学习进度和表现，根据需要进行调整和支持，实现更个性化的教育。这一阶段的核心目标是将学习从被动转变为主动，让学生成为知识的建构者和实际应用者。

（三）课后阶段——以针对性辅导为核心

在智慧课堂的课后阶段，以针对性辅导为核心。这一阶段的主要目标是为学生提供个性化的支持和指导，以巩固他们在课内学到的知识，并帮助他们解决可能出现的困难。通过分析学生的学习数据和表现，教师可以更好地了解每位学生的需求和弱点，然后有针对性地提供辅导和建议。包括个别辅导、在线答疑、额外的学习资源等。同时，学生也可以利用智慧课堂的平台进行自主学习，查阅相关资料，继续深入研究感兴趣的主题。

此外，课后阶段还可以用于评估学生的学习成果和反馈。教师可以通过在线测验、作业提交和评分系统来评估学生的表现，并向他们提供及时的反馈和建议。这有助于学生了解自己的学习情况，发现自己的不足之处，并有针对性地改进。总之，课后阶段是学生巩固知识、提高能力和自我发展的关键时期，智慧课堂为这一过程提供了更多的机会和资源。

四、智慧课堂情景分析

传统课堂与智慧课堂的不同在于：智慧课堂使得传统的课堂更加“智能”，也就是智慧课堂能够通过相关的设备智能的感知课堂、学生和环境等情景信息，并且能够通过对反馈回来的情景信息经过判断处理以后做出相应的“动作”，例如，对学生的各种提醒信息、学生在线提问、教师及时对学生的问题做出反馈和向学生推荐与其学习水平相当的参考资料等。这种智能化的特点使得教学过程更加高效、个性化、互动性更强，有助于提升学生的学习效果和教师的教学质量。同时，智慧课堂还能够积累大量的数据，用于学习分析和教育决策，从而进一步改进教育体系和提供更好的教育服务。这种智能化教育的发展是教育领域的一项重要趋势，给学生和教师带来了更多的机会和可能性。

这些情景信息在智慧课堂中可以通过各种传感器、网络连接设备和数据处理系统进行感知和处理，从而实现更加智能化的教学和学习环境。这种情景信息的收集和利用有助于提供更加个性化和有效的教育服务，满足不同学生的学习需求，并且帮助教师更好地理解学生的学术表现和行为特点，以便进行更有针对性的教学和反馈。因此，情景信息在教育领域中具有重要的作用，尤其在智慧课堂中可以得到更大的发挥。

（一）位置情景

在校内情景中，教室（课堂）内是学生正式上课的地方，通常是教育教学活动的核心场所。在教室内，学生和教师进行课堂教学和学习互动，这里的情景信息包括座位安排、黑板使用、教学工具和设备等方面的信息。

校外情景信息包括学生在学校范围之外的各种场所活动，如宿舍用于居住、操场用于体育锻炼、餐厅用于就餐、超市用于购物等。这些场所的情景信息可以影响学生的学习和生活，例如，宿舍的安静程度、操场的运动设施、餐厅的饮食选择等都可能对学生的学习和生活产生影响。

综合来看，课堂位置情景信息是教育环境中重要的一部分，它反映了学生和教师在不同场所进行教育教学活动的情况，对于理解学生的学习环境和

需求，以及为教师提供更好的教育支持都具有重要价值。在智慧课堂中，通过感知和分析课堂位置情景信息，可以更好地支持教育教学的个性化和智能化发展。

（二）时间情景

学年和学期部分描述了学生在整个学年和学期中的学习时间安排。学年通常指一年的学习周期，而学期则是学年中的学习期间，通常分为秋季学期和春季学期。这部分信息反映了学生在不同学期内的学习进程和学期之间的转换。

日部分将一天的时间分为上课日和休息日两部分。上课日表示学生在正常上课的日子，休息日表示学生在不需要上课的日子。这个区分反映了学生的学习和休息周期。

周部分将一周的时间分为周一到周五，反映了学生每周不同天的学习安排。每一天又可以细分为上课时间和课间休息时间，这些信息可以帮助了解学生一周内的学习节奏和休息时间分配。

段部分将一天的时间分为白天和晚上，反映了学生一天内的学习和休息时段。这个区分有助于了解学生一天内不同时间段的学习活动。

总之，课堂时间情景信息的分析有助于了解学生的学习时间安排和活动规律，为教育教学的个性化和智能化提供重要依据。在智慧课堂中，可以根据不同时间情景提供个性化的教育支持和资源推送，以更好地满足学生的学习需求。

（三）用户情景

用户情景信息的综合描述可以帮助智慧课堂更好地理解用户的背景和行为，从而提供个性化的教育支持和资源推送，满足不同用户的学习需求。这种个性化的教育方式有助于提高教学效果和学生满意度，是智慧课堂发展的重要方向之一。

（四）设备情景

设备情景信息提供了关于学习者在学习过程中使用的设备及其状态的重要数据，有助于智慧课堂的个性化支持和资源分配。通过了解学习者的设备情景，教育者可以更好地满足学习者的需求，提高教学效果。

第二节　智慧课堂教学模式建构

一、模式及教学模式概念界定及基础理论

教学模式是教学流程中多种方法或策略的稳固结合与实践，它属于教学方式和教学策略的范畴，但与教学方法或策略不同。通常，教学方法或策略是指在教学过程中采用的单一的方法或策略，而教学模式则代表了一种更综合的教学安排和组织，包括多种方法和策略的协同运用，以实现特定的教育目标和教学效果。教学模式的设计通常考虑到课程结构、学习者的需求、教学资源以及教育目标，以便有效地引导学习过程，提高教育质量。因此，教学模式可以被看作是一种更全面的教育设计，而教学方法和策略是其中的组成部分。

二、智慧课堂教学模式的建构

智慧课堂教学模式的建构是一个综合性的过程，涵盖了教学内容的组织、学习资源的管理、互动与合作机会的创设，以及学生和教师在教学过程中的角色分配等多个方面。以下是智慧课堂教学模式的建构要点。

① 教学内容组织：智慧课堂教学模式需要考虑如何有效组织教学内容，包括制定课程大纲、教学目标和教学计划。这需要根据学科特点和学生需求来确定内容的顺序和深度，以确保课程的连贯性和逻辑性。

② 学习资源管理：智慧课堂需要整合各种学习资源，包括教材、多媒体资料、在线课程等。教师需要选择和管理这些资源，以支持学生的学习活动，确保资源的可访问性和合法性。

③ 学生互动与合作：智慧课堂教学模式鼓励学生之间的互动和合作。可以通过在线讨论、小组项目、协作工具等方式实现。教师需要设计任务和活动，以促进学生之间的合作和信息交流。

④ 角色分配：在智慧课堂中，教师和学生的角色可能会有所改变。教师通常充当导师和指导者的角色，引导学生进行自主学习。学生则需要更加主动参与学习，承担更多的责任。

⑤ 技术支持：智慧课堂教学模式需要适当的技术支持，包括教育技术工具和平台。教师和学生需要熟练使用这些工具，以实现教学和学习的目标。

⑥ 评估和反馈：智慧课堂教学模式也需要考虑如何评估学生的学习成果和提供及时反馈。包括在线测验、作业提交、教师评价等方式。

综合考虑以上因素，智慧课堂教学模式的建构旨在创造一个有机的学习环境，使学生能够更有效地获取知识、发展技能和培养自主学习的能力。同时，教师在这一过程中扮演着重要的指导和支持角色，以确保学生的学习达到预期的教育目标。

三、互动式智慧课堂和探究式智慧课堂

互动式智慧课堂和探究式智慧课堂都是以教育技术和创新教学方法为基础的教学模式，旨在提高学生的参与度和学习效果。以下是对这两种模式的详细描述。

（一）互动式智慧课堂

互动式智慧课堂强调学生和教师之间的实时互动和反馈。在这种模式下，教室通常配备了互动白板、投影仪、学生响应系统等技术工具，使教师能够与学生进行即时互动。

① 教师可以在课堂上展示多媒体教材、实时在线资源，并与学生分享相关信息。

② 学生可以使用移动设备或响应系统回答教师的问题，参与课堂讨论和投票表决。

③ 教师能够实时监测学生的学习进展，根据反馈进行教学调整，提供个性化的指导。

④ 互动式智慧课堂强调教师和学生之间的互动和协作，促进了知识的共建和交流。

（二）探究式智慧课堂

探究式智慧课堂强调学生的主动学习和问题解决能力的培养。在这种模式下，学生通常会面临开放性问题和挑战，需要通过自主探究和合作解决问题。关键特点包括：

① 学生被鼓励提出问题、制定探究计划、搜集信息、实验和验证假设，以达到对知识的深刻理解。

② 教师充当指导者和资源提供者的角色，鼓励学生思考、质疑和探索。

③ 学生通常需要使用互联网和数字资源进行研究，因此需要数字素养和信息检索技能。

④ 探究式智慧课堂强调学生的自主学习和批判性思维，培养了解决问题

和创新的能力。

综合来看，互动式智慧课堂侧重于实时互动和教师引导，而探究式智慧课堂侧重于学生自主探究和问题解决。这两种模式可以根据课程内容和学生需求相互结合，以提供更富有深度和多样性的教学体验，促进学生全面发展。

四、基于建构主义的智慧课堂教学模式

从技术辅助教学的传统课堂教学模式，到技术改变教学流程的信息化课堂教学，再到技术与教学融合创新的智慧课堂教学，都实现了课堂教学理念、学习内容、学习方式、教学结构、师生关系等方面的全面变革。这个新的教育模式有望提高学生的兴趣和参与度，提高教学效果，增加学习的效率，从而更好地满足当今社会对于教育的需求。

（一）“班级授课制”课堂模式亟须革新

随着信息技术的发展和教育理念的演进，学生对于教育和学习方式的期望也在改变。传统课堂可能难以满足学生的个性化需求和兴趣，课堂内的互动和参与度可能有限。因此，对于提高教育质量和吸引学生，有必要进行教育模式的更新和改革，以更好地适应新时代的教育要求。

1. 基于经验的学情分析与教学预设

基于经验的学情分析与教学预设是一种教育方法，通过教师的经验和观察来深入了解学生的学习情况和需求，从而为教学提前制定合适的教学计划和策略。这种方法帮助教师更好地适应学生的特点，提供个性化的教育，以促进他们的学习成就和兴趣发展。通过分析学情，教师可以有针对性地调整课程内容、教学方法和资源，以满足学生的需求，提高教学效果。

2. 整齐划一的学习计划与学习进程

整齐划一的学习计划与学习进程是为了提高学习效率和组织性而制定的系统性安排。它们帮助学生规划学习目标、时间表和资源分配，确保学习过程有序进行。通过明确的计划和进程，学生能够更好地管理时间、避免拖延，增强学习动力，提高学术成绩，同时也培养了时间管理和自我纪律等重要技能，为未来的成功打下了坚实基础。

3. 形式化、简单化的提问与交流

形式化、简单化的提问与交流是一种有效的沟通方式，通过明确、简洁的问题和回答，减少了误解和混淆的可能性。这种方法有助于快速获取所需信息，促进清晰的思维和有效的交流，尤其在专业领域或紧迫情况下，能够

高效地传达信息和解决问题，提高工作效率和沟通效果。

4. 缺乏课内外的协作与同伴互助

缺乏课内外的协作与同伴互助可能导致学习环境的局限性，限制了学生的全面发展。协作和同伴互助不仅有助于知识的共享和深化，还培养了团队合作、沟通和问题解决等重要技能。在现代教育中，强调学生之间的互动和合作，有助于提高学习的质量和深度，帮助学生更好地准备面对复杂多变的社会和职业挑战。因此，促进课内外的协作与同伴互助应被视为教育的重要组成部分。

5. 粗略滞后的学习评价及反馈

粗略滞后的学习评价及反馈可能导致学生在学习过程中失去方向感和动力，降低了他们的学习效果和自我改进的机会。及时、精确的评价和反馈对于学生的学习非常关键，它们可以帮助学生了解自己的强项和改进点，指导他们更有针对性地调整学习策略和目标。如果评价和反馈滞后或不充分，学生可能会失去对学习的兴趣，丧失自我调整的机会，影响学术成绩和学习动力。因此，及时且质量高的学习评价和反馈机制是教育体系中不可或缺的一部分，有助于学生的全面发展和成功。

（二）以学生为中心的“建构主义”模型与启示

传统课堂教学的不足已经引起了教育理论界的广泛关注，这促使了一些新的学习技术和理论的涌现，其中最显著的是建构主义理论。建构主义是一种适应互联网时代技术变革的新型教育理论，它引入了全新的理念和模式，为网络环境下的教学和学习提供了科学依据。

建构主义的核心观念认为学习是通过在特定情境中、借助他人的帮助，尤其是通过人际间的协作活动，来构建知识和意义的过程。因此，建构主义倡导将学生置于学习的中心地位，赋予他们自主学习的权力，注重构建理想的学习环境，强调协作和互动的学习方式。

建构主义学习模型为适应“互联网+”时代，解决传统的“班级授课制”教学所面临的挑战提供了重要的理论支持。它鼓励创造性思维、自主学习和协作，为构建新的课堂教学模式提供了有益的参考和指导。这一理论的出现为教育领域带来了深刻的变革，推动着教育与技术的融合，促使学生更积极地参与学习过程，提高了教育的效果与质量。

1. 学习是学习者主动建构知识意义的过程

学习是一种学习者主动建构知识和意义的过程。这意味着学习者在学习过程中不仅是被动接受外部信息，而是积极地参与和互动，将新的信息与已有知识相结合，从而创造出个人的理解和意义。这个过程是独特的，因为每个学习者都有不同的经验、背景和思考方式，因此他们对知识的建构也是个性化的。学习者通过探索、实验、反思和交流，不断地建构、重构和扩展他们的知识体系，从而实现深刻的学习和理解。这个主动的知识建构过程是学习的核心，也是促进学习者全面发展和成长的关键因素。

2. 教师是学生意义建构的帮助者、促进者

教师是学生意义建构的重要帮助者和促进者。他们不仅是知识的传授者，更是引导学生思考、探索和理解的引导者。教师通过提供启发性的问题、鼓励积极的讨论和互动，以及提供反馈和支持，帮助学生更好地建构知识和意义。他们在课堂上创造积极的学习环境，鼓励学生主动参与学习过程，激发他们的好奇心和创造力。教师还能够个性化地了解学生的需求，根据不同的学习风格和能力水平提供适当的指导和资源。总之，教师的角色是为学生提供支持和指导，帮助他们更深入、更有意义地建构知识和理解，促进他们的学习和成长。

3. “情景创设”“协商会话”“信息提供”是促进意义建构的关键要素

“情景创设”“协商会话”和“信息提供”是促进意义建构的关键要素。情景创设提供了学习的背景和上下文，帮助学生将新知识与实际情境相关联，从而更容易理解和应用所学内容。协商会话鼓励学生参与有意义的对话和讨论，通过与他人分享和交流观点，促进思维的碰撞和深化。信息提供则确保学生获得准确、有用的信息，以支持他们在学习过程中构建知识和意义。这三个要素共同作用，使学习变得更加有趣、有深度，并激发学生的主动参与和思考，从而促进了意义建构的过程和结果。

4. 信息技术有助于创设理想的学习环境

信息技术在教育领域发挥了关键作用，有助于创设理想的学习环境。通过现代信息技术，学生可以获得更广泛和多样化的学习资源，从在线课程、数字图书馆到多媒体教材，都为他们提供了丰富的学习工具。同时，信息技术也能够实现个性化教育，根据学生的需求和进度调整教学内容和方式，为每个学生提供量身定制的学习体验。在线协作工具和虚拟学习平台促进了学生之间的互动和合作，使他们能够共同构建知识，分享见解，增强学习的深度和广度。总之，信息技术为创设理想的学习环境提供了丰富的资源和工具，促进了教育的个性化、互动性和创新性，有助于提高学习效果和质量。

（三）构建面向未来的智慧课堂模式

智慧课堂的核心思想是将信息技术与教学融合，创造出高度互动、个性化和多样化的学习环境。在智慧课堂中，学生可以通过数字工具获取丰富的学习资源，进行自主探究和合作学习，实现知识的建构和意义的共建。教师不再仅仅是知识的传授者，更是学习的引导者和支持者，通过信息技术实现个性化指导和反馈。智慧课堂不仅提升了学生的参与度和学习效果，还培养了数字素养和创新能力，为教育的未来奠定了坚实的基础。这个新型课堂模式有望推动教育领域的深刻变革，使学习更具吸引力和实用性，以满足现代社会对于教育的不断演进的需求。

1. 智慧课堂的定义

智慧课堂是一种教育创新模式，借助先进的信息技术，旨在为学生提供更富有互动性、个性化和多样性的学习体验。在智慧课堂中，教育者利用数字工具、在线资源以及互联网连接的设备，创造了一个教与学相互交流和合作的虚拟学习环境。这种环境有助于学生更深入地参与学习，自主探索知识，共同构建理解和意义。

智慧课堂的特点包括高度互动性，学生可以通过在线协作工具、虚拟实验室等方式积极参与课堂活动。个性化学习是另一个关键元素，教育者能够根据每位学生的需求和学习进度提供定制化的教学内容和支持，以最大程度地促进他们的学习。此外，智慧课堂强调数据分析和实时反馈，教育者可以跟踪学生的进展，及时了解他们的学习状况，并根据这些数据做出调整，以提高教育质量。

总之，智慧课堂是教育领域的创新，通过整合信息技术和教育理念，旨在提供更有效、更灵活、更吸引人的学习体验，以满足不断演进的学生需求和现代教育的要求。

2. 智慧课堂教学的主要特征

智慧课堂作为“互联网+”时代利用新一代信息技术构建的新型课堂，具有鲜明的技术特色，主要包括以下六个方面。

（1）数据化教学决策

现代学校教育在教学过程中积累了丰富多样的数据信息，涵盖了教学、学习、实践和管理等各个领域的状态情况。学习状态数据包括学生的特征、基础知识水平、学习态度和需求、学习行为以及学习成果等方面的信息。智慧课堂依托大数据和学习分析技术，实时收集并深度挖掘学生学习的全过程数据，从而实现了教学决策的转变，不再仅依赖于教师的个人经验，而是借助教学过程中的数据信息来指导教育。

这种基于数据的教育使得教学变得更具针对性和个性化，教师可以更好地了解学生的学习需求和进展，提供有针对性的指导和反馈。同时，学生也能够更好地自主管理学习，根据数据信息做出适应性的调整，提高学习效果。智慧课堂的数据驱动教育方式有望提高教育的质量和效率，更好地满足现代学习者的需求，推动教育领域的创新和进步。

（2）即时化评价反馈

在智慧课堂教学中，信息化平台的应用使得伴随式学习评价成为可能。这意味着借助多元教学评价系统，课堂教学的全过程可以进行学习诊断与评价。在课前，学生可以参与预习试题的测评与反馈，帮助他们在课堂前做好准备。在课堂内，实时的学习效果检测和即时的评价反馈使教师能够迅速了解学生的理解程度，以便根据需要进行教学调整。而在课后，基于平台的作业评判和情况反馈为学生提供了进一步的学习诊断和评价反馈，帮助他们更好地理解知识，强化概念，提高学习成绩。这种即时化的学习诊断与评价反馈不仅有助于提高教育的质量，还提供了学生个性化的学习支持，促进了教学的创新和效率。

（3）立体化交流互动

无论是在课堂内的即时师生互动，还是在课外通过云端平台进行的沟通交流，都使得教师和学生可以在任何时间和地点进行信息互动。这不仅提供了更多的学习机会和灵活性，还增强了师生之间以及学生之间的互动和合作，促进了教学和学习的全面发展。这种无缝的沟通方式为教育领域带来了革命性的变化，推动了教育的数字化和个性化发展。

（4）智能化资源推送

智能化资源推送是一种利用智能技术，根据个体学习者的需求、兴趣和学习情况，自动化地提供个性化学习资源的方法。这意味着系统会分析学习者的特征和行为，以及其所在的学习情境，然后智能地推荐适合他们的学习材料、课程或活动。这种个性化的资源推送有助于提高学习效率和兴趣，使学习更具吸引力和有效性，同时也减轻了学习者在资源选择上的负担，促进了自主学习和个性化发展。

（5）可视化教学呈现

可视化教学呈现是一种将信息和概念以视觉化的方式呈现给学生的教育方法。通过图表、图像、动画、视频等可视化工具，教育者可以更生动、直

观地展示抽象概念和复杂信息，帮助学生更容易理解和记忆。这种教学方法不仅提高了学习的吸引力和互动性，还有助于提高学习效果，促进思维的深入和批判性思考。可视化教学呈现也有助于满足不同学习风格和能力水平的学生的需求，使教育更加包容和个性化。

（6）数字化实验展示

数字化实验展示是一种借助数字技术和模拟工具，以虚拟方式呈现科学实验和探索的方法。通过数字化实验展示，学生可以在虚拟环境中进行实验，观察和探究科学现象，而无需真正的实验设备和材料。这种方法不仅提供了安全和可控的实验体验，还允许学生反复尝试和调整，以更好地理解科学原理和概念。数字化实验展示也有助于弥补实验设备和资源不足的问题，为学生提供了更广泛的实验体验，促进了科学教育的创新和提高。

3. 智慧课堂教学模式的核心内涵

智慧课堂教学是基于建构主义学习理论的顶层设计，运用互联网+思维方式和新一代信息技术，以技术与学科教学深度融合为基础，旨在创新和重构传统课堂教学模式的教育方法。这种新型信息化教学模式实现了云端构建，使教育资源变得更加普遍和可访问；采用了先学后教的方式，鼓励学生自主学习和知识建构；以学生的需求为导向，个性化教育成为可能；通过智慧技术的应用，实现了教育的智慧发展。智慧课堂教学旨在提供更具互动性、个性化和多样性的学习体验，以满足现代学习者的需求，并推动教育领域的创新和进步。这一模式的基本内涵如下所述。

（1）云端构建

这个平台为教育提供了教师端和学生端的移动学习工具，旨在创造富有智慧的学习环境和手段。通过这一平台，教师和学生可以轻松地访问教育资源、在线课程、多媒体材料等。平台不仅支持协作和交流，还促进了意义建构，使学习过程更具互动性和个性化。同时，基于大数据和人工智能技术的分析，平台还能提供学习者个性化的建议和反馈，以提高学习效果和参与度。这种智慧学习云平台为教育领域带来了前所未有的便利性和创新性，推动了教育的数字化和个性化发展。

（2）先学后教

通过提前学习和探究，学生可以更好地理解和吸收课程内容，增加了课堂上的互动和深度讨论。这也有助于减轻教师在传授基本概念方面的负担，使他们能够更专注于引导学生思考、探究和意义建构的过程。总之，这一基于建构主义理论的教育方法旨在提高学习的深度和质量，培养学生的独立思考和问题解决能力，推动了教育的创新和进步。

（3）以学定教

这种精准的学生学情分析不仅有助于提前发现学习难点和问题，还为教育者提供了优化教学预设和实施策略的依据。教育者可以根据学生的实际情况进行个性化指导，提供有针对性的支持和反馈，以满足不同学生的需求。这种“以学定教”的教育方法有望提高教学的针对性和效果，使学习更具个性化和有效性，促进了教育的质量和创新。

（4）智慧发展

这种方法也有助于教育者，帮助他们实现专业化的发展。教育者可以更好地了解学生的需求，更精确地指导和支持他们的学习。通过数据驱动的教育方法，教育者可以更科学地制定教学策略，以提高教育质量。

这种智慧教育的方法有望实现学校智慧教育的健康发展，促进教育领域的创新和进步，为学生和教育者提供更好的学习和教育体验。

4. 智慧课堂教学的实践应用

（1）重构学习环境

重构学习环境是指通过创新教育方法、引入新技术和教育理念，重新塑造学习场所和学习方式，以提供更富有活力、个性化和互动性的学习体验。这包括设计新型课堂空间，采用多样化的教育资源和工具，以及推动学生更多地参与和合作。重构学习环境旨在适应现代学习者的需求，促进教育的创新和提高，以满足不断发展的教育挑战和机遇。

（2）重构教学模式

重构教学模式是指对传统的教育方法和教学方式进行革新和改进，以适应现代学习者的需求和社会的发展。这种改革包括引入新的教育技术、教学策略和教育理念，以提供更具互动性、个性化和有效性的教育体验。重构教学模式旨在培养学生的批判性思维、创造性问题解决能力和自主学习能力，推动教育领域的创新和进步，以更好地满足现代社会的需求。

（3）重构学习方式

重构学习方式是指重新设计和改进学习的方法和途径，以适应现代学习者的需求和教育的发展趋势。包括采用多样化的学习资源和工具，倡导个性化学习路径，鼓励自主学习和合作学习，以提供更灵活、互动和有意义的学习体验。重构学习方式旨在培养学生的自主性、批判性思维和问题解决能力，以适应快速变化的知识社会和数字化时代的学习需求。

（4）重构教学评价

重构教学评价是指重新思考和改进教育中的评估方法，以更准确、全面和有意义地衡量学生的学习成果和教学效果。这种改革包括采用多样化的评价工具，例如项目作业、口头报告、实际应用和自我评估，以便更全面地了解学生的知识、技术和能力。重构教学评价旨在促进学生的深度学习、批判性思考和自主学习，鼓励教育者更好地适应不同学习风格和能力水平的学生，提高教育的质量和可持续性。

（5）重构教学管理

重构教学管理是指重新审视和改进教育机构和教育项目的管理方法和策略，以适应现代教育的发展趋势和需求。这种改革包括采用数据驱动的决策方法，引入新的管理工具和技术，提高教育资源的有效利用，以及促进教育机构的创新和发展。重构教学管理旨在提高教育的效率、质量和可持续性，以满足学生、教育者和社会的不断变化的期望和要求。

第三节　智慧课堂教学模式优势

一、智慧教育规范

（一）教育目的

教育的目的是培养和发展个体的知识、技能、品德和价值观，以帮助他们在社会中积极参与、实现个人潜力，并为社会的持续进步和发展作出贡献。教育的主要目标如下。

① 知识传递：教育通过传授各种学科的知识和概念，帮助学生获得广泛的知识基础，从而更好地理解世界、历史、文化和科学。

② 技能培养：教育旨在培养学生的技术和能力，包括分析、批判性思维、问题解决、沟通、合作和创新等，以应对不断变化的社会和职业需求。

③ 德育培养：教育不仅传授知识和技能，还注重培养学生的道德和品德，教导他们如何作出正义、诚实、尊重和负责任的决策。

④ 个性发展：教育的目的也包括帮助每个学生实现其个人潜力，培养他们的兴趣、热情和自信心，以追求自己的梦想和目标。

⑤ 社会参与和贡献：教育旨在培养公民意识和社会责任感，鼓励学生积极参与社会活动，为社会的改善和公共利益贡献力量。

总的来说，教育的目的是培养全面发展的个体，使他们具备终身学习的能力，适应不断变化的世界，并为社会的繁荣和进步作出积极贡献。这种目的超越了知识传授，涵盖了整个个体的成长和社会的发展。

（二）智慧教育的教学目标

智慧教育的教学目标是建立一个全面发展的学习环境，通过综合利用现代信息技术和教育理论，以满足不断演进的学生需求和教育挑战。这些目标如下。

① 个性化学习：智慧教育旨在提供个性化的学习体验，根据学生的兴趣、学习风格和能力水平来定制教育内容和路径，以更好地满足每个学生的学习需求。

② 提高教育质量：通过数据分析和反馈，智慧教育可以帮助教育者更好地了解学生的进展和困难，从而优化教学策略，提高教育的效果和质量。

③ 促进创新和批判性思维：智慧教育鼓励学生参与实际问题解决和创新活动，培养他们的批判性思维、创造力和解决问题的能力。

④ 数字素养：智慧教育致力于培养学生的数字素养，使他们能够熟练使用现代技术工具，处理信息和数据，以及在数字时代中安全和负责任地参与。

⑤ 社交和合作技能：智慧教育通过在线合作和交流机会，培养学生的社交和合作技能，使他们能够有效地与他人协作和沟通。

⑥ 适应性学习：智慧教育强调终身学习的重要性，培养学生的自主学习和适应性学习能力，使他们能够不断适应新知识和技能的变化。

总的来说，智慧教育的教学目标是通过技术和教育的深度融合，为学生提供更具个性化、互动性和质量的学习经验，以培养全面发展的学生，使他们能够成功应对未来的挑战和机遇。这种教育方法旨在为学生提供更灵活、创新和有意义的学习机会，以满足不断变化的社会和职业需求。

（三）智慧教育的课堂

智慧教育的课堂是一个充满创新和技术支持的学习环境，旨在提供更富有活力和效能的教育体验。在智慧教育的课堂中，有以下关键特点。

① 个性化学习路径：课堂采用个性化学习路径，根据学生的需求和学情，提供定制化的学习内容和进度，以确保每位学生都能够在自己的节奏下学习。

② 数字化资源和工具：智慧教育课堂充分利用数字化资源和工具，包括电子教材、在线学习平台、多媒体内容等，以增强教学效果和互动性。

③ 数据驱动教学：通过数据分析和学生学情的跟踪，教育者可以更好地了解学生的学习进展和需求，从而调整教学策略，提供更精确的指导和支持。

④ 互动和合作：课堂鼓励学生之间的互动和合作，通过在线协作工具和虚拟团队项目，培养学生的社交和合作技能。

⑤ 主动学习：学生被激发成为主动的学习者，通过参与实际问题解决、自主研究和创新活动，培养批判性思维和问题解决能力。

⑥ 教育者的角色：教育者在智慧教育课堂中更多地充当引导者和支持者的角色，鼓励学生的自主学习和思考，而不仅是知识的传授者。

⑦ 适应性学习：课堂培养学生的适应性学习能力，使他们能够不断适应新的知识和技能的发展，并终身学习。

总的来说，智慧教育的课堂旨在创造更具互动性、个性化和有意义的学习体验，以培养全面发展的学生，使他们能够成功地面对现代社会和职业中的挑战。这种教育方法利用技术的力量，提供了更多的学习机会和支持，以满足不断变化的学习需求和教育目标。

二、个性化学习

智慧课堂的核心优势在于其能够根据学生的独特需求和学习进度，提供个性化的学习内容和学习方式。这意味着不再采用一刀切的教学方法，而是教师可以根据每个学生的学习情况，灵活调整教学内容和方法，以满足他们的需求。这种个性化教育有助于每个学生更好地理解和吸收知识，提高学习效果。同时，这也鼓励了学生的自主学习和批判性思维，培养了他们的问题解决能力和适应性学习技能，为未来的成功打下坚实的基础。

三、多媒体资源丰富

智慧课堂利用网络连接和数字化技术，为教育带来了丰富的多媒体资源，包括教学视频、图像、动画等。这些多媒体资源以生动形象的方式呈现教学内容，为学生提供了更具吸引力和互动性的学习体验。通过视觉和听觉的感知，学生更容易理解抽象概念，激发了他们的学习兴趣，提高了学习效果。这种多媒体教学不仅使教学内容更具趣味性，还有助于增强学生的参与度，促进了更深层次的学习和理解。

四、实时反馈与评估

智慧课堂的一项强大功能是能够实时收集学生的学习数据和表现，使教师可以通过教学软件或平台对学生的学习情况进行实时监控和评估。教师可以随时了解学生的学习进展、弱点和需求，从而能够及时采取措施来满足这些需求。这种个性化的关注和支持有助于提高学生的学习效果，减少学习困难，确保每个学生都能够充分发挥潜力。同时，这也使教师的教学更具针对性和灵活性，从而提供更优质的教育体验。

五、资源共享和协作

智慧课堂为教师和学生之间的资源共享和协作提供了便捷的途径。教师可以轻松将教学资源上传到教学平台，而学生则可以随时随地访问和使用这些资源，这不仅提高了学习效率，还为学生提供了更多学习的灵活性和便捷性。此外，智慧课堂还鼓励学生之间进行协作学习，他们可以通过平台共同完成作业和项目，培养团队合作精神、沟通技能和问题解决能力。这种协作和资源共享的特点不仅促进了学生之间的互动，也为更富有创造性和实际应用性的学习提供了机会。

六、教学管理便捷

智慧课堂提供了全面的教学管理和监控功能，为教育工作者和学校管理者提供了强大的工具。教师可以轻松地使用教学软件或平台进行课程安排、作业布置、学生考勤等管理工作，从而提高了教学效率，减轻了教师的管理负担。与此同时，学校管理者也可以通过智慧课堂平台对教学情况进行实时监控和评估，了解教学进展和学生表现，及时发现问题并进行改进。这种全面的管理和监控机制有助于提高教育质量，确保教育目标的达成，以及更好地满足学生和教育者的需求。

七、利用智慧教室激发学生兴趣激起学习的主动性

智慧教室的应用不仅是为了传授知识，更是为了激发学生的兴趣和激起他们的学习主动性。通过多媒体资源、互动性教学工具和个性化学习路径，智慧教室创造了一个充满活力和创造性的学习环境。在这个环境中，学生可以通过视觉、听觉和互动性参与课程，更容易地理解和吸收知识。同时，个性化的学习方式使学生能够按照自己的兴趣和学习节奏进行学习，提高了学习的积极性和主动性。这种学习方式不仅培养了学生的自主学习能力，还促进了他们的批判性思维和创造力的发展，为未来的成功奠定了坚实的基础。因此，智慧教室为学生提供了一个激发兴趣和主动参与学习的理想平台。

八、TBL 的学习形式让每个学生都参与其中

TBL（以团队为单位的学习）的学习形式鼓励每个学生积极参与学习过程，将学习转变为一种集体努力和合作的体验。在 TBL 中，学生被组织成小组，每个小组有责任共同完成任务和项目，这促使每个学生都必须参与讨论、分享观点和贡献想法。通过小组合作，学生们共同解决问题，分享知识，并共同承担学习的责任。这种学习形式不仅鼓励了学生的积极参与，还培养了他们的团队合作技能、沟通能力和问题解决能力。因此，TBL 的学习形式创造了一个具有互动性和参与性的学习环境，使每个学生都能够积极参与学习，从而提高了学习效果和学习体验。

九、即时的学习反馈更好地掌握学生的学情

即时的学习反馈是教育中非常重要的组成部分，它可以更好地帮助教育者掌握学生的学情。通过及时的评估和反馈，教育者可以了解学生的学习进展、弱点和需求，从而能够及时采取措施来满足这些需求。这种个性化的关注和支持有助于提高学生的学习效果，减少学习困难，确保每个学生都能够充分发挥潜力。同时，即时的学习反馈也有助于教育者调整教学策略，提供更精确的指导和支持，以确保学生的成功。因此，即时的学习反馈是教育中非常重要的工具，有助于提高教育质量和学生的学习体验。

十、智慧课堂在学科教学方面的优势

智慧课堂在学科教学方面具有显著的优势。它提供了丰富的数字化学习资源，包括电子教材、多媒体演示、在线模拟实验等，这些资源可以生动呈现学科知识，激发学生的兴趣，提高他们的学习效果。

智慧课堂支持个性化学习，根据学生的学情和需求调整教学内容和进度，帮助学生更好地理解和掌握学科知识。这种个性化教育有助于满足不同学生的学习需求，提高他们的学术成就。

智慧课堂提供了即时的学习反馈和评估机制，教师可以实时了解学生的学习进展，及时调整教学策略，帮助他们克服学习障碍，确保学科教学的有效性。

智慧课堂为学科教学提供了更多的工具和资源，促进了教育的创新和个性化，有助于提高学生对各种学科的理解和掌握。

第四节　智慧课堂教学模式的实践与反思

作为一种新型的教学模式，智慧课堂在发展师生智慧上跨出了可喜的一步，但同时在推广上也遇到了一些困难。

一、智慧课堂发展教师的智慧

（一）“三剑客”的设计提升智慧

微课程教学法是在“云计算”背景下，开展智慧课堂教学实验的产物，它是智慧课堂本土研究的一个创举，是目前我国实施智慧课堂的重要载体。微课程教学法支撑下的智慧课堂，需要教师在课前完成“三剑客”的设计，即课前自主学习任务单、教学微视频等配套学习资源和课堂学习任务单的设计。这些设计对教师专业智慧的发展极其有利，具体体现在如下三个方面。

1. 在独立备课中提升智慧备课要备两头：一备教材，二备学生

在独立备课中，提升智慧备课需要同时关注两个关键方面：一是备教材，二是备学生。备教材包括选择合适的教材资源、准备多媒体教具、设计有趣的教学活动等，以确保教学内容生动有趣、易于理解。而备学生则涉及了了解学生的背景、学习风格、需求和兴趣，以便个性化地调整教学策略，提供有针对性的教育支持。通过充分准备教材和了解学生，教育者可以更好地满足教学目标，提高课堂效果，以及促进学生的积极参与和学习成就。这种综合备课方法有助于创造更富有智慧和个性化的教育环境。

2. 在设计问题中提升智慧问题引领、任务驱动是智慧课堂中设计课前自主学习任务单的要点

在设计问题时，提升智慧问题引领和任务驱动是智慧课堂中设计课前自主学习任务单的关键要点。智慧问题引领意味着设计问题应该具有挑战性和启发性，能够引导学生主动思考、提出问题，并激发他们的学习兴趣。任务驱动则意味着问题应该与实际任务和学习目标紧密相关，能够帮助学生积极参与学习，解决问题，获取知识。通过巧妙设计问题，教育者可以激发学生的好奇心和主动性，推动他们在课前自主学习，并在课堂中更积极地参与讨论和互动，从而提升整体的学习效果和学生的参与度。这种问题设计方法有助于创造更富有智慧和任务驱动的学习环境。

3. 在探究学习内容研制中提升智慧，“智慧课堂”在课堂教学流程上一般分为三个步骤

在探究学习内容研制中，提升智慧课堂的设计通常包括三个关键步骤。首先是问题制定和探究目标设定，这一步骤涉及确定要探究的学习内容和目标，以及明确学生应该在探究过程中获得的知识和技能。其次是学习资源筛选和准备，包括选择合适的学习资源，如教材、多媒体资料、实验工具等，以支持学生的探究学习。最后是教学活动设计和评估，包括设计激发学生兴趣的任务、制定学习指导、组织小组合作和提供即时反馈等教学策略，以确保学生在探究过程中取得成功并达到学习目标。通过这三个步骤，教育者可以更好地设计和实施智慧课堂，提供更富有深度和互动性的探究学习体验。

（二）“主持人”的角色磨炼智慧

担任“主持人”的角色是一个磨炼智慧的过程。主持人不仅需要具备良好的沟通和组织能力，还需要具备深刻的主题知识和问题解决能力。他们需要引导讨论，提出关键问题，激发参与者的思考，以及协调讨论的进行。此外，主持人还需要灵活应对意外情况和突发事件，保持冷静和客观，确保讨论的质量和效果。通过担任主持人的角色，个人可以不断提升自己的领导能力、团队协作技巧和分析判断能力，这有助于培养更高层次的智慧和决策能力。因此，主持人的角色不仅对于组织和引导讨论具有重要作用，还对个人的智慧和职业发展有着积极的影响。

二、智慧课堂发展学生的智慧

（一）在自主学习中培育智慧

自主学习是培育智慧的重要途径之一。在自主学习中，个体扮演着主动学习者的角色，需要自行制定学习目标、选择学习资源、规划学习时间，并持续反思和评估学习过程。这个过程不仅促进了知识的积累，还培养了问题解决、批判性思维、自我管理等智慧素养。自主学习激发了学习者的好奇心、独立性和创造力，使他们能够更全面地理解和应用知识，具备更高层次的智慧。此外，自主学习还培养了学习者的自我反思和自我调整能力，使他们能够不断改进学习方法和策略，实现更高效的学习。因此，自主学习是培育智慧的重要路径，有助于个体在不断学习和发展中取得更大的成功。

（二）在合作学习中分享智慧

合作学习是一种强调团队合作和知识分享的学习方式，它为个体提供了分享智慧的机会。在合作学习中，学习者可以将自己的思考、见解和知识与团队成员分享，从而共同解决问题和实现学习目标。这种知识分享不仅有助于加深个体对学习内容的理解，还能够促进思维碰撞、多角度思考，从而提高问题解决和创新能力。

（三）在探究学习中提升智慧

探究学习是一种强调主动探索、问题解决和知识建构的学习方式，它提供了提升智慧的绝佳机会。在探究学习中，学习者通过自主提出问题、积极搜索信息、进行实验和讨论等方式，深入了解学习内容。这个过程不仅促进了知识的积累，还培养了批判性思维、解决问题的能力和创新思维，这些都是智慧的关键要素。

探究学习还鼓励学习者在学习过程中不断反思和评估自己的思考和行动，帮助他们认识到自己的认知偏差和学习局限，从而有机会进行认知修正和知识重建。这种反思和自我纠正的过程是培育智慧的重要组成部分。

三、智慧课堂本土研究之路存在的困难

（一）师生教学理念与教学方式的改变需要时间

师生教学理念与教学方式的改变确实需要时间，因为这涉及到教育体制和文化的深层次变革。教育是一个历史悠久的领域，传统的教学方式和理念已经根植于教育体系多年，不是一蹴而就可以改变的。

教育改革需要教育机构、教师和学生逐步接受新的理念和方法，并进行适应和调整。教育者需要接受相关培训和持续专业发展，以适应新的教学方式和技术。学生也需要适应新的学习方式，培养更主动、批判性和创新性的学习习惯。

此外，教育改革还需要政策支持和资源投入，以建立新的教育基础设施和提供教育技术支持。整个社会也需要逐渐接受并支持这种变革，认识到新的教育理念和方式对于培养未来的人才和适应社会变化的重要性。

尽管教育改革需要时间和努力，但它是迈向更先进、更适应现代社会需求的教育体系的关键步骤。通过逐步改变教育理念和教学方式，可以更好地

满足学生的需求，培养更具创造力和竞争力的人才，推动教育体系朝着更智慧、更适应性的方向发展。

（二）对于“三剑客”的设计与制作，教师有畏难情绪

对于教育中的新技术工具，如“三剑客”（指的是互联网、移动设备和智能应用程序等），教师有时会出现畏难情绪是很正常的现象。这种情绪可能源于对新技术的不熟悉、担心技术会取代传统教学方式或者担忧自己的技术能力不足等因素。

然而，教育技术的发展和应用是教育领域的一个不可逆转的趋势，教师可以通过一些方式来克服这种畏难情绪。首先，持续的专业发展和培训可以帮助教师提升技术技能，增强对新技术的信心。其次，教师可以与同事分享经验和教学方法，共同探讨如何有效地整合新技术到教学中。此外，教育机构可以提供支持和资源，以帮助教师顺利过渡到新的教学方式。

最重要的是，教师要认识到新技术可以为教学带来更多的机会和创新，能够个性化和丰富学习体验。逐渐克服畏难情绪，教师可以更好地利用“三剑客”等工具，提高教学效果，培养学生的数字素养，推动教育进步。因此，对于教育技术的畏难情绪，应该以积极的态度面对，并逐步适应和利用新技术来丰富教育教学。

（三）学生自学能力与态度的不同导致学习效果差异大

学生的自学能力和态度的差异确实会导致学习效果的差异。学生的自学能力包括他们的学习方法、学习动机、学习计划等方面的差异，而态度则涉及他们对学习的积极性、兴趣程度、自我管理和毅力。

那些拥有强大自学能力和积极态度的学生通常能更好地应对学习挑战，更好地理解和吸收知识，取得更好的学习成绩。他们具备高度的学习自觉性，能够自我激励，主动寻找学习资源，制订有效的学习计划，并且在面对困难时坚持不懈。

相反，那些自学能力较弱或态度不积极的学生可能在学习过程中遇到更多的障碍，学习效果相对较差。他们可能缺乏明确的学习目标，容易分散注意力，或者对学习任务缺乏兴趣，容易产生拖延和放弃的倾向。

因此，教育者和教育机构可以采取一系列措施来帮助学生提高自学能力和塑造积极的学习态度。这包括教授学习策略、鼓励学习动机、提供支持和资源，以及培养学生的学习兴趣。通过帮助学生发展这些关键素质，可以缩

小学习效果的差异，帮助每个学生实现更好的学习成就。

四、智慧课堂个性化教育的实践路径

（一）智慧课堂中个性化教学实现的条件

1. 智慧课堂中个性化教学实现的理论支持

（1）人本主义教育理论对智慧课堂中个性化教学的价值

人本主义教育理论在智慧课堂的个性化教学中具有重要的价值。人本主义教育理论强调尊重学生的个体差异，注重学生的发展和幸福感，强调关注学生的需求和情感。在智慧课堂中，这些原则可以得到更好的实践和体现。

首先，人本主义教育理论强调尊重学生的个体差异。智慧课堂通过技术工具和数据分析能够更好地了解每个学生的学习特点、学习节奏和需求，从而能够为每个学生提供个性化的学习内容和学习方式。这有助于满足学生的多样化学习需求，让每个学生都能够在适合自己的情境下学习，提高学习满意度和成绩。

其次，人本主义教育理论关注学生的发展和幸福感。在智慧课堂中，个性化教学不仅关注学术成绩，还注重学生的兴趣、需求和情感状态。通过提供有趣和富有挑战性的学习体验，智慧课堂可以激发学生的学习兴趣，培养他们的创造力和自信心，提高他们的幸福感。

最后，人本主义教育理论强调关注学生的需求和情感。在智慧课堂中，教育者可以更好地了解学生的需求，通过及时的反馈和支持来满足他们的学习需求。同时，教育者可以关注学生的情感状态，帮助他们处理学习中的挫折和困难，培养情感智慧。

总之，人本主义教育理论为智慧课堂中的个性化教学提供了理论基础和指导原则，强调尊重学生的差异、关注学生的发展和幸福感，以及关注学生的需求和情感。这有助于智慧课堂更好地满足学生的学习需求，培养综合素质，提高教育的质量和意义。

（2）多元智能理论对智慧课堂中个性化教学的价值

多元智能理论在智慧课堂中的个性化教学方面具有重要的价值。多元智能理论由霍华德·加德纳提出，强调每个学生具有不同的智能类型和强项，因此，教育应该关注并发展学生多样化的智能，而不仅是传统智商的单一衡量。

在智慧课堂中，多元智能理论的价值体现在以下几个方面。

① 个性化教学：多元智能理论鼓励教育者识别和尊重每个学生的不同智能类型。在智慧课堂中，通过技术工具和数据分析，教育者可以更好地了解学生的智能强项，从而为他们提供个性化的学习体验。例如，对于艺术智能较强的学生可以提供创意性的任务，而对于逻辑数学智能较强的学生可以提供挑战性的问题，以满足他们的学习需求。

② 多元化教学资源：多元智能理论鼓励多样化的学习资源和教学方法。在智慧课堂中，教育者可以利用多媒体、互动性应用程序和在线资源，以满足不同智能类型的学生。这种多元化的教学资源可以更好地激发学生的兴趣和参与度，提高他们的学习效果。

③ 培养全面发展：多元智能理论认为每个学生都有发展多种智能的潜力。在智慧课堂中，教育者可以通过提供多样性的学习机会和挑战，帮助学生发展他们的多元智能，培养全面发展的个体。这有助于学生更全面地理解世界，提高解决问题的能力。

④ 自我认知和自我导向学习：多元智能理论强调学生对自己智能类型的认知和自我导向学习的重要性。在智慧课堂中，教育者可以帮助学生更好地理解自己的强项和弱项，以及如何利用自己的智能类型来更有效地学习，培养了学生的元认知技能和自我管理能力。

综上所述，多元智能理论在智慧课堂中强调个性化、多元化和全面发展的教育，有助于满足学生的多样化需求，提高他们的学习效果和参与度，促进他们的综合素质发展。因此，多元智能理论在智慧课堂中的应用具有重要的价值。

2. 个性化教学观对智慧课堂中个性化教学实现的动力支持

在智慧课堂中，教育机构和教育者应该积极促进师生之间个性化教学观的形成。这可以通过提供师生培训、支持个性化教学的教材和资源、鼓励教师和学生之间的开放对话等方式来实现。通过师生双方的共同努力，个性化教学观的形成将成为实现个性化教学的重要保障，从而提高教育质量和学习效果。

（1）教师个性化教学观对智慧课堂中个性化教学实现的支持

① 教师自身个性发展是个性化教学实现的主体力量

教师自身的个性发展是实现个性化教学的主体力量。在个性化教学的背景下，教师不仅需要具备丰富的教育知识和技能，还需要不断发展和完善自己的个性化教育观念和教育方法。

首先，教师需要不断学习和更新教育理论和教学策略，以适应不同学生的需求。他们应该积极参加专业培训和研讨会，了解最新的教育趋势和研究成果，以提高自己的教育水平。

其次，教师需要认识到每个学生都是独特的，具有不同的学习风格、兴趣和能力。他们应该发展个性化的教学观念，相信每个学生都有潜力，并努力发现和培养学生的优势。

此外，教师还需要积极参与学校和社区的教育活动，与同事和家长建立积极的合作关系，分享教育经验和资源。这有助于扩宽教师的教育视野，丰富他们的个性化教育实践。

最重要的是，教师需要保持对教育的热情和责任感。个性化教育需要更多的关注和投入，但它也能带来更大的满足感和教育成就感。因此，教师应该不断激发自己的教育热情，坚定实施个性化教育的信念。

总之，教师自身的个性发展是实现个性化教学的核心。通过不断学习、发展教育观念、积极参与教育社区和保持教育热情，教师可以成为个性化教学的主体力量，为学生提供更优质、更个性化的教育。

② 教师自主意识培养是个性化教学实现的持续能量

教师的自主意识培养是实现个性化教学的持续能量。在个性化教学的实践中，教师需要具备自主思考、主动探索的意识和能力，以不断提高教育质量和满足学生的多样化需求。

教师的自主意识意味着他们能够自觉地认识到个性化教学的重要性和价值。他们应该理解每个学生都是独特的，有不同的学习风格和需求，因此，个性化教育是满足学生多样性的有效途径。教师的自主意识能够激发他们寻求个性化教育方法的动力。

教师的自主意识需要与教育领域的最新研究和实践相结合。他们应该主动探索个性化教育的理论框架和实施策略，了解最新的教育技术和工具，以便更好地应用于课堂教学中。这种自主的学习意识有助于不断提升教育水平。

教师的自主意识还表现在他们能够灵活调整教学策略，以满足不同学生的需求。个性化地设计课程、作业和评估方式，以确保每个学生都能够取得最佳的学习成果。这种自主的教学意识有助于实现个性化教育的目标。

教师的自主意识需要持久不衰。个性化教育是一个持续改进和发展的过程，需要不断地反思和调整教育实践。因此，教师应该保持对个性化教育的信念，并持续投入精力和时间来提高自己的教育能力。

教师的自主意识培养是实现个性化教学的持续能力，它涵盖了意识、学习、实践和坚持等方面，有助于教育者更好地满足学生的个性化学习需求，提高教育质量，培养具备自主学习能力的学生。

③ 智慧课堂中教师对师生观与角色定位的认识

在智慧课堂中，教师的师生观与角色定位发生了重要的变化。教师不再仅仅是知识的传授者，而是更多地成为学生学习的引导者和合作伙伴。这种变化反映了对教育的新认识和对个性化学习的重视。

首先，教师的师生观变得更加开放和灵活。他们认识到每个学生都是独特的，有不同的学习需求和潜力。因此，教师不再采取一刀切的教育方式，而是倾向于关注每个学生的个体差异，尊重学生的学习风格和兴趣。

其次，教师的角色定位发生了转变。他们更多地成为学生学习过程的引导者和组织者，鼓励学生积极参与课堂互动和合作。教师倾向于提供学习资源和工具，以支持学生自主学习和探究，而不是简单地向学生传授知识。

此外，教师的师生观和角色定位也与技术的应用密切相关。智慧课堂的技术工具可以帮助教师更好地了解学生的学习情况，提供个性化的学习建议，以及促进学生之间的合作和互动。因此，教师在智慧课堂中更多地依赖技术来支持他们的教学工作。

总之，智慧课堂中的教师对师生观与角色定位的认识发生了重要的变化，强调了个性化学习和合作互动的重要性。这种变化有助于提高教育的质量，培养具备自主学习能力和团队合作精神的学生。

（2）学生个性化学习观对智慧课堂中个性化教学实现的支持

学生的个性化学习观念和自主学习能力是实现个性化教学的必要条件。只有学生积极参与并支持个性化教学，才能真正实现个性化学习的目标，提高学习质量和效果。

① 学生对学习资源的整合与使用是个性化教学实现的先行条件

学生对学习资源的整合与使用是实现个性化教学的先行条件，它反映了学生在教育过程中的主动性和自主性。个性化教学的核心理念是满足每个学生的独特需求和学习风格，而学生对学习资源的整合与使用是实现这一目标的关键。

首先，学生需要具备信息获取和筛选的能力。在互联网时代，学习资源的种类和数量庞大，学生需要能够有效地搜索和选择适合自己学习的资源。这包括了学术论文、教材、网络课程、视频教程、在线论坛等多种形式的学习资源。学生应该具备判断资源质量和可靠性的能力，以确保他们所使用的资源是有价值的。

其次，学生需要能够整合不同来源的学习资源。个性化教学可能涉及多种资源的组合，如教材、在线课程、实验室资料等。学生需要能够将这些资源整合在一起，形成有机的学习体验。这要求他们具备学习内容的综合能力和创造性思维，以便更好地理解和应用所学知识。

此外，学生需要积极参与学习资源的使用过程。他们应该主动提出问题、参与讨论、与同学互动，以充分利用学习资源并促进个性化学习的深化。学生的积极参与和合作精神有助于提高学习效果。

最重要的是，学生应该有能力自主选择学习资源，并根据自己的学习需求进行个性化调整。他们可以根据自己的学习风格和进度，选择适合自己的学习材料和方式。这种主动性和自主性有助于实现个性化教学的目标，提高学生的学术成就和学习满意度。

总之，学生对学习资源的整合与使用是实现个性化教学的先行条件，它涵盖了信息获取、资源整合、积极参与和自主选择等多个方面。学生的主动性和自主性将在个性化教学中发挥关键作用，推动教育质量的提高。

② 学生自主与合作学习能力的提升是个性化教学实现的必要支点

学生自主与合作学习能力的提升是实现个性化教学的必要支点，它们共同构成了个性化学习的基础和关键。在个性化教学环境中，学生需要具备自主学习的能力，同时也需要能够有效地与他人合作，以实现个性化学习的最大效益。

首先，学生的自主学习能力对于个性化教学至关重要。自主学习能力包括了自我管理、目标设定、学习计划制订、问题解决和反思等方面的技能。学生需要能够管理自己的学习进程，设定明确的学习目标，并制订合理的学习计划。他们应该能够主动解决学习中遇到的问题，并及时反思和调整学习策略。这种自主学习能力有助于学生更好地适应个性化学习环境，提高学习效率和质量。

其次，学生的合作学习能力也是个性化教学的关键。在个性化教学中，学生通常会与同学一起合作，共同探讨问题、解决难题、分享资源和经验。因此，学生需要具备有效的合作能力，包括了沟通、协作、团队工作和互助等方面的技能。他们应该能够与他人建立良好的合作关系，共同完成学习任务，并从合作中获得学习的启发和丰富经验。

此外，学生的自主与合作学习能力互为补充。自主学习能力使学生能够更好地管理自己的学习，而合作学习能力使他们能够在团队中有效地协同工

作。这两种能力的综合运用有助于学生更好地适应个性化教学环境，实现个性化学习的最佳效果。

最重要的是，学校和教育机构应该积极培养和支持学生的自主与合作学习能力。这可以通过教育课程、学习活动和课堂实践来实现。教师可以鼓励学生在学习过程中主动提出问题、分享观点，以及参与团队项目和讨论。同时，学校可以提供资源和平台，促进学生之间的互动和合作。

综上所述，学生自主与合作学习能力的提升是实现个性化教学的必要支点。这些能力有助于学生更好地适应个性化学习环境，提高学习效果，培养自主学习的习惯，以及具备团队协作的能力，为未来的学习和职业生涯打下坚实的基础。

3. 信息技术对智慧课堂中个性化教学实现的工具支持

个性化教学在智慧课堂中的实现，信息技术的支持是必要条件。

（1）智慧课堂中的平台技术

智慧课堂中的平台技术是一种基于现代信息技术的教育支持系统，通过云计算、大数据、移动互联网和人工智能等新兴智能信息技术构建而成。这个平台技术的目标是为教育提供全面的数字化支持，从而改变传统教室的教学方式，实现个性化、互动式和高效的学习体验。

首先，平台技术为教师提供了丰富的教学工具和资源。教师可以在平台上创建和管理课程，上传教材、多媒体资源、在线测验和作业。他们还可以使用平台上的教学分析工具来监测学生的学习进展，根据数据作出个性化的教学决策。这使得教师能够更好地定制课程内容，提供有针对性的教学，满足不同学生的需求。

其次，平台技术为学生提供了移动学习工具和资源。学生可以通过平台访问教材、视频课程、练习题等学习资料，随时随地进行学习。平台还提供了互动和协作的功能，学生可以参与在线讨论、小组项目和合作作业，促进了学习社区的建立和知识共享。

此外，平台技术还实现了学习数据的收集和分析。通过大数据技术，平台可以收集学生的学习数据，包括学习行为、表现和反馈。这些数据可以用于学生学情分析，帮助教师更好地了解学生的需求和进展，提供个性化的反馈和支持。

最重要的是，平台技术改变了传统教室的教学方式，实现了学习的个性化和互动。学生可以根据自己的学习节奏和风格选择学习内容和方式，教师可以更好地与学生互动和反馈，课堂变得更加灵活和有趣。

总之，智慧课堂中的平台技术为教育带来了革命性的变革，提供了全面的数字化支持，促进了教学的创新，提高了学习的效果。这个技术平台不仅改善了教师和学生的学习体验，还为未来教育的发展提供了广阔的可能性。

（2）智慧课堂中的交互技术

智慧课堂中的交互技术是一种关键性的元素，它通过数字化手段和互动性工具，促进了教育过程中师生之间、学生之间以及学生与教材之间的互动和交流。这种技术的应用，为课堂教学注入了新的活力和互动性，具有以下几个重要作用。

首先，交互技术提升了课堂互动性。在传统课堂中，教师往往是信息的主要传递者，而学生是被动接收者。然而，智慧课堂中的交互技术允许学生积极参与课堂，他们可以通过电子设备回答问题、提出疑问、参与讨论等，与教师和同学进行更加紧密的互动，从而增强了学习的参与度和积极性。

其次，交互技术提供了个性化学习的机会。在智慧课堂中，学生可以根据自己的学习节奏和风格选择学习材料，使用在线工具进行自主学习，或者与教师进行个性化的学习互动。这种个性化学习的机会有助于满足不同学生的需求，提高了学习效果。

另外，交互技术拓展了学习资源的多样性。通过数字化平台，学生可以访问丰富的学习资源，包括教学视频、在线练习、模拟实验等。这些多样性的学习资源丰富了学习体验，提供了更多的学习选择，有助于满足不同学生的学习风格和需求。

此外，交互技术加强了学生与教材的互动。学生可以使用数字工具来标记、注释和探索教材，使学习更加活跃和深入。这种互动性有助于加深对知识的理解和记忆。

总之，智慧课堂中的交互技术为教育提供了强大的支持，促进了师生之间的互动和学生的个性化学习。这一技术的应用将教育带入了数字化时代，为未来的教育发展提供了广阔的可能性。

（3）智慧课堂中的大数据技术

智慧课堂中的大数据技术是一项重要的教育工具，它通过收集、分析和利用大量的学习数据，为教师和学生提供了有力的支持，促进了教育的个性化、智能化和优化。

首先，大数据技术可以帮助教师更好地了解学生。通过收集学生的学习数据，包括学习行为、成绩、反馈等，教师可以深入了解每位学生的学习需

求和进展情况。这有助于教师识别学生的弱点和潜力，为他们提供更有针对性的支持和指导。此外，教师还可以根据学生的数据历史，调整教学策略，提高教学效果。

其次，大数据技术提供了个性化学习的机会。通过分析学生的学习数据，智慧课堂可以根据每位学生的学习风格、节奏和需求，推荐适合他们的学习资源和活动。这种个性化学习的支持有助于满足不同学生的需求，提高了学习的效果和参与度。

另外，大数据技术还可以优化教育管理。学校管理者可以利用学生数据来监控教学质量、资源分配和学校运营情况。这有助于及时发现问题并进行改进，提高了教育体系的效率和质量。

此外，大数据技术还促进了教育研究和创新。研究人员可以利用学生数据来探索教育趋势、教学方法和学习效果，从而为教育领域的发展提供了有力的支持。

总之，智慧课堂中的大数据技术是一项革命性的工具，它为教育带来了个性化、智能化和优化的变革。通过分析大数据，教育可以更好地满足学生的需求，提高教学效果，实现教育的创新和发展。

（二）智慧课堂中个性化教学实现的路径

在个性化教学的实现过程中，有三个关键环节。课前准备，其中个性化学习资源的生成起着关键作用，这需要教师与学生之间的反馈联结，以明确教学内容和目标。在课中阶段，分层教学是重要环节，通过信息技术的支持，实现学情、目标、内容和反馈的分层，以提供立体式交互和精准化教学。在课后，设计个性化课后巩固方案，实现多元化评价和学生泛在化学习，学生可以随时随地进行巩固与复习，并获得更多的学习自主权。这三个环节共同构成了个性化教学的实现逻辑和特点。

1. 生成个性化课前学习资源，实现师生分层推送与反馈联结

学生应该参与到课前学习资源的选择和规划中，以确定他们自己的学习目标和重点。这有助于学生在课堂前预习和准备，提前了解教学内容，增强他们的主动性和参与度。最终的目标是实现教师的以学定教，即根据学生的学习需求和预习情况，调整教学策略和内容，使教学更加个性化和针对性。同时，学生也能够更好地参与到教学过程中，提出问题、分享观点，实现师生之间的反馈联结，共同推动教育的进步和学习的成功。这个环节在智慧课堂中扮演着重要的角色，促进了个性化教学的实现。

（1）教师利用智慧课堂交互技术与资源平台达到以学定教和分层设计

① 课前教学资源的选用与制作

课前教学资源的选用与制作在智慧课堂中是至关重要的环节。首先，教师需要仔细考虑教学目标和学生的学习需求，根据不同的课程和主题选择合适的教学资源。这些资源包括教科书、电子教材、在线教程、学习视频、模拟实验等各种形式的教育材料。

教师还可以选择制作自己的教学资源，以更好地满足课程的特定要求。制作教学资源可以包括创建课件、录制教学视频、设计互动模拟等。这些资源可以根据学生的学习风格和需求进行个性化定制，提供更具吸引力和有效性的学习体验。

在选用和制作教学资源时，教师还需要考虑资源的多样性和多层次性，以满足不同学生的学习差异。同时，教师应该关注资源的可访问性和易用性，确保学生可以轻松地获取和利用这些资源。

总之，课前教学资源的选用与制作需要教师精心策划和准备，以提供丰富、个性化和高质量的教育体验，促进学生的积极学习和成长。这个过程在智慧课堂中扮演着重要的角色，有助于实现个性化教学的目标。

② 教学资源的分层推送与学生反馈的接收

在智慧课堂中，教学资源的分层推送与学生反馈的接收是实现个性化教学的关键环节。教师需要根据学生的不同学习需求和水平，将教学资源进行分层推送。这意味着教师可以根据学生的学术能力、兴趣爱好、学习风格等因素，将教材和学习资源进行分类和组织，以确保每位学生都能够获得适合自己的教育内容。这种分层推送可以提高学生的学习效果，使他们更容易理解和掌握教学内容。

学生反馈的接收也是至关重要的。教师需要建立有效的反馈机制，以了解学生对教学资源和课程的看法和反应。这可以通过在线调查、课堂讨论、作业反馈等方式来实现。通过收集学生的反馈信息，教师可以了解哪些教学资源受到学生欢迎，哪些需要改进，从而不断优化教学内容和方法。

教师还可以利用学生反馈来进行个性化教育的调整。如果某个学生反馈需要额外的帮助或挑战，教师可以根据反馈信息提供额外的资源或支持。这有助于满足每位学生的特殊需求，提高他们的学习体验和成绩。

教学资源的分层推送与学生反馈的接收是智慧课堂中实现个性化教学的关键步骤。通过精心策划和有效的反馈机制，教师可以更好地满足学生的学习需求，提高教育的质量和效果。这有助于推动教育的创新和发展，提高学

生的学习成就。

③ 教学设计的分层设计与定制化

教学设计的分层设计与定制化是智慧课堂中实现个性化教学的关键策略。分层设计意味着教师将教学计划和资源划分为不同层次，以适应学生的不同学习需求和水平。这种分层设计可以包括不同的教学目标、教材选择、课程内容和任务等。每个学生都可以根据自己的学术能力、兴趣爱好和学习风格，选择适合自己的学习路径和内容。

定制化教学则强调将教学更加个性化，以满足每位学生的特殊需求和学术背景。包括为某些学生提供额外的挑战性任务，为其他学生提供更多的支持和帮助。教师可以根据学生的学习表现和反馈，调整教学策略和内容，以确保每位学生都能够在自己的学习节奏下取得成功。

分层设计与定制化教学的关键是个性化的教学观和灵活的教学方法。教师需要了解每位学生的需求和潜力，以便为他们提供最合适的教育体验。同时，教师需要不断地收集学生的反馈信息，以便不断改进教学计划和方法。

总之，教学设计的分层设计与定制化是智慧课堂中实现个性化教学的重要手段。通过这种方法，教师可以更好地满足学生的学习需求，提高他们的学术成就和学习体验，推动教育的创新和发展。这有助于培养具有个性化思维和自主学习能力的学生，为他们未来的成功和成长奠定坚实的基础。

（2）学生基于课前平台交流与学习资源而提升兴趣与明确需求

智慧课堂中的课前预习活动强调了学生的主动参与和个性化学习需求的明确性。这有助于培养学生的自主学习能力和问题解决能力，为他们未来的学习和职业发展提供了更强的支持。

① 通过分享与交流，丰富课前预习资源

在智慧课堂中，学生之间的分享与交流变得至关重要，特别是在课前预习资源的丰富和提升方面。通过分享自己的学习心得、发现的有用资源或解决问题的方法，学生可以相互帮助，共同提高课前预习的质量。

这种分享与交流不仅有助于丰富预习资源，还能够激发学生的学习兴趣，促进他们更深入地理解教材内容。学生之间的讨论和合作可以帮助他们发现不同的学习方法和角度，从而提高对知识的理解和应用能力。

此外，通过分享与交流，学生还可以建立更紧密的学习社交网络，增强彼此之间的互动和合作。这有助于培养团队合作能力和沟通技巧，为未来的学习和职业发展打下坚实的基础。

总之，通过分享与交流，学生可以在课前预习阶段获得更多的资源和支持，提高学习效果，同时也培养了重要的合作和社交技能。这对于智慧课堂中个性化教学的实现和学生的综合素质提高都具有积极的影响。

② 明确学习需要，将预习活动的结果反馈教师

明确学习需要并将预习活动的结果反馈给教师是智慧课堂中的重要环节。学生通过预习活动明确了自己的学习目标和需求，这些信息可以提供给教师，帮助教师更好地理解每个学生的学习情况。这种反馈有助于个性化教学的实现，教师可以根据学生的需求和水平调整教学内容和方法，以更好地满足他们的学习需求。同时，这种反馈也有助于教师评估教学的效果，了解哪些方面需要改进和加强。通过学生的反馈，教师可以进行教学的持续改进，提高教学的质量和效果。因此，明确学习需要并将预习活动的结果反馈给教师是智慧课堂中促进个性化教学的重要步骤。

2. 打造分层教学模式，凸显师生立体式交互与精准化教学

打造分层教学模式是智慧课堂的一项关键举措，它旨在凸显师生立体式交互和精准化教学。这个模式分为多个层次，每个层次针对不同学生群体的需求和水平进行教学设计。

教师通过课前的学生需求分析和预习活动，了解每个学生的学习需求和水平。根据这些信息，将学生分成不同的层次或群体。每个层次的学生会接受到特定的教学内容和任务，以满足他们的学习需求。

在教学过程中，师生之间进行立体式交互。教师可以根据不同层次学生的反馈和表现，及时调整教学策略和内容，以确保每个学生都能够理解和掌握所教授的知识。同时，学生之间也可以进行合作学习和交流，互相支持和帮助。

精准化教学是分层教学模式的核心。教师可以根据每个学生的具体需求和进度，个性化地制定教学计划和评估方法。这种个性化的教学能够更好地满足学生的学习需求，提高他们的学习效果。

分层教学模式通过凸显师生立体式交互和精准化教学，有助于提高教学的针对性和效果，使智慧课堂中的教学更加个性化和有效。这种模式能够更好地满足不同学生的学习需求，促进他们的学术发展和综合素质提高。

智慧课堂中的个性化教学，在课堂中主要包括以下几个环节：情境创设发现问题、分屏教学合作学习、实时训练分层反馈、即时数据个别反馈、实践探索巩固消化。

（1）情境创设发现问题

情境创设在智慧课堂中扮演着重要的角色，它有助于发现问题并提供解

决方案。通过情境创设，教师可以为学生创造一个具体的学习情境，让他们在其中进行探究和发现。这个情境可能涉及现实生活中的问题、挑战或情景，可以是一个模拟的工作场景、实验室环境或社会情境。

学生在这样的情境中，需要运用他们所学的知识和技能来解决问题或应对挑战。在这个过程中，他们可能会遇到各种困难和障碍，这些困难可以帮助他们发现问题的关键点，并激发他们寻找解决方案的动力。教师的角色是引导和支持学生，提供必要的资源和指导，以帮助他们在情境中积极参与和思考。

情境创设有助于学生主动参与学习，培养他们的问题解决能力和创新思维。通过面对实际情境中的问题，学生不仅可以理解知识的应用价值，还可以培养批判性思维和分析能力。因此，情境创设是智慧课堂中的一种教学策略，有助于学生积极发现问题并寻找解决方案，提高他们的学习效果和综合素质。

（2）教师进行分屏教学，学生按照小组进行合作学习

在智慧课堂中，教师进行分屏教学并让学生按照小组进行合作学习是一种高效的教学模式。通过分屏教学，教师可以同时展示多种教学资源，如教学文稿、图像、视频等，提供多样化的学习材料，以满足不同学生的学习需求。

同时，学生按照小组进行合作学习可以促进互动和协作，增强学习的参与度和深度。小组合作可以让学生共同探讨问题、分享观点，并共同解决难题。这种互动和合作有助于学生更好地理解和应用所学知识，培养团队合作和沟通能力。

此外，分屏教学和小组合作还有助于个性化教学的实现。教师可以根据学生的不同需求和水平，在分屏上提供不同的教学内容，满足学生的个性化学习需求。同时，学生在小组中可以互相帮助和学习，有针对性地提供支持和反馈，促进个性化学习的发展。

总之，分屏教学和小组合作是智慧课堂中的有效教学策略，可以提高教学效果，促进学生的互动和合作，同时支持个性化教育的实现。

（3）教师进行实时课堂训练，学生实施分层反馈

在智慧课堂中，教师进行实时课堂训练，而学生则实施分层反馈，构建了一种相互促进学习和教学进步的教育模式。

教师的实时课堂训练代表了他们在课堂中积极运用新的教育技术和创新的教学方法，以提高教学质量和学生的参与度。这包括使用互联网资源、多媒体工具、在线测验等教育技术，以及灵活地调整课程内容和教学策略。通过实时训练，教师可以不断改进自己的教育方法，适应学生的需求，提供更

吸引人和有效的教育体验。

学生的分层反馈则是指他们在课堂中提供有针对性的反馈和意见，涵盖了对教师的教学方法、同学之间的互动和学习体验的观察和建议。这种反馈帮助教师更好地了解学生的学习需求和困难，从而更好地满足不同学生的需求，提高教学的效果。

通过教师的实时课堂训练和学生的分层反馈，课堂教学得以不断改进和优化。这种相互合作和反馈机制有助于提高教育质量，推动学生的学习效果，并使教育过程更加个性化和互动化。这种协作模式为智慧课堂带来了新的可能性，使教育变得更加灵活和创新。

（4）教师根据数据调整教学，学生进行个别反馈

在智慧课堂中，教师可以利用数据分析和监控工具来实时了解学生的学习进展和表现。这些数据包括学生的参与度、成绩、课堂互动情况等。根据这些数据，教师可以更好地理解每位学生的学习需求和困难。

基于这些数据，教师可以调整教学策略，个性化地帮助学生克服难题，提供额外的支持或挑战，以更好地满足每个学生的需求。这种个性化的反馈和调整使教学更有针对性，有助于提高学生的学习效果。

同时，学生也可以通过智慧课堂平台提供个别反馈。他们可以分享他们的学习体验、提出问题或建议，以使教师更好地理解他们的需求。这种互动反馈机制有助于建立更紧密的教师—学生联系，促进学习过程的互动和合作。

综合而言，智慧课堂中的数据分析和个别反馈机制为教师和学生提供了更多的工具和机会，以个性化地调整教学过程，提高教育质量，满足不同学生的需求。这种教育模式强调了教育的个性化和互动性，有助于推动学生的学术成功和自主学习能力的提高。

（5）师生共同解决问题并总结，对整个课堂教学过程进行评价

在智慧课堂中，师生共同解决问题并总结是一种重要的教学方式。教师与学生之间的合作与互动不仅仅限于课堂内的知识传递，还包括共同思考和解决问题的过程。

教师可以提出一个问题或挑战，激发学生的思考和探究欲望。学生将在小组或个人的基础上尝试解决问题，借助教师提供的资源和指导，他们可以展开深入的讨论、研究和实验。

在这个过程中，学生不仅积累了知识，还培养了解决问题的能力、创造力和批判性思维。他们学会了合作、沟通和共享想法，这些都是现实生活和职场中非常重要的技能。

课堂结束时，教师与学生一起总结课堂的教学过程和取得的成果。他们可以讨论问题的解决方案、经验教训以及未来的改进方向。这种共同的评价过程有助于教师更好地了解学生的学习需求，为下一堂课的设计和教学策略做出调整。

师生共同解决问题并总结是一种促进深度学习和合作精神的教学方式，它强调了教育的互动性和实践性，有助于培养学生综合素养和解决现实问题的能力。在智慧课堂中，这种教学方法可以得到更好的实施和支持，以促进教育的创新和进步。

第五章　智慧教育资源平台的建设

第一节　智慧教育资源平台建设基础

一、教育资源的概念及重要地位

教育资源及平台建设是教育领域的基础性工作，它为智慧校园的运行提供了物质基础和保障。没有充足的教育资源，智慧校园和整个教育信息化的发展将无法持续。因此，可以明显看出，教育资源及平台建设已经被提升至对教育长期发展至关重要的战略地位。

随着教育理念、实践和技术的不断发展，教育资源的基础性地位和作用日益凸显。教育资源的内涵也在不断演进和扩展。广义的教育资源包括了为教育服务、促进教育发展的一切要素。包括环境资源、人力资源和信息资源。环境资源指的是构成教育教学系统的各种硬件设备，如计算机、网络设备、通信设备等，以及维持教育教学系统正常运行的各类系统软件、应用软件、工具软件和教学软件等。人力资源指教育教学机构的各类人员，包括教师、辅导人员、行政管理者，以及可以通过现代通信工具联系到的各领域的专家和学者。信息资源通常指的是在信息技术环境下的信息资源，主要以文字、图形、图像、声音、动画和视频等形式存储在特定媒介上，并可供利用的信息。这包括数字视频、多媒体教育软件、教育网站、电子邮件、在线学习管理系统、计算机模拟、在线讨论、数据文件和数据库等。而狭义的教育资源通常指的是教育信息资源。这些资源的不断发展和整合对教育领域产生了深远的影响，为教育提供了更多的可能性和机会。

二、教育信息资源及平台的发展

随着教育实践的发展、理念的转变和技术的进步，教育信息资源的建设

也经历了重大转变。资源建设理念逐渐从早期的“助教资源”转向了更关注“助学资源”，强调资源的学习辅助作用。资源结构从封闭状态逐渐演变为半封闭半开放状态，更加注重资源的可访问性和分享性。资源的生成模式从过去的“各自作战，静态生成”逐渐转向“合作共建，动态生成”，强调合作和互动。资源的表现形式从传统的“离散型教学素材”变为更加结构化的“主题式教学资源”，有助于更有效地教学设计和实施。资源的技术模式从单一的“演播式”教育逐渐朝向更多的“交互式”教育，以满足不同学习需求和风格。这些转变标志着我国教育信息资源建设与发展在不断适应教育领域的需求和趋势，以更好地支持教育教学的发展和提高教育质量。

技术模式正从传统的数字化向智能化方向发展。借助云计算、人工智能等先进技术，平台实现了更智能化的资源管理、推荐和个性化服务，以满足不同用户的需求，提高了资源平台的效率和智能度。这些趋势表明，教育资源平台建设正在朝着更趋服务导向、功能综合、用户参与和智能化的方向不断发展，为教育领域提供了更多创新和支持的机会。资源平台的发展趋势主要体现在：第一，教育资源平台的发展正经历着重大的变革，建设理念从以往的产品层面逐渐提升到服务层次；第二，教育资源平台的演进呈现出一个明显的趋势，即平台功能正从过去单一的资源存储与管理逐渐转向一个综合的知识管理平台，其中融合了知识的获取、存储、共享、应用和创新等多重功能；第三，在资源平台的运作机制方面，我们正逐渐看到 Web 2.0 时代的核心理念，即以用户为中心，开始得以体现；第四，资源平台的技术模式正在经历从传统的数字化向智能化方向的重大转变。

三、智慧教育平台需求分析与发展策略

（一）智慧教育平台需求分析

智慧教育平台的需求分析是关键的步骤，它旨在明确教育领域的需求和挑战，以便设计和建立一个符合教育实践要求的全面解决方案。在进行需求分析时，以下几个方面需要被考虑。

教育资源的管理和共享需求。平台应该能够有效地存储、管理和分享各类教育资源，包括教材、课程内容、多媒体资料等。这需要一个强大的资源管理系统，能够支持多种格式和类型的资源，并提供高效的检索和共享功能。

个性化学习需求。现代教育越来越注重个性化学习，平台应该能够为学

生提供个性化的学习路径和内容推荐，以满足不同学生的需求和学习风格。

互动和协作需求。平台应该支持教师和学生之间的互动和协作，包括在线讨论、协作项目、实时反馈等功能，以促进学习和教学的互动性和参与度。

评估和跟踪需求。教育平台需要提供评估工具和跟踪功能，以帮助教师了解学生的学习进展和表现，从而能够及时调整教学策略和提供个性化的支持。

技术支持和安全性需求。平台需要稳定的技术基础和安全保障，以确保平台的可靠性和数据的安全性，同时需要提供用户友好的界面和技术支持。

可扩展性和未来发展需求。平台应该具备可扩展性，以适应未来教育技术的发展和变化，能够集成新的工具和技术，保持持续的创新和改进。

综上所述，智慧教育平台的需求分析需要全面考虑教育实践的各个方面，以确保平台能够满足教育领域的不断变化的需求，并提供有效的支持教育教学的解决方案。

（二）智慧教育平台发展策略

智慧教育平台今后的发展需要更多的投入和创新，以满足教育领域的不断变化的需求，提供更有效的支持和解决方案，推动教育领域的进步和教育质量提高。应实现以下几个方面。

1. 政府和教育部门对智慧教育平台整体化、具体化的发展主导

政府和教育部门在智慧教育平台的整体化和具体化发展方面发挥着重要的主导作用。他们的责任不仅在于提供战略指导和政策支持，还在于确保平台的可持续发展和有效运行。政府和教育部门应积极投入资源，促进平台的整合，确保各个教育层面之间的协调和互通，同时推动平台的具体化发展，满足教育领域的具体需求。这需要制定相关政策、标准和监管机制，推动技术创新和教育实践的结合，以提高智慧教育平台的效能，推动教育现代化的进程，提高教育质量和公平性。政府和教育部门的主导作用对于智慧教育平台的成功发展至关重要，将为教育领域带来更多机遇和改进。

2. 制定标准化、综合性的智慧教育平台建设及运作方案

平台管理机制的规范化和科研数据分析与评价的科学性也是确保平台运作顺利的关键因素。这些标准和机制应该能够不断地适应教育领域的发展和变化，并具备科学的理论依据，以确保平台的持续改进和教育质量的提高。综合性智慧教育平台的建设和运作需要全面的规划和标准化，以满足教育领

域的复杂需求和提高教育水平。

确立统一的行业运作准则对于各类智慧教育平台之间的数据链接和资源共享是至关重要的。当所有智慧教育平台都遵循共同制定的行业标准时，可以实现对互联网范围内的所有教育资源和教育技术的整合和共享，这将极大地促进教育领域的互联互通。

互联网上存在着丰富的教育资源，因此需要一个合理化和标准化的网络教育资源互联整合方案，以便实现全球范围内的教育资源在各个智慧教育平台之间的整合和共享。这不仅能够提高教育资源的可访问性，还能够为学生和教育工作者提供更多选择和机会。

通过制定标准化的内部建设和运作标准以及整体互联网中的互联方案和准则，可以最大程度地挖掘和整理各个智慧教育平台中的教育数据。这有助于提高数据分析的效率和说服力，为教育决策提供更准确的依据。综合而言，制定统一的行业运作准则对于智慧教育平台的发展和教育领域的进步都具有重要意义。

3. 建立服务于用户的智慧教育平台

建立服务于用户的智慧教育平台是为了满足教育领域的多样化需求，提供高质量的教育资源和支持。这一平台应以用户为中心，以学生、教师和教育管理者的需求为导向，提供个性化学习、互动教学、数据分析和评估等功能。通过智能化技术，该平台能够为用户提供个性化的学习路径、实时反馈和教学支持，促进学习效果的提高。同时，平台还应支持资源的共享和合作，让教育工作者能够更好地分享教育创新和最佳实践。建立这样的智慧教育平台将为教育领域带来更多机遇和改进，提高教育的质量和可及性。

4. 强化智慧教育平台管理体系

强化智慧教育平台管理体系是为了确保平台的有效运营和数据安全。这需要建立健全的管理机制，包括规范的数据管理、用户权限控制、技术支持和维护，以确保平台的稳定性和可靠性。同时，需要加强对用户的培训和支持，提高他们对平台功能的了解和使用能力。此外，管理体系还应包括监测和评估机制，用于持续改进平台的性能和服务质量，以满足教育领域的需求。强化管理体系将有助于确保智慧教育平台的高效运作，教育资源的可持续利用和教育质量的提升。

5. 健全智慧教育平台评价与分析体系

健全智慧教育平台评价与分析体系是为了对平台的绩效和效果进行全面评估，以便不断改进和提高平台的质量。这个体系应包括多维度的评价指标，如用户满意度、学习成效、资源利用率、安全性等，以便全面了解平台的表现。同时，需要建立数据收集和分析机制，以便对教育数据进行挖掘和分析，为教育决策提供科学依据。这样的评价与分析体系将帮助教育机构更好地了解平台的运作情况，发现问题并及时改进，以提供更高质量的教育服务。

6. 多种形式的智慧教育平台推广和发展

多种形式的智慧教育平台推广和发展对于提升教育质量和普及教育资源至关重要。这种多样性的平台包括在线课堂、虚拟实验室、教学资源库、学习管理系统等不同形式，以满足不同教育需求和学习方式。

首先，在线课堂和虚拟实验室可以为学生提供灵活的学习机会，让他们随时随地参与教育活动，尤其适用于远程教育和自主学习。这种形式的平台可以为教师提供更多教学工具和资源，促进互动教学和个性化学习。

其次，教学资源库和学习管理系统可以帮助教育机构更好地管理和分享教育资源，提高资源的可及性和可持续利用性。这有助于教育领域的知识共享和合作，促进教育改革和创新。

最后，多种形式的智慧教育平台还可以为教育者提供更多选择，根据不同需求和预算选择适合的平台。这种多样性有助于推动教育技术的不断发展和提高教育的可及性，从而推动整个教育领域的进步。因此，推广和发展多种形式的智慧教育平台是当前教育领域的一个重要任务，将为教育带来更多机遇和改进。

第二节　智慧教育资源平台建设的核心问题

一、资源平台建设的设计理念与核心需求

（一）设计理念

1. 基于知识管理理念构建“社区式”的教育资源平台

基于知识管理理念构建“社区式”的教育资源平台是为了促进知识的共享、合作和创新。这样的平台将教育从传统的单向知识传递转变为互动和协作的过程。教育者和学生可以在这个社区中分享教育资源、教学经验和最佳实践，共同构建知识库。

在这个平台上，用户可以参与讨论、提出问题、回答疑惑，形成有机的知识交流网络。这有助于提高教育资源的质量和有效性，推动教育创新和改

进。同时，社区式的平台也能够鼓励学生参与主动学习和自主探究，培养他们的学习能力和合作精神。

总之，基于知识管理理念构建“社区式”的教育资源平台有助于推动教育领域的发展和知识的共享，为教育者和学生提供一个互动和合作的学习环境。这将有助于提高教育质量和培养具有创新能力的人才。

2. 合理借鉴电子商务网站的相关理念优化教育资源平台的运作

合理借鉴电子商务网站的相关理念可以帮助优化教育资源平台的运作。类似于电子商务网站的用户体验和功能，教育资源平台可以引入个性化推荐系统，根据学生的需求和兴趣提供定制化的学习资源。此外，借鉴电子商务的用户评价和评论机制，可以让教育者和学生对教育资源进行评价和反馈，提高资源的质量和可信度。同时，电子商务网站的数据分析和市场营销策略也可以用于优化教育资源的管理和推广，以满足用户需求并提高平台的知名度和影响力。综合而言，借鉴电子商务网站的理念可以为教育资源平台提供更好的运作模式和用户体验，推动教育领域的创新和发展。

3. 引入知识类网站、社会化网站的相关机制，强化用户体验

引入知识类网站和社会化网站的相关机制可以强化教育资源平台的用户体验。借鉴知识类网站的机制，平台可以建立丰富的知识库，让教育者和学生能够轻松获取并分享教育资源和信息。社会化网站的机制可以鼓励用户互动、合作和分享，创建一个互动和协作的学习社区。用户可以参与讨论、提出问题、分享经验，从而丰富平台内容并提高用户参与度。

通过引入这些机制，教育资源平台可以更好地满足用户需求，提供个性化的学习体验，促进用户间的互动和知识共享。这不仅有助于提高教育质量，还能够培养学生的自主学习能力和合作精神。综合而言，引入知识类网站和社会化网站的相关机制将有助于强化用户体验，推动教育资源平台的发展和创新。

4. 提出“信息”即“资源”的崭新资源观

提出“信息即资源”的崭新资源观是为了强调信息的重要性和价值。在教育领域，信息不仅是知识的载体，还是教育资源的核心组成部分。这个观念强调信息的可重复性、可传播性和可利用性，将信息视为资源的一种形式，为教育者和学生提供了更广泛的教育资源。

这一观念还促进了教育领域的数字化和智能化发展，通过技术手段更好地管理、共享和利用信息资源。同时，这也鼓励了教育者和学生积极参与信息的创造和分享，推动了教育领域的创新和进步。总之，这一崭新资源观强

调信息的价值和作用，为教育资源的发展和教育领域的提升提供了新的思路和机遇。

5. 一体化的解决方案，与其他教育信息化子系统无缝集成

一体化的解决方案具有与其他教育信息化子系统无缝集成的特点，旨在实现各教育信息化组件之间的高效协同和数据互通。这种一体化方法将不同的教育信息化子系统整合到一个统一的平台中，使教育机构能够更加综合和高效地管理学生信息、教学资源、课程管理、学习管理等各个方面。通过实现系统之间的紧密集成，提高了教育领域的数据共享和协同工作的能力，有助于提高教育的质量、效率和可管理性。这一综合性解决方案有助于提高教育信息化的整体效能，为学生和教育工作者提供更好的教育体验和支持。

6. 基于 SOA 构建教育资源平台，实现界面、数据和服务的整合

基于 SOA（面向服务的架构）构建教育资源平台旨在实现界面、数据和服务的整合。这一架构通过将不同的教育系统和组件拆分成独立的服务，使它们能够相互通信和协作。教育资源平台的界面、数据和服务可以无缝集成，提供了更高的可扩展性和灵活性。这意味着用户可以轻松访问各种教育资源、数据和功能，而无须在不同系统之间切换。通过 SOA 构建的教育资源平台能够更好地满足教育机构的需求，提高教育资源的可管理性和可用性，为学生和教育者提供更好的教育体验。

（二）核心需求

智慧校园的教育资源平台应着重满足以下几个方面的需求。

1. 提供海量优质教育学资源，满足日常教学需求

这些资源包括教材、课程内容、教学计划、教育技术工具等，覆盖了各个学科和年龄段。我们致力于为教育者和学生提供多样化、实用的教育资源，以支持他们的学习和教学活动。无论是在传统课堂教学还是在线学习环境中，我们的教育学资源都旨在提高教育质量，促进知识传递和学习成果的提升。

2. 与备课系统无缝整合，实现资源智能汇聚，提高资源检索与利用效率

这一整合使教育者可以轻松访问并整合各种教育资源，包括教材、课程内容、多媒体资料等，从而更好地支持备课过程。教育者能够在备课系统中智能地搜索、筛选和应用这些资源，提高了备课的效率和质量。这种集成也有助于推动教育创新，使教育者能够更灵活地定制课程和教学材料，以满足不同学生的需求，从而提高了教育资源的利用效率和教学质量。

3. 与讲课系统无缝整合，支持动态、灵活、开放的课堂教学

这种整合使教育者能够更好地与学生互动，并实现实时的教学反馈。讲课系统的功能可以与课堂教学紧密配合，提供多媒体演示、互动投票、在线讨论等工具，丰富了课堂教学的形式和内容。教育者可以根据学生的反应和学习情况动态调整教学策略，提高了教学的灵活性和个性化。这种整合还促进了教育创新，支持了开放式课堂教学，鼓励学生参与和合作，从而提高了课堂教学的质量和互动性。

4. 实时捕获各类教学信息，实现资源的动态生成、扩容与更新

通过收集和分析教学信息，我们能够不断生成新的教育资源，以满足不断变化的教育需求。这包括课程材料、教学方法、评估工具等各种资源的动态生成和更新。这种实时信息捕获和资源扩容机制有助于保持教育资源的新鲜度和适应性，提高了教育的质量和时效性。同时，它也支持个性化学习和教学，根据学生的需求和表现动态生成和提供合适的资源，提高了教育的个性化程度和效果。

5. 实现各类教学信息的分类存储、统计与分析

通过将不同类型的教学信息进行分类存储，我们能够更容易地管理和检索这些信息，确保教育资源的有效利用。同时，通过统计和分析这些信息，我们可以获得有关教育过程和学生表现的有价值的见解。这有助于教育者更好地了解学生的需求和教学效果，从而优化教育策略和资源配置，提高教育质量和学习成果。这种分类存储、统计与分析的方法是教育信息化的关键组成部分，有助于实现教育的持续改进和创新。

6. 支持学生基于资源的协作、探究的自主学习模式

这种模式鼓励学生通过共享和讨论教育资源，共同探索知识，提出问题，解决挑战，并从互相合作中获得学习成果。学生可以根据自己的兴趣和学习需求，选择适合的资源进行学习，从而实现个性化学习的目标。这种自主学习模式强调学生的主动参与和批判性思维，促进了知识的深入理解和应用，培养了学生的问题解决能力和创造性思维。支持这种模式的教育资源平台有助于教育的创新和个性化发展，提高了学生的学习动机和成就。

7. 支持教师基于资源的校本研修及教师专业发展

这种模式允许教师根据自己的专业兴趣和学习需求，访问各种教育资源，包括教育研究、教育技术、教学方法等。教育者可以在校本研修中探讨和分享最新的教育趋势和最佳实践，从而提高自己的教育水平和专业知识。这种教师专业发展模式有助于教育者不断提高教育质量，应对不断变化的教育挑

战，促进学校内的校本教育研究和合作，提高教育机构的整体绩效。支持这种模式的教育资源平台为教育者提供了便捷的学习和合作平台，有助于教师的职业成长和发展。

二、智慧教育的功能性与非功能性分析

（一）功能性分析

1. 系统整体功能

云服务提供端包括平台云服务管理中心和平台云服务资源库两大体系，前者负责整体治理平台所有服务，后者则是各种教育教学、业务层和监管服务等的云聚合，部署在云平台上，以满足广泛的教育需求。这一整体架构旨在提供灵活性、可配置性和多样性，以适应不同用户的需求和服务访问。

2. 云用户访问端口功能

云用户访问端是服务实体被访问的入口。也是数据访问的触发点。不同的平台使用者对服务的需求不相同，服务差别很大，所以云用户访问端为了满足不同使用者的需求，配置不同的访问空间、进入空间访问需求的服务。

（1）学习者空间

学习者空间是智慧教育云服务平台的一个关键组成部分，专为学生和学习者设计。它提供了一个个性化学习的环境，让学习者能够根据自己的需求和学习目标来访问教育资源和工具。

在学习者空间中，学生可以轻松地访问在线课程、教材、作业、测试和学习资料。他们可以根据自己的学习进度和兴趣选择课程内容，实现个性化的学习路径。学习者空间还支持学生之间的互动和协作，包括在线讨论、项目合作和群组学习，这有助于培养学生的合作能力和团队精神。

此外，学习者空间也提供了学习分析和跟踪工具，帮助学生了解自己的学习进展，并提供个性化建议和反馈。学生可以随时访问他们的学习记录和成绩，以便更好地管理自己的学习过程。

总之，学习者空间为学生提供了一个灵活、个性化和互动的学习环境，有助于提高他们的学术成就和学习体验。它促进了学习者的自主学习和个性化发展，是智慧教育云服务平台的重要组成部分。

（2）教师空间

教师空间是智慧教育云服务平台的专门区域，为教育者和教师提供了一

个全面支持教学和教育管理的工作环境。在教师空间中，教育者可以轻松访问和管理各种教育资源、课程内容和学生信息。

教师可以使用教师空间来创建和管理在线课程，制定教学计划，上传教材和多媒体资料，以及设置作业和测验。他们可以与学生进行在线互动，包括讨论、问题解答和评估学生作业。

此外，教师空间还提供了学生管理工具，包括学生信息的记录和跟踪，以及学生成绩的管理。教育者可以随时查看学生的学术表现和学习进展，以便提供个性化的指导和支持。

教师空间还支持教育者之间的合作和知识共享。教师可以参与教育社区、在线研讨会和教育资源共享，以获取教学灵感和专业发展机会。

综合而言，教师空间是教育者和教师的工作中心，提供了丰富的教育工具和资源，有助于提高教学效果和管理效率，促进了教育的创新和发展。它是智慧教育云服务平台的核心组成部分。

（3）组织机构空间

组织机构空间是智慧教育云服务平台的重要组成部分，旨在支持学校、教育机构和管理者进行教育资源和学生信息的有效管理和监督。这个空间为组织机构提供了多种工具和功能，以帮助他们更好地管理教育过程和资源。

在组织机构空间中，学校和教育机构可以轻松管理学生信息、教师信息和课程安排。他们可以跟踪学生的学术表现、出勤情况和课程进度，以便及时提供支持和反馈。组织机构还可以使用这个空间来配置和分配教育资源，包括教材、课程内容和多媒体资料。

此外，组织机构空间还支持教育监管和评估。管理者可以使用平台来监测教育过程、评估教育质量和制定政策。他们可以访问学校和教育机构的绩效数据，以便作出明智的管理决策。

组织机构空间也有助于促进教育者之间的合作和信息共享。学校和教育机构可以参与教育网络、合作项目和教育研究，以获取最新的教育趋势和最佳实践。

总之，组织机构空间为学校、教育机构和管理者提供了一个强大的工具，用于教育资源管理、学生信息管理、教育监管和合作。它有助于提高教育机构的运营效率和教育质量，是智慧教育云服务平台的关键组成部分。

（4）租户空间

租户空间是智慧教育云服务平台中的关键组成部分，为不同的租户（如教育机构、学校、培训中心等）提供了个性化的使用环境。在租户空间中，每个租户都可以享受独立的管理和配置权限，以满足其特定的教育需求和管理要求。

租户可以在其空间内创建和管理课程、教育资源、教材和学生信息。他们可以自定义教学计划、课程内容和学习材料，以适应自己的教育目标。租户还可以使用空间内的工具来管理学生信息、课程进度和学术表现。

此外，租户空间还支持租户之间的合作和资源共享。不同租户可以共享教育资源、课程内容和最佳实践，促进了教育的创新和发展。

租户空间为每个租户提供了一个安全、独立的教育管理环境，有助于提高教育机构的管理效率和教育质量。它是智慧教育云服务平台的核心功能之一，为各种教育机构提供了强大的教育资源管理和学生信息管理工具。

（5）管理员空间

管理员空间是智慧教育云服务平台的关键组成部分，专为系统管理员和平台管理者设计。这个空间提供了全面的管理和监控工具，用于管理整个平台的运行和维护。

在管理员空间中，系统管理员可以轻松地配置和管理用户权限、访问控制、安全策略和系统设置。他们可以监控平台的性能、资源使用情况和安全性，以确保平台的稳定运行。

此外，管理员空间还支持系统维护和升级，包括软件更新、数据备份和紧急修复。管理员可以随时访问平台的日志和报告，以便识别和解决问题。

管理员还可以与其他管理员和技术支持团队合作，共同管理平台的各个方面。他们可以参与系统改进、策略制定和用户支持，以确保平台不断满足用户的需求和期望。

总之，管理员空间为系统管理员提供了一个强大的工作环境，用于管理和监控智慧教育云服务平台的运行。它有助于确保平台的可靠性、安全性和高效性，是平台管理和维护的核心工具。

3. 云服务提供端口功能

（1）云服务管理中心

云服务管理中心是智慧教育云服务平台的核心组成部分，负责全面治理和管理平台上的各种云服务。该中心提供了一个集中的控制和监督点，用于确保平台的可用性、性能、安全性和合规性。

在云服务管理中心中，管理员可以管理和监控所有云服务的运行状态、性能指标和资源使用情况。他们可以配置和调整云服务的参数，以满足不同

租户和用户的需求。管理中心还支持云服务的自动化部署、扩展和升级，以确保平台的可扩展性和可维护性。

此外，云服务管理中心还负责安全管理和合规性监督。管理员可以实施访问控制、身份验证和数据加密等安全策略，以保护用户数据和隐私。他们还可以监测平台的合规性，确保平台符合相关法规和标准。

云服务管理中心是平台的运营和管理的中枢，有助于确保平台的高可用性和高性能。它为管理员提供了强大的工具和功能，用于管理和监控云服务的各个方面，是智慧教育云服务平台的关键组成部分。

（2）云服务资源库

云服务资源库是智慧教育云服务平台的重要组成部分，旨在为用户提供各种教育教学服务、业务层服务、监管服务等云服务的集合和存储。这个资源库充当了平台上各种云服务的存储和分发中心，确保用户可以轻松访问和利用这些服务。

在云服务资源库中，用户可以找到各种类型的云服务，包括在线课程、教育资源、教育应用程序、教学工具和管理系统等。这些服务可以满足不同用户的教育需求，包括学生、教师、教育机构和管理者。

云服务资源库还支持服务的自动化管理和部署。平台管理员可以轻松地添加、配置和更新云服务，以适应不断变化的需求。这样，用户可以随时获得最新的教育服务和工具。

总之，云服务资源库是智慧教育云服务平台的核心组成部分，为用户提供了丰富的教育资源和服务，有助于提高教育质量和效率。它是平台的服务集成和分发中心，为用户提供了便捷的访问和利用教育服务的途径。

（二）非功能性分析

智慧教育云服务平台对于平台的性能要求主要有易用性、可扩展性、可靠性、可维护性、安全性等。

1. 易用性

用户使用软件时的便利性是一个至关重要的因素，尤其对于智慧教育平台而言。一个好的智慧教育平台应该具备易于理解、学习成本低、操作便捷的特点，以确保所有用户，无论是学习者还是平台管理者，都能够通过简单的学习就能够轻松使用系统。这种用户友好性可以提高用户的满意度和参与度，同时也有助于提高平台的使用率和效率，从而更好地满足教育需求。因此，在设计和开发智慧教育平台时，要充分考虑用户体验，确保用户可以方便地利用平台的功能和资源，实现教育目标。

2. 可扩展性

这种灵活性意味着平台的系统架构应该具备足够的弹性，以容纳新的功能、服务和模块，而不需要重大改变或重构。这有助于平台在不断发展的教育环境中保持竞争力，并能够快速响应用户和市场的需求变化。因此，平台设计和开发时应该考虑到扩展性，确保平台能够持续演进和满足未来的业务需求。

3. 可靠性

智慧教育云服务平台的可靠性是至关重要的，它确保了系统能够在设定的时间和条件下正常运行其功能，并且不出现错误。从体系结构的角度来看，要求平台的每个层面和运行的子系统之间应该相互独立，互不影响。这种独立性有助于减少系统故障的传播和扩散，提高了系统的稳定性和可用性。同时，还需要建立有效的监控和故障处理机制，以及备份和恢复策略，以确保在发生故障时能够迅速恢复平台的正常运行。总之，平台的可靠性是确保教育服务连续性和用户满意度的关键要素，需要在系统设计和运维中得到特别重视。

4. 可维护性

在对代码进行修改时，应尽量保持代码的简洁和清晰，遵循良好的编码实践，并进行适当的注释和文档记录，以便其他开发人员能够轻松理解和维护代码。这有助于确保代码的可维护性和可扩展性，使系统能够适应新的环境和需求。

5. 安全性

数据安全和防御攻击性安全都是智慧教育云服务平台不可忽视的方面。通过合适的安全措施和技术手段，可以确保用户数据的保密性和平台的稳定性，从而提供安全可靠的教育服务。

第三节　智慧教育资源平台建设的关键技术

一、智能辅助教学工具

智能辅助教学工具是一种应用人工智能和先进技术的教育工具，旨在提供个性化、互动性和有效性更高的学习体验。这些工具可以包括虚拟助手、

自适应学习系统、在线练习和测验平台等，它们能够根据学生的需求和表现自动调整教学内容和方法，提供实时反馈和建议，以帮助学生更好地理解和掌握知识。智能辅助教学工具的应用有助于提高教育效果，促进个性化学习，提供给教师和学生更多的资源和支持，推动教育领域的创新和改进。

二、智能化教学内容生成

智能化教学内容生成是指借助人工智能和自动化技术，自动生成适应学生需求和教育目标的教学材料和资源。包括自动生成教材、课程内容、练习题、测验等教育资料。通过分析学生的学习表现、兴趣和需求，智能系统可以定制教育内容，提供个性化的学习体验。这种技术有助于提高教学效率，减轻教师的工作负担，促进个性化学习，使教育更加灵活和创新。

三、智能化教学评估系统

智能化教学评估系统是一种基于人工智能技术的教育工具，旨在自动化和个性化地评估学生的学习表现和理解程度。这种系统利用数据分析、机器学习和自然语言处理等技术，能够实时监测学生的学习过程，提供实时反馈和评估，识别学生的弱点和需求，并为教师和学生提供有针对性的建议和改进方案。智能化教学评估系统有助于提高教学质量，个性化学习，减轻教师的评估工作，促进学生的自主学习和成长。

四、基于云计算的教育资源库系统构建技术

基于云计算的教育资源库系统构建技术是一种利用云计算架构来存储、管理和提供教育资源的方法。这种技术通过将教育资源存储在云服务器上，实现了资源的集中管理和共享，同时提供了灵活的资源访问和使用方式。基于云计算的教育资源库系统可以根据需求扩展存储容量，提供高可用性和可伸缩性，从而更好地满足教育机构和学生的资源需求，促进教育资源的共享和利用。

五、基于 RSS 的信息聚合技术

基于 RSS 的信息聚合技术是一种通过使用 RSS 协议自动收集、整合和分发网络上的信息的方法。这种技术允许用户订阅他们感兴趣的网站、博客或新闻源，并将这些信息汇聚到一个单一的应用程序或服务中，以便轻松查看

和管理更新的内容。RSS 技术有助于节省时间，提供个性化的信息流，使用户能够及时获取他们关心的内容，无需浏览多个网站或应用程序。它在新闻、博客、社交媒体和其他在线内容领域都有广泛的应用。

第四节　智慧教育资源平台系统的构建

一、内容模块

内容模块的设计考虑了教学和智慧校园各子系统的资源存储需求，分为静态资源和动态资源两部分。静态资源指经过有计划设计和开发而形成的信息资源，主要通过整合示范学校现有资源，实现资源的跨校共享，并进行后续开发，旨在向区域内各级学校提供高质量且丰富的公共教育教学资源和文化资源。动态资源相对于静态资源而言，是在教学过程中实时生成的信息资源，具有明显的过程性特征，包括答疑库和电子档案袋两个模块，用以支持教学过程中的实时信息需求和资源生成。

（一）备课资源

备课资源库是一个存储海量教育资源的平台，旨在支持教师的备课工作，并为智能教学系统中的“智能备课”和“互动课堂”系统提供资源支持。通过备课软件，教师可以直接访问备课资源库中的相关资源，快速生成个性化的教案和课件。此外，平台还为每位教师提供个人存储空间，使教师能够及时存储他们生成的教案和课件，以便在课堂教学中实时调用，同时也可以与其他教师进行资源观摩和共享。这样的平台有助于提高备课效率，促进教师之间的合作与共享。

1. 素材库

这些素材包括文本、图片、音频、动画、视频等多种形式的内容，旨在为教师提供丰富多样的教育资源，帮助他们更好地备课和教学。无论是课程文本、图像资料、音频讲解、动画示范还是教育视频，都被精心整理并按学科知识点进行分类，以满足教育工作者的教学需求，提供多样化的教育工具和素材。

2. 课件库

课件旨在为教师提供备课参考，同时，教师使用“智能备课系统”制作的课件也可以存储在此库中。这使得教师可以随时方便地调用自己制作的课

件，同时也可以选择将其共享给其他教育工作者，促进资源的共享和合作。这个库的组织结构有助于教师更有效地备课和教学，提供了便捷的资源管理和共享方式。

3. 案例库

这个资源库包含了各种媒体元素组合的代表性事件或现象，这些事件或现象具有现实指导意义和教学意义。其中包括教案、典型的教学模式、教学设计等内容。这些资源的目的是为教育工作者提供具体的案例和示范，以便他们更好地理解和应用教育理论和方法。这个库的内容多样，涵盖了各种教育领域的代表性事件和现象，有助于教师在教学实践中获得灵感和指导。

4. 文献库

这个库包括教育相关的政策、法规、条例和规章制度的文件，以及各科课程标准和教学大纲等内容。此外，还记录了教育领域的重大事件和相关的历史文献。这个库的目的是为教育从业者和决策者提供准确和权威的教育政策信息，以及教育课程和标准的参考资料。这些资源有助于教育工作者了解并遵守教育法规，同时也提供了教学和教育决策的重要依据。

5. 工具库

这个资源库提供了常用的媒体素材处理软件、课件制作工具以及其他方便且易用的小工具和小软件，旨在辅助教师更高效、灵活地完成各种教学应用。这些工具涵盖了多种媒体处理、课件制作和教学辅助方面的需求，使教育工作者能够更轻松地创建、编辑和分享教育资源，提高教学质量和效率。无论是处理图像、音频和视频，还是创建交互式课件和教育工具，这个库中的工具都有助于丰富教学内容，满足不同学习需求。

6. 模板库

经典课件模板提供了各种不同主题和风格的课件模板，使教师可以轻松选择适合自己教学内容的模板，并根据需要进行自定义编辑。PPT 设计图库包含了丰富的图像、图表和图标资源，可用于美化和丰富课件的视觉效果。这些资源的提供有助于教师节省时间，同时创建具有吸引力和教育性的课件，提高了教学质量和效果。

（二）同步课堂

这个系统具备与“互动课堂系统”互联的数据接口，通过自动录播系统和相关应用软件系统，能够自动捕获、同步存储课堂教学实况数据。同时，系统提供了重点和拓展知识讲解视频以及参考资料，为移动学习提供了丰富的资源支持，支持学生课后的自主学习。此外，系统还会记录学生的自主学习情况，包括学习的内容和时间等信息，并生成相关报表。通过数据接口，这些学习信息被传送到“家校通”系统，最终通知家长，让他们全面了解孩子的学习状况，实现家校互通与合作。这一体系能够提供更加全面的学生学习支持，促进家校合作，助力学生取得更好的学习成绩。

（三）作业库

这个作业库按学科和年级整理并存储各类作业题目，包括必须完成的课堂作业、可供学生选择完成的拓展巩固作业，以及为部分学有余力的学生提供的强化提高作业。作业库与“智能教学系统”和“移动学习系统”具有数据接口，允许教师自主添加、发布、批阅作业。学生则能够通过移动学习终端查看、完成、并提交作业。这一体系提供了更加便捷和高效的作业管理方式，有助于教师更好地指导学生的学习，同时也让学生能够随时随地完成作业任务。

（四）试题库

这个试题库按学科和年级分类存储各种试卷和典型试题，其中包括同步测试、单元测试和综合测试。综合测试涵盖了各级各类学校的期末试题、各级升学考试的历年真题及模拟题。教师用户可以自主添加和调用试题，以备课和课堂测试之用，而学生也可以通过移动学习终端访问试题库，进行自主测试。此外，利用“智慧校园”其他子系统的相关应用软件，还可以实现智能组卷、在线测试以及系统阅卷等功能，提供了更加便捷和多样化的教育资源和评估工具，有助于提升教学质量和学生学习效果。

（五）电子教材库

电子教材库是一个按照年级和学科分类存储各种数字化教材的资源库。教师可以利用这些电子教材进行高效的备课和授课。学生则可以通过电子书包等终端设备来阅读这些电子教材，跟随老师的教学进度进行课堂学习，或者在课后进行自主学习。此外，学生还可以轻松记录电子笔记，以便复习和深化学习。电子教材的数字化和多媒体化使教育资源更加便捷地适应了现代学习方式和设备的需求，提高了教学和学习的效率和互动性。

（六）智慧校园文化

在电子教材库中，汇聚了丰富的教育资源，包括名师讲座视频、教育博客、微博内容，以及学生的经验分享、创意活动展示等。这些资源的数字化展示和共享有助于丰富校园文化，为教育机构提供更多的教育内容和灵感，促进教育创新和文化传承。同时，学生和教师也可以从中获取更多的学习和教育信息，丰富自己的知识和经验。这一连接与资源共享的机制有助于打造更加综合和丰富的智慧校园文化系统。

（七）答疑库

答疑库的数据接口与智能教学系统的辅导答疑模块相连接，用于存储学生通过辅导答疑系统提出的各种问题以及老师和学伴对这些问题的解答。这个库具有强大的检索功能，允许问题和答案按照关键字进行检索，以便学生能够轻松找到他们感兴趣或困惑的内容。此外，当同一类问题被提问的次数达到一定数量时，这些问题将被自动归类为“常见问题”（FAQ），为学生提供更便捷的答案查找和解决问题的途径。这一数据接口和库的连接为学生提供了有力的学习支持，帮助他们更好地理解和掌握学习内容。

（八）电子档案袋

教师档案袋和学生档案袋是教育信息化系统的重要组成部分，用于收集和管理教师和学生的相关信息。教师档案袋包括教师的工作计划、专业发展规划、教学反思以及业绩成果等信息，旨在辅助教师进行专业成长和个人业绩管理。学生档案袋则全面收集学生的考勤信息、作业信息、考试成绩，以及学生的学习计划、学习总结、课外作品、获奖与荣誉等学习过程信息。这些信息有助于进行对学生学习的过程性评价，促使学生形成自主学习能力和自我评价能力，从而更好地支持他们的学习和成长。这两个档案袋的功能为教育管理提供了强大的工具，有助于提高教育质量和教学效果。

二、功能设计

（一）媒体素材库

1. 资源分类

资源分类是教育信息化系统中的一项重要工作，它有助于对各种教育资源进行有序管理和利用。资源分类可以基于不同的标准和特征进行，如按学科、年级、主题、类型等进行分类。通过合理的资源分类，教育工作者和学生可以更轻松地找到他们需要的教育资源，提高了资源的利用效率。此外，资源分类还有助于教育管理部门对各类资源进行监管和评估，确保资源的质量和合规性。因此，资源分类在教育信息化中扮演着重要的角色，有助于实现教育资源的优化配置和更好的教育教学效果。

2. 资源上传

管理员用户和教师用户可以方便地将本地的教育资源上传并分享到平台上。这个功能支持多种文件格式，使用户可以上传各种类型的教育资源。在上传过程中，用户可以实时跟踪资源的上传进度，同时需要提供资源的必填信息，如资源名称、所属教育分类、资源用途、资源介绍以及关键字等属性，以便更好地分类和检索这些资源。这样的功能使教育工作者能够快速、简便地共享教育资源，有助于资源的丰富和共享，提高了教育信息化系统的效能。

3. 管理资源

管理资源是智慧教育平台的关键功能之一。它包括对已上传的教育资源进行分类、标记、审核和维护的过程。管理员和教师用户可以通过管理资源功能，对资源进行分类和标记，确保它们能够被准确地检索和使用。同时，管理员还可以审核上传的资源，以确保其质量和适用性。此外，管理资源还包括对资源的维护，包括更新、修复和删除不再需要的资源。通过有效的资源管理，智慧教育平台可以提供更好的资源管理和利用体验，有助于教育内容的优化和教学效果的提升。

4. 收藏资源

平台用户可以在查看资源的过程中选择将资源收藏起来，以便将来在学习和工作中使用。这个收藏功能允许用户将有价值的教育资源保存在自己的个人或专业收藏夹中，方便随时回顾和利用。无论是教师需要备课时还是学生需要复习时，他们可以轻松地访问自己的收藏夹，找到并使用之前收藏的资源，提高了资源的再利用率和学习效率。这个功能有助于用户更好地组织和管理他们的教育资源，以满足个人和专业需求。

5. 资源检索查找

资源检索查找是指平台用户可以通过关键字、分类、标签等方式来查找所需的教育资源。这一功能允许用户快速定位到他们需要的资源，从而提高了资源的可访问性和利用效率。无论是教师需要找到特定主题的教材，还是学生需要寻找相关学习资料，资源检索查找功能都为用户提供了便捷的工具，

帮助他们更有效地获取所需的教育资源。此外，高级搜索选项和过滤功能也可以进一步细化搜索结果，使用户能够更精确地找到符合其需求的资源。

6. 资源预览

资源预览是指平台用户可以在不必下载或不打开资源文件的情况下，通过预览功能来查看资源的内容或摘要信息。这一功能有助于用户在决定是否要获取资源时，能够快速浏览资源的关键内容，从而更好地了解资源的质量和适用性。资源预览通常包括资源的缩略图、简要描述、关键信息等，让用户能够在不浪费时间下载不适用的资源的情况下，做出明智的选择。资源预览功能对于教育平台而言，提供了更好的用户体验，帮助用户更快速地找到并获取他们需要的教育资源。

（二）在线习题

1. 习题库维护

习题库维护是指对平台内的习题资源进行管理、更新和维护的过程。包括了添加新的习题，更新过时的习题，检查和修复习题中的错误，以及确保习题的质量和适用性。维护习题库是为了确保教育平台上的习题资源始终保持最新、准确和有用，以满足教育工作者和学生的学习需求。这一过程通常由平台管理员或教师用户负责，他们可以根据教学计划和学科要求来管理习题库，以提供高质量的教育资源供学生使用。

2. 习题检索

习题检索是指在教育平台中，用户可以根据特定的条件和需求来查找和筛选习题资源的过程。通过习题检索功能，用户可以输入关键词、选择学科、年级、难度级别等条件，以便快速定位符合其教学或学习需求的习题。这有助于教师找到适合课堂教学的习题，学生也可以通过检索找到适合自己的练习题目。习题检索提供了更加便捷和个性化的习题资源获取方式，提高了教学和学习的效率和质量。

3. 智能组卷

智能组卷是指在教育平台上利用先进的技术和算法，根据教学要求和相关条件，自动生成符合要求的试卷或习题卷。这个过程是自动化的，通过智能组卷功能，用户可以选择所需的试题类型、题目数量、难度级别等参数，然后系统会根据这些参数从题库中智能地筛选和组合试题，生成定制化的试卷。智能组卷能够大大减轻教师的备课工作负担，提供多样性的题目组合，有助于个性化教学和评估，提高了教学效率和灵活性。

4. 在线测试

在线测试是一种通过互联网或电子教育平台进行的考试和测验方式，学生可以使用电脑、平板电脑或其他设备在线完成题目并提交答案。在线测试通常具有灵活的题型，包括单选题、多选题、填空题、主观题等，可以根据教师的需求和课程要求进行定制。这种方式使得评估和反馈更加及时和方便，还可以提供自动化的评分和分析功能，有助于教师更好地了解学生的学习进展并进行个性化指导。同时，学生也可以根据自己的学习进度随时参加在线测试，促进自主学习和复习。

（三）辅导答疑

辅导答疑是一种教育支持服务，通常通过教育平台或在线教育系统提供。学生在学习过程中遇到问题时，可以通过辅导答疑系统提出问题，等待老师、导师或其他学生的回答和解答。这种方式能够迅速解决学习中的疑惑，提供个性化的学术支持，有助于学生更好地理解课程内容。辅导答疑还可以促进学生之间的互助与协作，提高学习效率，同时也为教师提供了了解学生学习需求的渠道，以便更好地进行教学指导。

（四）综合评价

1. 学生分析

学生分析是指通过对学生的学术表现、学习行为和学习进程的数据进行收集、整理和分析，以获取关于学生学习情况的深入洞察和理解。这种分析包括学生的学科成绩、考试表现、作业完成情况、出勤记录、课堂参与度、学习进度等方面的数据。通过学生分析，教育机构和教师可以识别学生的学习需求、弱点和潜在问题，以便采取有针对性的教育干预措施，提供更好的教育支持，帮助学生实现更好的学术成就和学习体验。这种数据驱动的学生分析有助于个性化教育的实施，提高教育质量和学生成功的机会。

2. 教师分析

教师分析是指通过对教师在教学活动中的表现和教育实践的数据进行收集、整理和分析，以评估和改进教师的教学质量和效能。这种分析包括教师的课堂教学评价、学生反馈、课程设计、教学方法、教育培训记录等方面的数据。通过教师分析，教育机构和教育管理者可以识别教师的教育需求、教学强项和改进领域，以便提供有针对性的培训和支持，帮助教师提高教学质量和学生学习成果。这种数据驱动的教师分析有助于提高教育体系的效率和

教学水平，促进教育改革和创新。

三、技术路线

资源平台使用 Java 语言开发，基于 Spring MVC 和 Hibernate 的技术框架，结合三层架构，最终发布为 B/S 网络结构模式的在线应用平台。

（一）架构与模式

1. B/S 结构

B/S 结构，全称为 Browser/Server 结构，是一种计算机系统的体系结构，其中浏览器（Browser）是客户端，服务器（Server）是服务器端。在这种体系结构中，用户通过浏览器访问服务器上托管的应用程序和数据，而不需要在本地计算机上安装任何客户端应用程序。这种结构的主要特点如下。

① 客户端轻量化：由于客户端仅需要一个现代的 Web 浏览器，因此客户端的安装和维护相对较简单，用户可以通过各种设备（如计算机、平板电脑、智能手机）访问应用程序。

② 中央化管理：所有应用程序和数据都存储在服务器上，这使得应用程序的管理、更新和维护更加集中化和便捷。

③ 跨平台兼容性：由于 B/S 结构不依赖于特定的操作系统或平台，因此可以跨不同操作系统和设备使用，提供了更广泛的兼容性。

④ 安全性：通过服务器端的安全性控制和身份验证，可以更好地保护数据和应用程序，减少了客户端攻击的风险。

⑤ 网络依赖性：B/S 结构需要可靠的网络连接，因为应用程序和数据都位于服务器上，离线访问可能会受到限制。

⑥ 实时性：由于数据和应用程序需要通过网络传输，可能会受到网络延迟的影响，因此对于某些需要实时性的应用来说，可能不太适合 B/S 结构。

总之，B/S 结构在现代互联网应用程序中广泛使用，它提供了访问便捷、集中管理和跨平台兼容性等优势，适用于许多不同类型的 Web 应用程序和服务。

2. 三层架构

三层架构是一种常见的软件架构模式，通常用于构建复杂的应用程序和系统。它将一个应用程序分为三个主要层次或组件，每个层次都有不同的职责和功能，包括以下三个层次。

① 表示层：也称为用户界面层，它负责与用户交互，呈现数据和接收用

户输入。这一层通常包括用户界面元素，如图形用户界面（GUI）、Web 界面或移动应用程序界面。表示层的主要目标是提供用户友好的界面，将用户的请求传递给下一层（业务逻辑层）并显示来自下一层的数据。

② 业务逻辑层：也称为应用程序层，它包含应用程序的核心业务逻辑和处理功能。这一层负责处理用户的请求、执行业务规则、处理数据并与数据访问层进行交互。业务逻辑层通常是应用程序的大脑，确保应用程序按照特定的业务需求和规则运行。

③ 数据访问层：也称为持久层，它负责管理数据的存储、检索和持久化。这一层与数据库或其他数据存储系统进行通信，执行数据的读取和写入操作。数据访问层的存在使业务逻辑层能够独立于底层数据存储的具体细节进行操作。

三层架构的主要优点包括分离关注点、提高可维护性、可扩展性和灵活性。它允许开发人员更容易管理和维护应用程序，因为每个层次都有明确的职责，可以单独开发、测试和维护。此外，三层架构也支持多平台和多设备访问，因为表示层可以根据需要定制。

（二）技术框架

1. Spring MVC 框架

Spring MVC 是一种基于 Java 的开源 Web 应用程序框架，它是 Spring 框架的一部分，用于构建 Web 应用程序。Spring MVC 采用了模型—视图—控制器（MVC）的设计模式，这种模式将应用程序分为三个主要组件。

① 模型：模型代表应用程序的业务逻辑和数据。它负责处理数据的存储、检索和处理，以及应用程序的核心业务逻辑。模型通常由 Java 对象表示，可以与数据库、Web 服务等进行交互。

② 视图：视图负责呈现数据给用户，通常以 HTML 页面或其他 UI 元素的形式展示。Spring MVC 支持多种视图技术，包括 JSP、Thymeleaf、Freemarker 等。视图负责将模型的数据渲染到用户界面上。

③ 控制器：控制器是 Spring MVC 框架的中心，它接收用户的 HTTP 请求并协调模型和视图的交互。控制器负责路由请求、处理业务逻辑、调用模型进行数据处理，然后选择合适的视图来呈现响应给用户。控制器通常由 Java 类表示，使用注解或 XML 配置来定义请求映射。

Spring MVC 提供了一些关键功能和特性如下。

松耦合：Spring MVC 支持松散的耦合，使开发人员能够更容易测试和维护应用程序的各个部分。

可扩展性：开发人员可以轻松地添加自定义组件和拦截器来扩展框架的功能。

注解支持：Spring MVC 引入了注解，使控制器和请求映射的配置更加简洁。

数据绑定：Spring MVC 提供了强大的数据绑定功能，可以将 HTTP 请求参数映射到 Java 对象上。

国际化和本地化支持：框架支持多语言和区域设置，使应用程序能够全球化。

Spring MVC 通常与 Spring IoC 容器结合使用，以实现依赖注入和管理应用程序的组件。它被广泛用于构建企业级 Java Web 应用程序，提供了一种可靠、灵活和可扩展的方式来开发 Web 应用程序。

2. Hibernate 框架

Hibernate 被广泛用于 Java 应用程序的数据持久性层，特别是在企业级应用和 Web 应用的开发中，它提供了一种高效且可维护的方式来管理和操作数据库。Hibernate 的使用使开发人员能够更专注于业务逻辑的实现，而不必担心数据库细节。

第五节　智慧教育资源平台的应用分析

一、研究成果应用情况

（一）本校应用（本校学生直接受益）

本校应用是指一种针对学校内部的教育和管理需求而定制开发的应用程序或软件，主要面向本校的学生、教职员工和管理人员，旨在提供各种功能和服务，以满足学校内部的各种需求。这些应用程序包括学生信息管理系统、教务管理系统、图书馆管理系统、校园门禁系统、学生考勤系统、成绩查询系统等，旨在提高学校的教育质量、管理效率和学生服务水平。本校应用通常根据学校的特定需求进行定制开发，以确保与学校的教育目标和管理流程相契合，从而为本校学生提供更好的教育和学习环境。

（二）校内外同行专家充分肯定

校内外同行专家充分肯定是指在学校或教育领域内，来自校内和校外的专家对某一方面或某项工作给予高度评价和认可。这通常表示学校或机构在特定领域或项目中取得了显著的成就或表现出色，得到了同行专家的积极评价和认可。这种肯定是对教育质量、研究成果、管理效率、创新实践等方面的肯定，通常反映了学校或机构在相关领域的领导地位和影响力。这种肯定对于学校或机构的声誉和发展都具有重要意义，通常也会为其带来更多的机会和资源支持。

二、教学效果分析

经过多年对参与多媒体课件设计和制作课程教学改革与实践研究的学生跟踪，得出以下几个方面结论。

（一）学生实践动手能力方面

通过开发满足各种学科教学需求的多媒体课件，教师能够根据实际应用需求，提供更丰富多样的教育资源，从而提升教学实践中独立分析问题和解决问题的能力。这种能力提升有助于教师更好地适应不同学科和教学场景，提供更具创新性和实效性的教育教学内容，同时也为学生提供了更具吸引力和互动性的学习体验。因此，开发多媒体课件不仅有助于丰富教育资源，还促进了教师专业能力的提升和教育质量的提高。

（二）学生日常学习表现方面

关于学生日常学习表现，智慧教育平台可以提供全面的数据和分析。通过平台，教师可以轻松跟踪学生的学习进展、课堂参与情况、作业完成情况和考试成绩等关键指标。这些数据不仅帮助教师更好地了解每个学生的学术表现，还可以提供有针对性的反馈和支持，以满足学生的个性化学习需求。同时，学生本人也可以访问平台，查看自己的学习进度和成绩，帮助他们更好地管理自己的学业。这种实时的学生学习数据分析有助于提高学生的学术表现，并为教师和学生提供了更多的教育决策支持。

（三）课题组成员方面

对于课题组成员，智慧教育平台可以提供协作和信息共享的功能。不同

的课题组成员可以在平台上共享教学资源、研究成果和课程设计，从而促进团队协作和知识交流。平台也可以记录每个成员的贡献和参与度，有助于课题组的管理和评估。此外，平台还可以提供讨论和协作工具，以促进成员之间的实时交流和合作。这样的功能有助于提高课题组的工作效率和合作水平，推动教育研究和项目的成功实施。

三、具体实施中存在的问题和解决方案

（一）学生配合问题

在智慧教育平台中，学生的配合至关重要。学生可以通过平台参与课堂互动、完成作业、查阅教学资源和与教师、同学互动交流。他们需要积极参与在线学习和互动，提出问题，分享观点，并按时完成作业和考试。学生的积极配合可以提高他们的学习效果，增强自主学习能力，并使智慧教育平台发挥最大的教育效益。同时，学生还可以通过平台记录自己的学习进度和表现，以便教师和家长监督和指导。因此，学生的积极配合是智慧教育平台成功实施的重要因素之一。

（二）精力、时间问题

在使用智慧教育平台时，精力和时间管理变得尤为重要。教师和学生需要有效地安排精力和时间，以充分利用平台提供的教育资源和工具。包括合理安排课堂时间、备课时间、学习时间以及使用平台的时间。教师需要花时间制定课程计划、上传教材、评估学生作业，而学生则需要安排时间完成作业、学习课程内容和参与在线互动。

同时，平台的便捷性和灵活性也有助于教师和学生更好地管理精力和时间。可以通过智慧教育平台更高效地进行教学和学习，提高工作和学习效率，从而更好地应对精力和时间的挑战。因此，有效的时间管理和充分利用平台的功能是成功使用智慧教育平台的关键。

（三）教学评价问题

在智慧教育平台上，教学评价变得更加全面和多样化。教师可以借助平台提供的工具和数据来进行更精准的评价。包括通过在线测试、作业提交和互动课堂记录来评估学生的学术表现。教师还可以分析学生的学习数据，识别学生的弱点和需求，并根据这些信息提供个性化的指导和支持。

另外，学生也可以通过平台参与自我评价和同伴评价，促进互动和合作学习。这种多维度的评价方法有助于更好地了解学生的学习进展，为他们提供有针对性的反馈和建议。总之，智慧教育平台提供了更多教学评价的机会和工具，有助于提高教学和学习的质量。

四、教学过程中的启示

（一）转换教育理念，突出智慧教育目标

这一理念不仅提出了对学校教育新的要求，也反思了传统教育观念的不足，更是为了培养学生具备智慧的生存、创造和生活能力，这是智慧教育的重要目标。通过启发学生的思维和创造力，智慧教育旨在培养具备综合能力和创新潜力的学生。这一理念的实施对于教育体制和教学方法都提出了挑战，但也为未来的教育发展提供了新的方向和可能性。

1. 非智慧教育理念的转换

非智慧教育理念的转变是教育领域的一项重大挑战，它要求我们摆脱传统的教育观念，从传授知识转向启发思维和培养综合能力。这一转变意味着教育不再仅仅关注课堂内的知识传递，而是要更注重学生的自主学习和创造性思维。教育者需要更多地充当引导者和激励者的角色，激发学生的学习兴趣和潜力。同时，这也需要改变教育体制和教学方法，引入创新性的教育工具和技术，以更好地满足智慧教育理念的要求。这一转变是为了培养具备智慧、创造性和适应性的学生，使他们能够更好地适应未来社会的需求和挑战。

2. 智慧教育目标的确立

确立智慧教育目标是教育领域中的一项关键任务。智慧教育目标的明确有助于引导教育体系朝着更为综合和有意义的方向发展。智慧教育旨在培养具备多元化技能和综合素质的学生。包括了知识的掌握，创造性思维的培养，社交和情感智力的发展，以及实际问题解决的能力。通过明确定义这些目标，教育体系可以更好地为学生的全面成长提供支持。

智慧教育目标要求学校和教师采用创新的教学方法和工具。包括利用技术来增强学习体验，推动个性化教育，以及鼓励学生参与实际问题的研究和解决。这些目标的确立有助于教育者更好地理解如何为学生提供更具吸引力和有益的教育。

智慧教育目标还强调了教育的社会和道德责任。学生被鼓励成为积极的社会参与者，具备批判性思考和伦理决策的能力。这些目标的确立有助于培

养有责任感的公民，他们能够为社会和环境的可持续发展作出贡献。

智慧教育目标的确立需要整个社会的合作。政府、学校、教师、学生、家长和业界都需要共同努力，以实现这些目标。这需要投资于教育技术和资源，改进教育政策，以及鼓励创新和协作。只有通过共同的努力，智慧教育目标才能够得以实现，为学生的未来和社会的进步提供更好的支持和保障。

（二）智慧教育主体建设

1. 开发学生智慧需求

开发学生的智慧需求是智慧教育的核心任务之一。智慧教育的目标之一是培养具备多元化技能和创造性思维的学生，因此必须深入了解和满足他们的智慧需求。

了解学生的个性和学习风格是关键。每位学生都有独特的学习方式和需求，因此教育者需要采用个性化的方法来满足他们的需求。这可以通过定期的学生评估和反馈来实现，以便更好地了解他们的兴趣、能力和学术目标。

了解学生的社交和情感需求同样重要。学生需要建立积极的人际关系，发展情感智力，提高自我意识和自我管理能力。教育者可以通过鼓励合作学习、提供情感支持和教导社交技能来满足这些需求。

了解学生的职业和实际问题解决的需求也是关键。教育不仅要提供学科知识，还要培养学生解决现实世界问题的能力。这可以通过项目驱动的教学、实践性课程和实习机会来实现，以使学生能够应对职业挑战和社会问题。

了解学生的道德和公民需求也非常重要。智慧教育旨在培养有责任感的公民，因此教育者需要强调伦理决策和社会责任教育。学生需要理解自己在社会中的作用，以及如何为社会和环境的可持续发展作出贡献。

开发学生的智慧需求需要教育者综合考虑学生的个性、社交、情感、职业、道德和公民需求。只有全面满足这些需求，才能够培养具备综合素质和创造性思维的学生，为他们的未来成功和社会的进步提供坚实的基础。

2. 培养教师教育智慧

培养教师的教育智慧是教育领域的一项重要任务。教育智慧是指教师具备了深刻的教育理念、教学策略和教育心理学知识，能够在教育实践中灵活运用这些知识和技能，以便更好地满足学生的需求，激发学生的学习兴趣，提高教育教学的质量。培养教师的教育智慧，有以下几个关键方面。

① 专业知识：教师需要深入了解教育学、心理学、教育技术和相关领域

的最新研究和理论。这将有助于他们更好地理解学生的学习需求和行为，制定更有效的教学策略。

② 实践经验：教育智慧不仅仅是理论知识，还包括实际教育经验。教师需要积累丰富的教学实践，不断反思和改进自己的教学方法。

③ 反思和批判性思维：培养教育智慧的关键是培养教师的反思和批判性思维能力。他们需要不断地审视自己的教学做法，思考如何改进和创新。

④ 个性化教育：教育智慧也包括了个性化教育的能力，教师需要了解每个学生的独特需求，并根据这些需求调整教学方法和内容。

⑤ 教育技术：现代教育中，教育技术是不可或缺的一部分。教师需要熟悉各种教育技术工具，并能够将其有机地融入教学中，以提高学生的参与度和学习效果。

⑥ 终身学习：教育是一个不断发展的领域，培养教师的教育智慧需要持续的学习和专业发展。教师应积极参加培训和研讨会，与同行交流经验，保持对教育领域的敏感性。

总之，培养教师的教育智慧是提高教育质量和学生成绩的关键。教育机构和政策制定者应该提供支持和资源，以帮助教师不断发展他们的教育智慧，从而更好地满足学生的需求，推动教育的进步。

（三）开阔智慧教育视野，丰富智慧教育内容

1. 理性智慧的培养

（1）系统科学知识的智慧学习

系统科学知识的智慧学习是一种深刻理解和应用系统科学原理的学习方式。它不仅是对知识的被动接收，更强调学生积极主动地思考、分析和应用系统科学的原则和方法。智慧学习系统科学知识的关键在于：

① 深刻理解：学生需要深入理解系统科学的核心概念和原理，包括系统思维、系统动力学、复杂性理论等。他们应该能够清晰地解释系统科学中的关键概念，并能将这些概念应用到实际问题中。

② 跨学科融合：系统科学通常涉及多个学科领域的知识，包括数学、物理、生物学、社会科学等。智慧学习要求学生具备跨学科融合的能力，将不同领域的知识有机结合，以解决复杂的问题。

③ 创造性思维：学生应该培养创造性思维，能够提出新的问题、构建新的模型，并提供创新的解决方案。系统科学的学习鼓励学生思考问题的不同角度，并提供独特的见解。

④ 实践应用：智慧学习系统科学知识强调实际应用。学生应该能够将所学知识应用到实际生活和工作中，解决实际问题，提高决策质量。

⑤ 合作与交流：系统科学的学习通常需要合作与交流。学生应该能够与同学和教师合作，分享想法，共同解决问题。这种协作精神对于系统科学的理解和应用非常重要。

综上所述，系统科学知识的智慧学习不仅仅是知识的传递，更强调学生的主动思考和实际应用能力的培养。这种学习方式有助于培养学生的系统思维、创新能力和解决复杂问题的能力，为他们未来的职业和生活提供了有力的支持。

（2）科学知识的智慧提升

科学知识的智慧提升是一种深度理解、主动思考和创新应用科学知识的过程。它强调不仅是知识的被动接受，更注重学生在学习过程中培养出的深刻理解、批判性思维和实际应用的能力。科学知识的智慧提升包括以下关键要素。

① 深刻理解：学生需要深入理解科学知识的基本原理和概念，而不仅仅是记住表面的信息。他们应该能够解释这些知识的背后原理，并理解不同领域之间的联系。

② 批判性思维：智慧提升要求学生具备批判性思维的能力，能够质疑、分析和评估科学观点和论据。他们应该能够提出问题、寻找证据，并做出合理的判断。

③ 跨学科融合：科学知识通常涉及多个学科领域的交叉。智慧提升鼓励学生将不同学科的知识融合在一起，以解决复杂的问题。

④ 创新应用：学生应该能够将所学的科学知识应用到实际问题中，并提供创新的解决方案。他们应该能够发现新的问题、提出新的研究方向，并在实践中不断改进。

⑤ 沟通与表达：智慧提升还包括学生的沟通和表达能力。他们应该能够清晰地传达他们的观点、研究结果和创新想法，无论是通过口头演讲、写作还是其他形式。

⑥ 自主学习：智慧提升强调学生的自主学习能力。他们应该具备自我规划、自我指导和自主探究的能力，能够主动寻找和学习新知识。

科学知识的智慧提升不仅有助于学生在学术领域取得更好的成绩，还培养了他们的批判性思维、解决问题的能力和创新潜力，为未来的职业和生活打下了坚实的基础。这种提升方式旨在培养终身学习者，使他们能够持续地适应不断变化的知识和社会环境。

（3）深度学习

深度学习是一种机器学习方法，它模仿人类大脑神经网络的结构和功能，通过多层神经网络来自动学习和提取数据的特征，从而实现对复杂问题的高效处理和准确预测。深度学习的核心是人工神经网络，其中包括输入层、多个隐藏层和输出层，每一层都由多个神经元组成，它们之间的连接带有权重，通过反向传播算法来不断优化这些权重以提高模型的性能。

深度学习在图像识别、语音识别、自然语言处理、推荐系统等领域取得了显著的成就，例如在图像识别中的卷积神经网络（CNN）和在自然语言处理中的循环神经网络（RNN）等模型。深度学习的优势在于它可以处理大规模数据，学习复杂的非线性关系，并在许多任务中超越传统的机器学习方法。

深度学习的应用领域广泛，包括自动驾驶汽车、医疗诊断、金融风险管理、语音助手、智能推荐和机器翻译等。它的不断发展和创新为人工智能领域带来了巨大的推动力，使机器可以更好地模仿人类的感知和认知能力，开创了许多令人兴奋的应用前景。

2. 价值智慧的培养

教育的目标不仅仅是传授知识，更重要的是培养学生的智慧和价值观。智慧的培养不仅涉及学术领域的学习，还包括了个人的成长和生活方式的选择。教育应该引导学生认识到自己的智慧在生存、创造和生活中的价值，帮助他们形成积极的人生观和价值观。这需要教育不仅在课堂上进行，还需要融入到学生的日常生活中，让他们在实践中体验到智慧和价值的关联，从而塑造出智慧的人格。这种教育方式可以帮助学生更好地理解和运用他们的智慧，使他们成为有价值观念的智慧人。

（1）教学中价值引导

教学中引导学生价值的培养是一个重要的教育任务。这可以通过多种方式实现，包括直接的价值知识课程和将价值观念融入科学知识的学习中。在直接的价值知识课程中，教师可以教授关于社会、自然、他人和自己的价值观念，引导学生理解和内化这些价值观念。此外，教师还可以创造情境，让学生在实际情境中体验和理解各种价值观念，使他们能够将这些观念应用到实际生活中。

无论是直接教授价值观念还是通过情境学习，都需要给予学生反思和反

馈的机会。学生应该反思自己的价值观念，与所学的价值观念进行对比，了解它们之间的差异。他们还应该反思这些价值观念对他们自己行动选择的影响，以及对社会价值观念的贡献。这样，学生可以真正理解和接受这些价值观念，并在行动中坚持它们，不受其他因素的干扰。这有助于培养学生的独立思考和价值选择能力，使他们成为具有良好价值观的社会成员。

将价值教育融入知识教育中是一项重要而有挑战性的任务。这可以通过在教学活动中设计和引入价值观念来实现，以确保学生在知识学习的过程中也能够理解和内化这些价值观念。在文化知识教学中，将价值教学融入其中，可以为学生提供有关文化价值观念的实例，使他们更容易理解和关注这些价值观念。

此外，将价值观念融入到知识教学中也可以丰富教学内容，使学习过程更有趣味性。这样的教学方法可以帮助学生在知识学习中形成一定的价值观念，同时提高了教学的智慧性，使知识的学习不再显得枯燥乏味。

鼓励学生广泛阅读并引导他们阅读具有各种价值教育意义的书籍也是培养学生价值观念的有效方式。通过阅读，学生可以拓展自己的价值世界，并通过反思和讨论来深化对价值观念的理解。这有助于他们发现生命的价值，思考生活和生存的价值，从而形成更为完善的个人价值体系。

（2）学校生活中引导

教师不仅要传授知识，还要在行为上展示出积极的价值观念和道德行为，成为学生的榜样和引导者。只有教师自身拥有良好的价值观念和道德品质，才能有效地影响学生，使他们能够在教育过程中受到良好的示范和启发。

教师的榜样作用不仅是在教学中，还包括在日常生活中的表现。教师的言行举止、处理问题的方式、与他人的互动等都会被学生观察和模仿。因此，教师应该时刻注意自己的行为和言辞，确保它们与所要传达的价值观念一致。教师还可以通过课堂讨论、案例分析等方式引导学生思考和讨论价值观念，并帮助他们形成独立的价值判断能力。

教师在学生的成长过程中扮演着重要的角色，引导学生形成正确的价值观念和行为习惯是教育的重要任务之一。通过了解和关心学生的具体生活，教师可以更好地把握他们的需求和挑战，从而更有针对性地进行教育引导。班会和课外活动等是与学生建立更深层次联系的平台，教师可以通过这些机会与学生进行互动，促进价值观念的讨论和思考。在这些场合，教师可以提供具体的案例和情境，让学生从实际生活中思考和理解价值选择的重要性。教师的关心和指导对于学生的成长至关重要。当学生遇到问题或困难时，教师的及时交流和谈心可以提供情感支持和解决问题的建议。通过与学生的深入交流，教师可以帮助他们形成自主思考和反思的习惯，从而不断成长和发展。教师在学生的实践中引导他们形成正确的价值观念，不仅有助于学生的个人成长，也有助于社会的价值传承。促进学生在问题和困难中进行反思和成长，有助于培养他们的智慧人格，使他们更有能力应对未来的挑战。

（四）加强智慧教育实践，促进实践智慧的生成

实现教育环境和内容的生活化意味着将学习与学生的日常生活联系起来，使学习更具意义和实用性。这可以通过引入与学生生活相关的案例研究、项目工作、实地考察等方法来实现。教育应该关注培养学生的创造性思维、批判性思维和解决问题的能力，使他们能够应对生活中的各种挑战。

教育方法和模式的生活化意味着采用与学生生活相符的教育方法，使学习过程更加亲近学生。包括使用技术工具、在线学习平台、项目制学习等方式，使学生能够在不同的情境中进行学习，并在实际生活中应用所学知识。

1. 教育内容和环境的实践化

教育内容的实践化是非常重要的。首先，教材和课本应该与实际社会联系紧密，引入健康的社会价值观、行动方式和方法，丰富教学内容。我们需要加强教材内容与社会实践以及生活体验的联系，以帮助学生更好地了解社会、适应社会的不断变化和发展，并促进他们的实践智慧。其次，教学活动应与社会实践相结合。这意味着将知识应用到实际活动中，有目的地向学生展示和分析社会实践和生活中可能遇到的情境。此外，我们还需要创造教学情境，使学生能够体验、理解、分析、应对和解决社会生活中的问题。同时，增加课外活动和实践机会，让学生亲身参与实践，促进知识的应用和实践智慧的成长。这种教育方式可以更好地培养学生的综合素质和实践能力。

实现教育环境的实践化至关重要。首先，我们需要推动学校教育的开放化，逐步将社会中健康的内容、活动和机制引入学校。这一开放化体现在学校管理层、教师、学生和管理体制的各个方面。学校管理者和教师应积极吸纳社会的积极影响，将社会中的先进理念和思想融入学校，以引导学校的学风和校风。同时，学校的管理体制应与社会接轨，采取开放式管理，赋予教师和学生更多特色和自由，以促使学校教育与社会不断融合，将社会生活中的积极元素引入学校。

其次，需要积极促进学校教育与社会融合，通过教育中的价值观和行为准则来引导和改善社会。教育应该不断扩大其对生活的影响和引领作用。通

过教育中的价值观和行为准则，教师可以影响学生和社会的价值观，使之更加纯洁和高尚。学生也能够真实地感受到所学知识的优越性和实用性，愿意将其转化为实际行为，从而影响周围的人，推动社会的不断进步。这种教育方式将有助于建立更加开放和积极的社会环境，培养具有良好价值观和实践能力的新一代公民。

2. 教育方法和模式实践化

将教育方法和模式实践化需要更加注重学生的直接经验，鼓励他们观察世界，进行体验性和观察性教学。学生作为生态系统的一部分，拥有自己的体验、情感和观察能力。在教学中，我们应该将抽象的书本知识融入到学生的实际经验中，通过情境化、体验化的教学活动，以具体、直接、感性的方式呈现知识给学生。需要关注学生的兴趣和生活经验，将课堂教学变成一个学生亲身体验的过程，将教师和学生的经验和体验相连接。

同时，应该增加学生在实践中学习的机会，不仅限于课堂内的教学。组织学生参观文化展览、开展竞赛活动等方式，可以促使学生积极参与、观察和体验，使他们更多地享受到智慧学习的乐趣。这种实践化的教育方法有助于激发学生的学习热情，培养他们的观察力和实践能力，使教育更加富有活力和效果。

教育方法和模式的实践化需要不断促进师生之间的互动，建立自由平等的关系，并互相尊重和理解。在教学过程中，教师和学生应该能够自由地参与，相互交流、沟通、回应和影响。教师应该充分尊重学生的个体差异，尊重他们的自主性，而学生则应该对教师给予尊重和信任，一同享受知识学习的乐趣。

除了课堂内的互动，教师和学生也应该平等地参与课外活动，共同体验校园生活。教师在这里扮演了倾听者和指导者的角色，为学生提供了广阔的自由空间，使他们能够充分展示个性，在与教师的交流和互动中相互影响，共同成长。这种平等互动的教育方式有助于建立更紧密的师生关系，激发学生的学习兴趣，培养他们的独立思考和创造性能力，推动教育的实践化和有效性。

（五）创设智慧的环境，促进智慧教育实施

1. 创建启智的校园文化

创建启智的校园文化是教育的关键要素之一。这种文化鼓励学生追求知识，探索思想，激发创造力，培养批判性思维和解决问题的能力。在这样的

校园文化中，师生之间建立互信、互尊的关系，鼓励开放的讨论和合作。学校致力于提供丰富多样的学习机会，鼓励学生追求自己的兴趣和热情，培养他们的领导力和社会责任感。启智的校园文化不仅关注学术成就，还注重人格和价值观的塑造，培养学生成为有远见、有创造力、有社会意识的公民，为未来的挑战做好准备。

2. 营造学生智慧成长的管理机制

建立学生智慧成长的管理机制至关重要。这一机制应着重于个性化关怀和综合素质培养，促进学生在多方面的成长。学校管理者和教育工作者应该密切关注学生的发展需求，提供有针对性的支持和指导，鼓励学生参与实践活动、创新项目和社会服务，以培养他们的领导能力、团队协作和问题解决技能。此外，管理机制还应强调教育评估的全面性，不仅关注学术成绩，还要考虑学生的品德、社会责任感和创造力。通过这一机制，学校可以为学生提供更多的发展机会，帮助他们实现智慧成长，成为未来社会的有能力和有担当的成年人。

第六章　智慧课堂的构建

第一节　智慧课堂的组织与实施

一、智慧课堂的内涵与构建

（一）智慧课堂的立足基点

在科技迅速发展、社会变革不断的今天，面对信息爆炸的挑战成为了一项迫切的任务。适应未来社会需要处理大量信息，拥有强大而持续的学习能力至关重要。然而，课堂教学时间始终有限，因此在有限的时间内提高效率、激发学生潜能成为了当今教育领域面临的新挑战。教育需要更加注重培养学生的信息获取、处理和应用能力，同时鼓励创新思维、批判性思考和自主学习。通过采用创新教学方法、引入新科技工具以及鼓励跨学科的学习，可以帮助学生更好地适应信息时代的要求，提高他们的终身学习能力，以更好地应对未来社会的变化和挑战。

课堂作为教育教学的主要场所，智慧课堂的理念迎合了时代的需求。在智慧课堂中，不仅要重视教师的教学智慧，还要充分利用现代电子信息技术，研发智慧课堂系统，以提高教学效率和质量。然而，智慧课堂的核心在于激发学生的潜能。它应该立足于发现和发展每个学生的优势潜能，为每位学生提供多样化的学习途径，使他们能够充分发挥自己的才能和创造力。智慧课堂不仅是知识的传授，更是学生潜能的探索和培养的平台，旨在培养具备综合素质和创新能力的新一代公民，以适应不断变化的社会和未来的挑战。

1. 潜能的概念

潜能是指个体内在的、未被充分发挥的能量和能力，它存在于表意识之下，等待着被发现和释放。正如能量守恒定律所述，能量永不消失，只会转化和转移，而个人的潜能也是如此。每个人的潜能是无限的，它们可以在循序渐进的过程中逐渐被挖掘和释放，直到生命的尽头。潜能就像是人类天生具备的但尚未得到充分开发的能力，它们等待着我们去探索、发展和运用，以实现个人成长和社会进步。因此，发现和释放潜能是一个不断的过程，它鼓励个体不断超越自我，追求更高的成就和目标。

2. 智慧课堂如何激发学生的潜能

在智慧课堂中，将“以生为本”视为不可忽视的前提。因此，教学必须建立在学情的基础之上。教师可以通过精心设计的问题，通过智慧课堂终端发布给每个学生，为他们提供提前预习的机会。学生随后可以通过终端将他们对这个问题的理解反馈给教师，从而让教师提前了解每位学生对于课程知识的掌握情况。借助这些学情调查获得的信息，教师能够根据学生的不同需求进行及时调整和个性化的教学设计，以确保教学更贴合不同班级和学生的需求。这种基于学情的教学方法有助于提高教学的效果，促进学生的个性化学习，为每位学生提供更好的学习体验。

在这个过程中，不仅教师受益，学生也得到了直接和间接的好处。除了享受到教师根据学情进行的个性化教学，提供更适合自己需求的教育，学生还在学情调查的过程中受益匪浅。通过参与学情调查，学生有机会更深入地理解和掌握课程内容，因为他们需要仔细思考问题并提供反馈。这种主动参与的过程有助于学生提高他们的学习动力、批判性思维和问题解决能力。因此，学生在智慧课堂中不仅获得了更好的个性化教育，还积极参与了课堂过程，为他们的学习经验和能力提供了显著的提升。

随着时间的推移，学生在不断的预习中不仅学会了提问，还培养了思考的习惯。学会提问是一个非常重要的能力，但在国内学生中常常欠缺。学情调查恰恰以潜移默化的方式影响了学生的提问能力，锻炼了他们的思维能力，并激发了他们的提问潜能。这种教育方式不仅有助于学生的学术成就，还培养了他们的自主学习和探索精神，为未来的学习和职业发展打下了坚实的基础。

（1）小组协作，激发合作潜能

小组协作是一种强大的教育工具，它有助于激发合作潜能，培养学生的团队合作和社交技能。在小组协作中，学生有机会共同探讨问题、分享观点、协同解决难题。这不仅鼓励了相互理解和尊重，还促进了知识的交流和共享。通过协作，学生能够相互学习，借鉴彼此的优点，从不同的角度思考问题，培养创新思维和解决问题的能力。此外，小组协作还培养了时间管理、沟通

和领导技能，这些技能在未来的职业生涯中至关重要。最重要的是，小组协作教会学生如何与他人协调工作，解决冲突，达成共识，这些都是社会生活中必不可少的技能。因此，小组协作不仅有助于学术成就的提高，还为学生的综合素质和职业成功打下了坚实的基础。

（2）多维监评，激发品质潜能

多维监评是一种重要的评估工具，它有助于激发品质潜能，提高学生的综合素质。通过多维监评，学生不仅在学术方面接受评估，还在品德、领导力、社交技能等多个方面受到考察。这种综合性的评估鼓励学生追求卓越，培养全面的能力。同时，多维监评也有助于发现学生的潜在优势和问题，为个性化的教育提供了基础。通过这种评估方式，学生能够更好地了解自己的强项和不足，从而更有针对性地发展自己。最终，多维监评不仅有助于提高学生的品质和综合素质，还有助于他们在职业和社会生活中更好地发挥潜能，取得更大的成功。

（3）因材施教，激发学习潜能

因材施教是一种高效的教育方法，它的目标是激发每位学生的学习潜能，充分发展他们的才能。这一方法强调了个性化教育，承认每个学生都有独特的学习需求、兴趣和潜力。因此，教师需要灵活地根据每位学生的特点来制定教学计划和教学策略。

通过因材施教，教师可以更好地满足学生的需求，确保他们在适合自己的学习节奏下取得进步。这种方法还有助于学生建立自信心，因为他们会发现自己在某些领域具备出色的能力。同时，因材施教也鼓励学生积极参与学习过程，培养了他们的自主学习能力和批判性思维。

因材施教不仅有助于提高学术成绩，还有助于培养学生的综合素质和发展潜能。它强调了个性化教育的重要性，为每位学生提供了更好的学习体验，帮助他们实现个人和职业目标，为未来的成功做好准备。

（4）创设情境，激发创新潜能

电子信息技术的广泛应用在教育领域激发了学生对新技术的浓厚兴趣，同时也在他们的潜意识中埋下了创新的种子。当学生与智慧课堂的学生终端互动时，他们充满了探索的渴望和求知的热情。智慧课堂终端和电子白板的使用不仅为教学带来了现代化的元素，也使学生感到兴奋和启发，激发了他们的创新欲望。这种积极的学习环境鼓励学生积极思考、尝试新方法，并培养了他们的科技素养和解决问题的能力。因此，电子信息技术的融入教育不仅提高了教学效率，还为学生的创新和未来发展提供了强大的动力。

（5）实时统计，激发主动潜能

实时统计是一种强大的工具，它有助于激发学生的主动潜能，并提升他们的学习体验。通过实时统计，学生可以随时了解自己的学术表现和进展情况，而不必等到期末考试或成绩发布。这种即时反馈可以激发学生的学习动力，使他们更有动力去追求更好的成绩和学术成就。

此外，实时统计还鼓励了学生的自主学习和自我管理。学生可以根据实时数据调整学习策略，及时纠正错误，制订更有效的学习计划。这种主动性有助于培养学生的学习自觉性和自我调整能力。

同时，实时统计也为教师提供了有价值的信息，使他们更好地了解学生的需求，及时调整教学方法和内容，以更好地满足学生的学习需求。这种双向的反馈机制有助于提高教学的效果和学生的学术成就。

总之，实时统计是一种激发主动潜能的工具，它鼓励学生积极参与学习，提高自主学习和自我管理能力，同时为教师提供了更好的教学支持和学生跟踪服务。这种方法有助于提高学习效果，培养学生的综合素质，并为他们未来的成功奠定坚实的基础。

（二）智慧课堂之核心要素

“教学案”在实施智慧课堂教学中扮演着至关重要的角色。与传统的“学案”和“教案”不同，“教学案”体现了教与学的有机整合和协调发展，其本质在于追求动态平衡和高质量教育。“教学案”注重学生学习前的概念，根据教学目标和学生的学情，将教学与学习融为一体，体现了教与学的互动与融通。

“教学案”的核心思想是因材施教，让学生有明确的学习目标，主动参与学习，及时获得反馈并进行修正，从而享受学习过程和成长的喜悦。数字化教学案作为智慧课堂的载体包括六个核心要素：学情调查、目标问题、交流展示、学能监测、反思评价和拓展提高。这些要素之间呈现整体性、多样性、联系性和发展性的特点，有助于促进学生的全面发展和个性化学习。通过“教学案”，教育可以更好地满足学生的需求，培养他们的自主学习和问题解决能力，推动教育质量的提升，为学生的未来成功铺平道路。

1. 学情调查

学情调查也有助于教师更好地了解学生的起点和需求。通过让学生充分地表达问题和观点，教师能够获取关于他们的学术水平和理解程度的信息。这种信息有助于教师在备课时进行有针对性的教学设计，确保因材施教，满

足每位学生的个性化需求。

学情调查是教育美丽课堂的前提条件之一，它为教师提供了有价值的信息，促进了教与学的互动和共同发展，有助于创造更富有启发性和个性化的学习环境。

2. 目标问题

教师的问题设计应当使学生明确学习任务，突出课程的重点和难点。同时，问题设计要在真实生活情境中进行，以确保学习的实际性和相关性，因为只有与生活实际相结合的教学才能真正引发学生的兴趣和理解。

举例而言，如设计实验来比较二氧化碳与空气的密度大小，讨论影响密度大小的因素，或者探究二氧化碳与水和氢氧化钠溶液的反应，以及为什么在地窖或深山洞中存在危险以及应采取什么措施。这些问题不仅具有挑战性，还能让学生将所学知识应用于实际情境中，培养他们的实验设计和问题解决能力。

通过这种"科学的问题"导向的课堂教学，学生不仅能更深入地理解课程内容，还能培养探究精神、科学思维和实际应用能力。这种教学方式是创造美丽、有趣且具有启发性的课堂的关键。

3. 合作交流

在新课程强调"自主、合作、探究"学习方式的今天，合作学习成为了教育领域的热点，教师们积极探索这种教学形式来促进学生的学习效果。合作学习不仅仅是一种教学方式，更是一种生活态度。它鼓励学生在学习过程中共同合作，互相协助，以提高学习的效率和质量。合作学习不仅关注知识的传递，还注重学生之间的互动、沟通和资源共享。

此外，合作学习也有助于满足学生的各种需求，包括归属感、自尊心、自由度和娱乐。教育的目标不仅是传授知识和技能，还包括培养健康的身体、积极的心态、良好的品质，以及奋发向前的精神。学会合作、学会交流、学会倾听和学会欣赏都是美好的品质。如果缺乏道德的培养和精神的发展，那么这种教育就是不完整的。

在课堂教学中，教师应积极创造合作学习的机会，借助异质小组的形式，让学生能够有效地合作。学生在合作中可以更好地理解学科内容，通过向同伴讲解和解释概念、原理和规则来提高他们自己的理解能力。因此，合作学习不仅促进了学生之间的互动，还提高了他们的学术成就和综合素质。这种教育方式有助于培养学生的协作精神，加强他们的团队合作能力，为未来的成功做好准备。

4. 学能监测

学习能力，通常简称为学能，是一个人迅速掌握学习内容并能够持久保存的能力，它在个体能力的构成中占据着重要的位置。研究表明，学习能力的核心要素包括观察能力、想象能力和记忆能力，这三种基本能力对于成功的学习至关重要。逻辑思维、阅读理解、写作能力以及空间判断等学习所需的技能都依赖于这三种基本能力的支持。

学能监测是指根据课堂教学目标，编制问题，实时监视学生在课堂学习中的表现和教学效果。它具有诊断、反馈、调节和激励的功能，帮助教师了解学生的学习进展，识别学生的困难和问题，并提供及时的反馈和指导。只有当学生不仅听懂和理解了知识，还能够运用这些知识解决实际问题时，课堂才能被视为美丽的。因此，学能监测是创造富有启发性和实用性的课堂环境的重要组成部分。它有助于提高学生的学习效能，促进他们的综合素质发展。

5. 反思评价

学会反思、评价和自动调节是取得成长和成功的必要条件，也是创造美丽课堂的不可或缺的因素。反思有助于将零散的思维和经验整合成有条不紊的整体，让个人的思维更加有序，使看似混乱的事物变得井然有序。评价则能够激励个体不断进步，促使他们纠正不足之处，因此及时的激励性评价对于创造美丽课堂至关重要。

在课堂教学中，学生和教师应该一起参与对教学效果的评价。这种合作性的评价不仅有助于激励学生，还能够帮助他们更好地理解自己的学习进展，识别自身的强项和改进的空间。通过反思和评价，学生和教师都能够自动调节教学方法和学习策略，以提高教学效果和学习成果。

因此，在创造美丽课堂的过程中，反思、评价和自动调节都扮演着重要的角色。它们有助于教育过程的不断改进和学生的不断成长，为学习和教育提供了有益的支持和指导。

6. 拓展提高

在创造美丽课堂的过程中，需要考虑到学生的多样性和差异性，并借助自动调节功能来维持生态系统的平衡。根据学能监测的情况或学生的个体差异，可以决定是否提供拓展性和提高性的任务，或者选择性地分层布置课外弹性作业。这种个性化的教学方式有助于满足不同学生的需求，提高他们的学习效果。

实施“教学案”是实现“以学定教，和谐共生，以人为本，可持续发展”

的有效手段。这种教学方式能够激发学生的学习兴趣，培养他们的学习能力，同时也有利于提高课堂的教学效率。它有助于实现教育的轻负重质，让学生爱学、善学、会学，为实现美丽的教育梦想提供了重要的支持和指导。这种教育方式有助于培养学生的综合素质，推动教育的可持续发展。

（三）智慧课堂之和谐思维

智慧课堂通过深度融合信息技术与教育，解决了学生高负担低质量、缺乏创新思维能力、个性化学习不足以及学习不愿意等教育问题，从而实现了学生在学习过程中的“目标、思维、参与、情绪”四种状态的和谐发展。这一教育模式利用现代技术的力量，提供了更高效、更具启发性、更个性化的学习体验，帮助学生在学业中取得更好的成绩，培养创新思维和解决问题的能力，并增强学习的积极性和情感投入。这样的教育方式促进了学生的全面发展，为教育体系的升级和改进作出了积极的贡献。

1. 明确的目标

教学目标是课堂教学的基石，它为教师和学生提供了清晰的方向和目标，有助于课堂教学的有序进行，提高教学的质量和效果。它还为教育评价提供了基础，帮助教师了解学生的学习情况，从而调整教学策略和方法，以更好地满足学生的需求。因此，教学目标的制定和明确是课堂教学设计的关键步骤之一。

教学目标的落实是智慧课堂建设中的首要任务，也是确保教育质量和学生全面发展的基础。只有在教学目标清晰明确的指导下，智慧课堂才能发挥其最大的潜力，实现教育的真正价值。

智慧课堂模式在教育领域的应用为教学目标的实现提供了更多的手段和可能性，有助于导教、导学、导测量三个功能的更加有效发挥，提高了教育教学的质量和效果。

信息技术还提供了多样化的教学资源和方式，教师可以更灵活地选择和利用这些资源来呈现教学内容。通过优化教学内容的呈现方式，教师可以更生动、直观地传达知识，激发学生的学习兴趣和积极性。智慧课堂为教师提供了强大的支持和工具，帮助他们更好地制定教学目标、进行学情调查，并优化教学内容的呈现方式，从而提高教学的质量和效果。这种优化教学方式的努力有助于满足不同学生的需求，促进教育的个性化和差异化发展。

智慧课堂的发展改变了学生的学习方式，使之更加个性化、自主化和灵活。学生可以根据自己的需求和兴趣来选择学习内容和时间，提高了学习的效率和质量。同时，借助信息技术提供的学习资源，学生可以更充分地准备课堂，更好地理解和掌握知识。这种优化的学习方式有助于培养学生的自主学习能力和创新思维，提高他们的综合素质。

智慧课堂通过数据反馈的方式，让教师能够更全面地了解学生的学习情况。教师可以根据测试结果进行分析，发现学生的问题和不足之处，并有针对性地进行二次教学，帮助学生提高。这种数据驱动的测评方式有助于提高教学效果，促进学生的学术成长。

总的来说，智慧课堂测评方式的优化为教师提供了更多的工具和机会，有助于提高教学质量，促进学生的学习和发展。

2. 创新的思维

智慧课堂应该致力于培养学生的思维能力和创造精神，使他们具备更好的适应未来社会和职业发展的能力。这不仅有益于个人的成长，也对社会和经济发展起到重要作用。

信息技术在智慧课堂中的应用有助于推动学生更深入地思考，更高效地学习，并提高他们的解决问题和创新能力。这种教育模式为学生提供了更丰富和多样的学习体验，有助于他们更好地应对现实世界中的挑战。

3. 积极地参与

传统的被动听课方式难以保持学生的集中注意力。智慧课堂要求学生积极参与，通过教学成果和技术手段吸引学生，使他们不仅仅是听，还要思考和实践。这包括提高听讲的抬头率和练习的埋头率，这些都与学生的课堂参与率有关。在教学活动中，需要将学生的主动学习和老师的主导作用结合起来，同时强调教师的激情和参与，以点燃学生的学习热情。这种教学方式注重学生的主体性，同时也重视教师的引导和指导，以实现更有效的学习过程。

智慧教育中的交互式电子白板允许教师随时调用教学资源，提供了更多的互动机会。举例来说，在文科教学中，传统课堂中可能会使用小组讨论或举手发言来进行交流。而在智慧课堂中，学生可以通过终端在大屏幕上滚动播出自己的观点，使每个学生都有表达和分享的机会，教师可以实时互动和反馈，实现更加广泛的参与，使每个学生都能积极参与到课堂活动中来，实现了更高效的学习效果。

教育中强调了学生的自主性、质疑精神、合作能力、探索意愿、展示技能和创新思维的重要性。这些特质可以通过融入信息技术来培养和发展。这样的教育方法使学生能够亲身体验到追求知识的乐趣，通过生动的个性化学习，他们将在体验、学习知识和培养智慧的过程中受益良多。这种方法强调

了学习的过程和成果，致力于培养学生更全面的能力和技能。

4. 正面的情绪

情感状态，如焦虑、悲伤和兴奋度，都对认知产生影响。焦虑的人更容易关注危险和威胁，而悲伤或犹豫的人更可能回忆起过去的消极事件。此外，情绪的高低也会影响认知欲望和认知范围。情绪高涨的人更有可能对周围的人和事物产生浓厚兴趣，而情绪低落的人则可能减少对外部世界的关注。

然而，重要的是情感应该受到一定的控制，因为不受控制的情感可能会妨碍有效的思考和决策。真正的情感可以充当触发器，促使有效的思考和行动，但需要适度的情感管理以确保情感不会干扰认知过程。这一理解有助于我们更好地理解情感与认知之间的相互关系。

智慧课堂的综合应用有助于学生在积极的情感环境中挖掘潜力，通过亲身的情感体验实现有效学习。这种方法旨在培养全面发展的学生，使他们能够在未来的生活中更加成功和幸福。

智慧课堂强调了教育不仅是知识的传递，还包括情感的支持和关怀。老师在创造积极的情感和心理环境方面起着关键作用，这有助于促进学生的积极学习和全面发展。

这些维度在智慧课堂中相互交织，形成一个有机的整体，以促进学生的全面发展和智慧教育的实现。它们一起构建了一个和谐的学习环境，使学习不仅仅是知识的传递，还包括情感的表达和共享。这有助于学生更好地探索和应用知识，实现长期的学习成果。

二、基于“数字化教学案”的智慧课堂互动教学系统的构建

“数字化教学案”是将传统的纸质教学案转化为数字化和网络化的形式。它利用网络和云计算技术，使教师、学生和家长能够通过计算机或智能终端运行相关应用平台软件，参与到教育教学过程中。这种方法充分利用计算机网络的传输和计算速度优势，允许实时采集、分析和处理教学信息，从而实现教学过程的实时互动和评价反馈。数字化教学案的应用旨在提高教育教学的效能和效果。

（一）信息存储智能处理中心

“信息存储智能处理中心”是指一个专门用于管理和处理信息的中心。在现代科技和信息化时代，信息已成为重要的资源。这个中心的任务是收集、存储、管理、分析和处理大量的信息数据。它利用先进的计算机和数据处理

技术，能够高效地处理各种类型的信息，包括文本、图像、音频、视频等。

信息存储智能处理中心的功能多种多样。它可以用于企业的数据管理，帮助组织存储和分析大量的业务数据，以支持决策和业务运营。在科学研究领域，它可以用于处理实验数据和模拟结果，以便科学家进行研究和分析。在医疗领域，它可以用于管理患者的医疗记录和图像数据，以支持医生的诊断和治疗决策。在金融领域，它可以用于处理交易数据和市场信息，以支持投资和风险管理。

总之，信息存储智能处理中心在现代社会的各个领域都发挥着重要的作用，它能够帮助组织和个人高效地管理和利用信息资源，从而实现更好的决策和业务成果。这个中心的存在和发展反映了信息技术在当今社会中的重要性和影响力。

（二）课堂教学平台

课堂教学平台是一种数字化工具或在线平台，用于支持教育机构和教师进行课堂教学的各个方面。它提供了教育资源的存储和共享、学生和教师的互动、在线作业和评估、课程管理等功能。这些平台通常允许教师上传教材、课程计划和多媒体资源，与学生进行在线交流和讨论，跟踪学生的学术进展，并提供实时反馈和评估。课堂教学平台的使用有助于促进教育的创新和个性化，以满足不同学生的学习需求，并提高教学效率和效果。

（三）教师应用平台

教师应用平台是为教育从业者设计的数字工具，旨在支持和增强教育教学活动。这些平台通常提供了各种教育资源的存储、管理和分享功能，包括课程材料、教案、教学计划等。教师可以使用这些平台与学生互动、分发作业、记录学生表现、进行评估和评分，并实时跟踪学生的学术进展。此外，教师应用平台也可以提供专业发展资源，帮助教育者不断提升教育技能和知识。通过这些平台，教师能够更好地开展个性化教育、提高教学质量、促进教育创新，从而更好地满足学生的学习需求。

（四）学生应用平台

学生应用平台是为学生设计的数字工具，旨在支持和增强他们的学习体验。这些平台通常提供了学习资源的存储、访问和分享功能，包括课程材料、作业、教材等。学生可以使用这些平台与教师和同学进行在线互动、参与课

堂讨论、提交作业、查看成绩，并获得实时的学习反馈。此外，学生应用平台还可以提供学习辅助工具、自学资源和学术支持，帮助学生更好地理解和掌握学科内容。通过这些平台，学生能够更加方便、个性化地学习，提高学术成就，积极参与教育过程，以及培养自主学习的能力。

（五）纸质作业数字化平台

纸质作业数字化平台是一种教育工具，旨在将传统的纸质作业和练习转化为数字化形式。这种平台允许教师上传和分发作业、练习题和测验，使学生能够在线完成并提交作业。同时，教师可以轻松进行作业评估和反馈，跟踪学生的进展，以及生成成绩和报告。这种数字化平台有助于提高教育效率，减少纸质资源的使用，促进学生和教师之间的互动和通信，以及提供实时的学术支持和评估，从而促进更高效和便捷的学习和教学体验。

（六）家长应用平台

家长应用平台是一种数字工具，专为家长设计，旨在增强他们与学校和教育机构之间的互动和参与。这种平台通常提供了以下功能：家长可以获得关于他们子女学习的实时信息，包括成绩、出勤情况、作业完成情况等。他们还可以接收学校通知和消息，参加家长会议和活动，与教育工作者进行在线沟通，了解学校的最新动态和政策。此外，一些家长应用平台还提供了家庭教育资源和建议，帮助家长更好地支持子女的学习和发展。通过这些平台，家长可以更加方便地跟踪子女的学术进展，积极参与教育决策，促进学校和家庭之间的紧密合作，以支持学生的教育成功。这种数字工具有助于建立更强大的教育生态系统，为学生提供更多的支持和资源。

三、智能教学的操作

结合教学案的六个核心要素，使用基于数字化教学案的智慧课堂教学系统软件，促进学生的个性化学习途径，主要从课前、课中、课后三个阶段展开。

（一）课前——学情调查研究每一个学生起点，寻找最近发展区

课前的学情调查研究是一项重要的教育实践，它的目标是深入了解每一个学生的起点，明确他们的学术水平、兴趣爱好和学习需求。通过这一过程，教师可以更好地识别每个学生的最近发展区，即他们当前的学习状态和潜在的成长点。这种个性化的了解有助于教师量身定制教学计划，提供有针对性

的支持和指导，确保每个学生都能在最适合他们的水平上学习，实现更大的学术成功和个人成长。这种课前学情调查研究不仅有助于提高教学的有效性，还鼓励了师生之间的积极互动和个性化教育的实施。

（二）课中——目标驱动、合作交流、即时反馈，促进每个学生发展

1. 围绕目标问题，展开合作交流

围绕共同的目标问题展开合作交流是一种重要的合作方式，它有助于集体智慧的发挥和问题解决的效率提升。在这种合作交流中，参与者可以共同探讨和分析目标问题，分享不同的见解和经验，以便找到最佳的解决方案。通过积极的合作交流，团队成员能够更好地协同工作，促进创新和知识共享，从而加速目标的实现。这种方式强调了团队协作和沟通的重要性，为解决复杂问题提供了一种有效的方法。

2. 进行学能监测，明晰课堂效果

进行学能监测是一项关键的教育实践，它旨在明晰课堂教学的效果和学生的学术进展。通过定期的学能监测，教育者可以收集有关学生学习成果和能力的数据，以评估教学方法的有效性，并识别需要改进的领域。这种过程有助于教师更好地了解学生的需求，调整教学策略，提供个性化的支持，以确保每个学生都能取得最佳的学习结果。同时，学生也能够受益于学能监测，因为他们可以了解自己的学术表现，并在必要时采取行动来提高学习能力和成绩。学能监测有助于建立教育的透明度和质量保障，从而为学生和教育机构提供更高水平的教育体验。

（三）课后——提供选择性作业或拓展性课程，进行线上个性化指导

课后提供选择性作业或拓展性课程，以及进行线上个性化指导，是一种有益的教育实践。通过这种方式，教育者可以满足不同学生的学习需求和兴趣。对于那些希望深入学习的学生，提供拓展性课程和额外的作业是一个很好的机会，以挑战他们并促进更高水平的学术成就。同时，对于需要额外支持的学生，选择性作业和个性化指导可以帮助他们填补知识差距，提高学术表现。这种方法还鼓励了学生的自主学习和个性化发展，为每个学生提供了更多的学习选择。通过线上个性化指导，教育者可以根据学生的需求和进展提供有针对性的建议和支持，确保他们在学术上取得成功。这种课后个性化教育方法有助于促进学生的全面发展，提高教育的效果和吸引力。

第二节　高效作业的设计与评价

一、智慧课堂环境下设计与实施作业的新方法

（一）建立题库，分层设置作业

建立题库并分层设置作业是一种有效的教育策略，旨在促进学生的个性化学习和提高教育质量。通过建立题库，教育者可以收集和整理各种类型的题目和练习，以覆盖不同难度和知识领域。这样的题库可以作为教育资源的宝库，供教师在教学中灵活运用。

分层设置作业意味着根据学生的能力水平和学术需求，为他们提供具有不同难度和复杂性的作业任务。这种差异化的作业设计有助于挑战高水平学生，同时也为需要额外支持的学生提供更适合他们水平的任务，以确保每个学生都能在适宜的学术水平上学习。

这一方法的好处包括提高学生的参与度和积极性，让他们在适应自己的学术速度和水平方面更有信心。同时，教育者可以更好地量身定制教学，根据学生的表现进行调整和改进，从而提高教育效果。总之，建立题库并分层设置作业是一种促进个性化学习和提高教育质量的有力工具。

（二）巧用资源云平台，科学设置多样化作业

巧用资源云平台并科学设置多样化作业是一种现代教育策略，旨在提供给学生丰富多样的学习资源和任务。资源云平台允许教育者访问和分享各种教育资源，包括教材、教案、多媒体内容等，从而丰富教学内容。科学设置多样化作业意味着教育者可以根据学生的学术水平、兴趣和学科需求，设计不同类型和难度的作业任务，以满足每个学生的个性化学习需求。这种方法有助于激发学生的学习兴趣，提高他们的参与度，促进综合素质的提升，并为他们提供更多的学习选择。通过巧妙地利用资源云平台，教育者可以为学生提供更富有创意和丰富多彩的学习体验，有助于培养他们的批判性思维和问题解决能力，从而提高教育质量。

（三）实现精准分析，优化作文批改方式

实现精准分析并优化作文批改方式是一项现代化的教育策略，旨在提高

作文教育的效果。通过利用先进的技术和数据分析工具，教育者可以更准确地分析学生的作文表现，包括语法、逻辑、内容等方面的问题。这种精准分析有助于教育者更好地了解每个学生的写作能力和需求，为他们提供个性化的指导和建议。

优化作文批改方式意味着采用更高效和智能化的方法来评估和反馈学生的作文。教育者可以利用自动化批改工具，快速检测语法和拼写错误，以节省时间和精力。同时，他们可以专注于分析和评价作文的内容、结构和思考深度，提供更有价值的反馈。这种方式不仅提高了批改的效率，还增加了作文教育的质量，帮助学生更好地发展写作技能和表达能力。总之，实现精准分析和优化作文批改方式有助于提高作文教育的个性化和效益，为学生的写作发展提供更多支持。

（四）建立班级圈，个性化辅导学习

建立班级圈并实施个性化辅导学习是一种强大的教育方法，旨在促进学生的协作和个性化学习。班级圈是一个虚拟社交平台，允许教育者和学生在一个互动的在线环境中交流、共享资源和合作学习。通过班级圈，学生可以与同学互动、讨论问题、分享想法，从而促进协作和共享知识的文化。

个性化辅导学习是根据每个学生的学术水平、学科需求和学习风格，量身定制学习计划和资源的过程。教育者可以使用班级圈来了解每个学生的需求，并为他们提供个性化的教学建议和学习资源。这种方法有助于满足不同学生的需求，提高他们的学术成就，培养他们的自主学习技能。

综合考虑，建立班级圈并实施个性化辅导学习是一种促进协作和个性化学习的有力工具，有助于提高教育质量和学生的学习体验。它不仅促进了学生之间的互动和合作，还为每个学生提供了更好的学习支持和机会。

（五）作业完成渠道的多样性，实现科学评价

作业完成渠道的多样性和科学评价是现代教育的关键组成部分，它们有助于提高教育质量和学生的学习效果。

多样性的作业完成渠道意味着学生可以选择不同的方式来完成作业，包括书面作业、口头报告、项目作品、在线任务等。这种多样性有助于满足不同学生的学习风格和能力，鼓励他们在自己擅长的领域中发挥优势，提高学习积极性。

科学评价是通过客观的方法和工具来评估学生的学术成就和能力。包括使用标准化测试、评分标准、自动化评估工具等。科学评价有助于教育者更准确地了解学生的学术水平，为他们提供有针对性的反馈和支持。它还有助于提高教育的公平性和可比性，确保每个学生都能受到公正的评价。

总之，作业完成渠道的多样性和科学评价是促进个性化学习和提高教育质量的关键因素。它们有助于满足不同学生的需求，提高学习效果，为学生的综合发展提供更多的机会。

二、基于智慧课堂下学生作业分层设计的规范化实施策略

（一）智慧课堂下作业设计产生的变化

作业作为教育的一部分，在借助智能技术和创新方法的推动下，可以更好地满足学生和教师的需求，提高教育质量和效果。这是教育领域中的一项重要变革。

1. 学生层面，课前预习和课后复习促进学习效率的提升

学生层面的课前预习和课后复习是提高学习效率的重要策略。课前预习帮助学生在课堂上更好地理解和吸收新知识，使他们对即将学习的内容有一定的了解，从而更容易跟上课程进度。而课后复习则巩固了课堂上所学的知识，帮助学生将信息从短期记忆转化为长期记忆，提高了知识的记忆和掌握。

通过课前预习，学生可以主动地预习教材和课程内容，积极准备，提前解决可能遇到的问题。这有助于提高他们在课堂上的专注度和参与度，更好地理解教师的讲解，积极参与课堂讨论。

而课后复习则巩固了课堂上学到的知识，帮助学生进行反复回顾和练习，以确保知识的牢固掌握。这种复习不仅提高了学习效率，还有助于长期记忆，使学生能够更好地应用所学知识。

总之，学生层面的课前预习和课后复习是提高学习效率的重要方法，它们帮助学生更好地准备和巩固知识，提高学术成绩，培养学习习惯，从而取得更好的学习成就。

2. 教师教学层面，作业分层设计实现对学习全过程的监督和把控

在教师教学层面，作业分层设计是一项重要策略，它有助于实现对学习全过程的监督和把控。通过分层设计作业，教师可以更好地了解每个学生的

学术水平和进展情况，以确保他们在适宜的学术水平上学习。这种方法允许教师为不同水平的学生提供个性化的支持和指导，确保每个学生都能取得最佳的学习效果。

此外，作业的分层设计还有助于教师对学生的学术表现进行跟踪和评估。教师可以根据学生的作业完成情况，及时发现问题并采取行动。这种及时的反馈有助于提高教学的效果，帮助学生在学习过程中不断进步。

总之，作业分层设计是教师教学层面的重要工具，它有助于监督和把控学习全过程，提高学生的学术成绩和学习体验，同时也为教师提供了更好的教学支持和管理手段。

（二）智慧课堂下作业分层设计的实施策略研究

1. 利用智慧课堂设计“自助餐”式分层作业，体现学生学习主体地位

利用智慧课堂设计“自助餐”式分层作业是一种创新的教育方法，它体现了学生学习的主体地位。这种设计允许学生在学习过程中自主选择适合自己水平和需求的作业任务，就像在自助餐厅中自由选择食物一样。学生可以根据自己的学术水平和兴趣，自主挑选作业，从而激发了他们的学习动力和自主性。这种方式不仅提高了学生的参与度，还鼓励了他们更深入地探索和学习。通过智慧课堂的支持，教师可以更好地管理和评估学生的选择，确保每个学生都能得到适当的指导和支持。这种方法促进了学生的个性化学习，增强了他们的学术能力和自信心，真正体现了学生在学习中的主体地位。

2. 设计原理

作业在教学中扮演着重要角色，是深化学生对所学知识的巩固和掌握的重要手段。在智慧课堂的背景下，科学设计分层作业需要秉承因材施教的教育理念，重视学生的个性化成长，以确保教学面向全体学生。

有效的作业设计需要遵循“五标准”：时效性，即考虑作业的效率、效益和效果；多维性，即整合三维目标于一体；差异性，即处理不同层次学生的需求，尊重每个学生的“最近发展区”；主体性，即让学生在作业中具有自主选择权，甚至参与作业设计；创新性，即通过作业促进创新学习，培养学生的问题发现和解决能力。

分层作业设计并非将学生个体分层，而是根据学生群体的不同知识储备、技能水平、学习情况和心理特征，按照课程标准要求，结合教学内容将作业科学设计为目标分层、任务分层、难度分层。包括作业目标分层，作业难度分层和作业任务的不同能力层次。设计过程应注意由浅入深，逐渐增加难度，

以培养学生高效率和高质量完成作业的能力，同时促进他们的举一反三和触类旁通的学习能力。

总之，科学设计分层作业是智慧课堂中的重要策略，有助于个性化教学和提高学生学习成效，同时培养了学生的创新和问题解决能力。这是教育领域中的一项重要创新。

3. 设计核心依据与路线

智慧课堂作为新型信息化课堂教学模式，以动态学习数据分析和云端、网络、客户端应用为基础，是教育信息化建设的重要工具。在智慧课堂中，分层设计课后作业是一项关键任务，它需要依据三个核心要素：课程标准、教材内容和学生学习情况，以实事求是的态度进行作业设计。

首先，深入研究课程标准和教材内容是作业分层设计的基础。教师需要仔细分析课程标准，透彻理解教材内容，从整体到细节，建立起知识体系的内在联系。这有助于确保作业与教学目标和教材内容相一致。

其次，课程标准和教材内容的厘清是必不可少的。教师需要明确学习知识点和重点，以便科学合理地分层设计作业。这有助于确保作业在难度、类型和内容上有针对性和可选择性。

最后，利用智慧课堂的技术工具，深入了解学生的学习情况是关键。包括了解学生在线下和线上学习平台上的学习表现，掌握他们的学术水平和个体差异。这种了解有助于为分层作业设计提供重要的参考依据，以满足不同学生的需求和能力水平。

综上所述，智慧课堂下的分层作业设计需要依据课程标准、教材内容和学生学习情况三个核心要素，以科学合理的方式进行设计，以促进个性化教育和提高学生的学习效果。这是教育信息化建设中的重要环节。

4. 利用智慧课堂规范学生分层作业管理，帮助学生真正实现减负增效

通过智慧课堂规范学生分层作业管理，可以有效帮助学生真正实现减负增效的目标。这种管理方式允许教师更精确地根据学生的学术水平和需求分配作业任务，确保每个学生都在合适的难度水平上工作，避免了过多的重复性作业，减轻了学生的学业负担。

同时，智慧课堂提供了实时反馈和监测工具，教师可以及时了解学生的作业进展和问题，为他们提供个性化的指导和支持。这有助于提高学生的学习效率，确保他们充分掌握所学知识。

总的来说，规范的智慧课堂学生分层作业管理可以促进个性化教育，减轻学生的学业负担，提高学习效率，帮助他们更好地实现减负增效的目标。

第三节　高效教学质量监评系统的研发与应用

学校课堂观察和问卷调查发现，学生的预习、复习、作业、听课等习惯多数还可以，但存在不均衡现象；教师的课堂行为多数流于传统，“一言堂”现象“涛声依旧”。于是，我们立足课堂，着手开展监测手段介入的实践研究，采取了相应的评价跟进策略，以促进课堂师生行为的改变，从而提高课堂教学质量，取得了一定效果。

一、建立课堂“教”“学”效能监评体系

建立课堂的“教”“学”效能监评体系是为了全面评估教育过程中的教学质量和学习效果。这一体系需要包括多个关键指标，如教学目标的达成、教学方法的有效性、学生参与度、知识掌握程度、教师的教育能力等。通过监评体系，可以持续追踪和改进课堂教学，确保最佳的“教”“学”效能，以提高教育质量和学生学习成果。这个体系需要不断完善，以适应不同教育环境和需求，促进教育的不断进步。

二、制定“小组合作管理”监评机制

制作《学习效能监评表》，通过这一机制，我们希望学生能够更自觉地管理自己的学习过程，提高学习效率和学术成绩，同时培养团队合作和领导能力，为学校的教育目标和学生成长目标作出积极贡献。这一机制将促进学生的全面发展和自主管理能力的提升。

“三表”，即《教学案班级小组管理表》《教学案班级课堂学能监评周统计表》和《教学案课代表课堂学能监评统计表》，是为了有效管理和监评教学过程而设计的工具。这些表格由组长、班长和课代表负责填写，分别用于不同层次的监评和统计。通过这三个表格，学校可以全面了解学生的学习情况和教学效果，帮助教师进行教学改进和学生管理，促进学校教育质量的提高。这些表格是监评和管理的有力工具，有助于实现更高效的教育管理和学生学习。

每个小组的小组长根据课堂上本组学生的表现和老师在《学习效能监评表》上对学生的评价情况进行记录。这种记录有助于实时追踪学生的学习进展和行为表现。这些记录随后由小组长上报给班长，以便进行进一步的统计和总结。为了避免学生报告虚假信息，课代表负责对本学科课堂《学习效能

监评表》的评价情况进行及时准确的登记和备查。这有助于确保监评信息的真实性和准确性。每个班级将学生分成 5 至 6 个小组，每组由 5 至 6 名学生组成，每个小组都有学科学习组长和行为习惯管理组长等职务。这有助于学生之间建立积极的协作和管理机制，使不同学力的学生能够相互促进和共同成长，创造和谐的学习共同体。通过这一机制，学校旨在建立多元化的监测体系和分析反馈制度，为学生的综合发展提供支持和指导，确保学校的教育目标得以实现，同时为学生提供了积极交往和共同成长的学习空间。这是一种促进学生自主管理和学术发展的创新方法。

在这种环境中，每个学生都被赋予了重要的角色，他们不仅是知识的接收者，还是课堂的构建者。这有助于实现共同学习和自主发展的目标，培养了学生的合作能力、领导能力和批判性思维能力。同时，对教师提出了更高的要求，需要他们更好地引导和管理学生的合作学习过程。这种教学模式促进了学校教育的全面提升。

三、自制教学质量分析软件系统

建立合适的监评机制是教育管理的重要组成部分，它可以为学校提供第一手资料，帮助有效监控和指导教师的教学，确保学生的学习效果和教师的教学效果达到最佳水平。这有助于提高教育质量，促进学校的发展。

学校可以更好地了解学生的学业情况，分析成绩趋势，进行科目和班级之间的比较，以及对个体学生的学业成长进行跟踪。这有助于学校更好地制定教育策略，提高教学质量，为学生提供更好的教育服务。

学校采用系统的数据分析方法来持续改进教学质量。每次测试后，及时的数据统计和质量分析是为了深入了解教学过程中的得失，并为下一阶段的教学提供改进建议。这一过程不仅关注单一的成绩，而是以发展的观点看待学生的学习过程。数据分析的目标是探索数据背后的真实情况和学生的潜力，以帮助教师提高教学效率和学习效果。学校强调过程性评价，认为质量检测和学能检测都是为了支持一线教师改进教学方式和提高教学质量的工具。每一次客观准确的数据分析都为教师们提供了可靠的依据，以促进教育的不断改进和提高。这种方法有助于实现教学过程的最优化，从而提高整体的教学质量。

四、对学生学业态度进行监评

实践经验表明，教学质量监测可以通过多种途径来了解师生对科学的情感、态度和价值观。这些途径包括访谈、问卷调查、课堂观察、试卷监测等方法。访谈是一种深入了解学生在某一方面或某一段时间内表现的方法，虽然耗时较长，但对于深入评估学生情感和态度非常有效。问卷调查通常用于阶段性的评估，它可以快速收集大量信息，但有时可能只提供阶段性的数据。不同的方法可以根据需要进行组合和应用，以全面了解教学质量和学生的表现。

通过观察学生在完成实际任务时的表现，研究者可以关注学生的课内外实践活动，并评价他们所取得的成绩。这些实践活动包括科学探究、实验、调查、科技制作、问题研讨、演讲表演、角色扮演等。对实践活动的监测可以采用多种方法，并应该体现多元化。评价可以包括个人、小组和班级等多种组织形式。这种实践活动的评价可以在学习过程中进行，也可以在学习结束后进行，以全面了解学生的科学态度和表现。

学生应该关注科学、技术与社会相关的问题，拥有见解和责任感。他们应该认识到科学和技术对社会的影响，积极参与解决环境和社会问题。学生应该培养珍惜资料、爱护环境以及维护生态平衡的意识。这有助于他们成为可持续发展的公民，为未来的社会和自然界作出积极的贡献。

第四节　基于数据评价的个性化学习途径探索

“互联网+”教育对传统课堂教学带来的影响不仅仅在于丰富和生动的课堂表现形式，更重要的是为我们之前一直渴望的教育改革提供了实际的机会。新课改强调多元性、个性化和选择性，而在智慧教育的背景下，高效的教学质量评估系统为我们提供了宝贵的数据，这不仅可以真正提高课堂效率，还为个性化教育和因材施教提供了可能。这个教育模式能更好地满足学生的需求，帮助他们在自己的学习节奏和方式上更灵活地发展，同时也提供了更好的教学工具和资源，以提升教育的质量和效果。

一、数据评价的概念

数据评价是一种通过收集、分析和解释数据来评估、衡量或监测某一过程、项目、产品或业务绩效的方法。这种方法利用定量和定性数据，旨在提供客观、可量化的见解，以便作出决策、改进或优化相关活动。数据评价在各个领域都有广泛的应用，包括教育、企业管理、医疗保健和政府政策等，它有助于更好地理解现状、发现问题、制定目标并跟踪进展，从而支持有效的决策和改进措施。

二、数据质量评价方法

数据质量评价方法主要包括以下几种。

（一）数据完整性评价方法

数据完整性评价方法是一种用于检查和确保数据集中的信息完整性的过程。这种方法包括对数据的收集、存储和传输过程进行审查，以识别潜在的数据丢失、损坏或篡改问题。通过采用各种技术和控制措施，如校验和验证机制、备份和恢复策略，以及访问权限管理，数据完整性评价方法旨在保护数据的准确性、一致性和可信度，确保数据在其生命周期内保持不受破坏和干扰的状态，以满足信息安全和业务要求。

（二）数据可用性评价方法

数据可用性评价方法是一种系统性的过程，用于评估和衡量数据的可用性。这个方法包括对数据存储、访问、处理和传输的各个方面进行综合考虑，以确定数据是否满足用户需求和业务要求。评价方法通常包括检查数据的完整性、准确性、时效性、可靠性和一致性，以及评估数据的易用性、易访问性、易操作性、易理解性和易整合性等多个指标。通过这种评价方法，组织可以识别并解决数据可用性的问题，以确保数据在各个层面上都具备高水平的可用性，从而支持更好的决策制定、分析和应用。

（三）数据安全性评价方法

数据安全性评价方法是一种系统性的过程，用于评估和确保数据的安全性。这个方法包括对数据的保密性、完整性、可用性和身份验证等方面进行综合考虑，以识别潜在的安全漏洞和威胁。评价方法通常包括对数据的存储、传输和处理过程进行审查，以确定是否采取了适当的安全措施，如加密、访问控制和身份验证。通过这种评价方法，组织可以识别并解决数据安全性的问题，以确保数据不受未经授权的访问、篡改或泄露的风险，从而保护敏感信息和维护业务的连续性。

（四）数据价值评价方法

数据价值评价方法是一种用于评估数据在组织或业务中的实际和潜在价值的过程。这个方法包括考察数据对决策制定、业务运营、创新和战略发展的贡献，以确定数据对于达成组织的目标和增加价值的程度。评价方法通常包括考虑数据的质量、可用性、可信度、相关性和时效性等因素，以及数据的影响范围和潜在的商业机会。通过这种评价方法，组织可以更好地了解数据的真正价值，优化数据管理和利用策略，以最大程度地利用数据来支持业务增长和创新。

（五）数据一致性评价方法

数据一致性评价方法是一种用于检查和确保数据在不同系统、应用程序或存储位置之间的一致性和准确性的方法。这个方法涵盖了数据的一致性标准、规则和规范，以及数据集成和同步的机制。评价方法通常包括对数据的比较、校验和验证，以确定数据是否保持一致并符合预定的标准。通过这种评价方法，组织可以减少数据不一致性和错误，确保数据在不同部门和系统之间的一致性，从而提高数据质量和决策的可信度。

三、课前——学情调查：研究每一个学生起点，寻找最近发展区

课前学情调查是一项关键的教育实践，其核心目标是深入了解每位学生的学术起点和现有知识水平，以便有针对性地制定教学策略和个性化的学习计划。通过仔细研究每个学生的学术历史、强项、弱项和学习风格，教师能够识别出每个学生的最近发展区。这意味着找到学生当前所处的知识和技能水平，以及他们在特定主题或领域中需要进一步发展的方向。

学情调查可以包括学术测试、问卷调查、观察和学生反馈等多种方法。通过这些手段，教师可以获取关键信息，例如学生的学习风格、兴趣爱好、学术动机和挑战性问题。这有助于个性化课程设计，确保教学内容和方法与学生的实际需求和水平相契合。通过关注每位学生的最近发展区，教师可以提供更有针对性的支持和指导，鼓励他们不断进步，同时也能够增强学生的学习动力和自信心，促使他们更积极地参与教育过程，从而实现更加有益的学习体验和成长。总之，课前学情调查是教育中的重要一环，它有助于为每位学生提供最适合他们需求的教育，推动他们实现更大的学术和个人发展。

四、课中——任务驱动、因材施教、即时反馈，促进每一个学生发展

课中的任务驱动教学方法，结合因材施教和即时反馈机制，是一种卓越的教育策略，旨在最大程度地促进每位学生的发展和学习成就。通过任务驱

动的教学，教师可以为学生提供具体的任务和项目，这些任务旨在激发他们的好奇心、主动性和解决问题的能力。这种方法不仅使学生积极参与，还鼓励他们在有意义的上下文中应用所学知识和技能。

与此同时，因材施教的原则确保了每个学生在任务中都能够找到适合自己水平的挑战。教师会根据学生的学术水平、兴趣和需求个性化地调整任务和支持，确保每个学生都能够在适合他们的学习水平上取得进步。这有助于避免学生感到无聊或过度挑战，提高了他们的学习动力和自信心。

另外，即时反馈是任务驱动教学的关键组成部分。通过及时提供反馈，教师可以帮助学生识别他们的强项和改进点，引导他们更有效地完成任务。这种反馈可以是口头的、书面的，甚至是同学之间的互动，都能促进学生的学习过程。它帮助学生了解自己的进展，同时也为教师提供了有关学生需求的重要信息，以进一步个性化教育。

综上所述，任务驱动、因材施教和即时反馈的综合运用有助于创造一个积极的学习环境，推动每一个学生的全面发展。这种方法激发学生的学习兴趣，提高他们的学术成就，培养解决问题的能力，并为他们提供了实际的、有意义的学习体验。这不仅有益于学生的个人发展，也为教育体系的进步和创新作出了贡献。

五、课后——为学生提供选择性作业或者拓展性课程

课后为学生提供选择性作业或拓展性课程是一种促进学生个性化学习和兴趣发展的重要教育策略。这种方法旨在尊重学生的多样性和学术需求，鼓励他们在自己感兴趣的领域深入探索和学习。通过提供选择性作业，学生可以根据自己的兴趣和学术目标，选择适合他们的任务和项目，这不仅让学习更加有趣，也有助于激发他们的主动性和学术动力。

同时，拓展性课程为那些渴望深入研究某个主题或领域的学生提供了机会。这些课程可以涵盖更高级的内容，提供更具挑战性的任务和项目，以满足高度自主学习的学生的需求。拓展性课程不仅有助于学生探索他们的潜力，还能够培养独立思考和问题解决的能力，为未来的学术和职业发展奠定坚实的基础。

综合来看，提供选择性作业和拓展性课程为学生提供了更多的自主学习机会，有助于满足他们的不同学术需求和兴趣。这种教育方法鼓励学生积极参与学习，提高他们的学习动机，同时也为他们打开了更广阔的知识世界。教师在这个过程中扮演了导师的角色，引导学生发现自己的兴趣和潜力，从而促进他们全面发展。

第七章　智慧教室的建设技术

第一节　智慧教室概述

一、智慧教室的概念

（一）智慧教育与智慧教室

智慧教育和智慧教室代表着现代教育领域的一项重大转型。智慧教育是指利用先进的技术和数字化工具来增强教育过程的方法。它不仅仅是传统课堂教学的数字化转变，更是一种更加互动、个性化和灵活的学习方式。智慧教育的目标是提供更好的学习体验，促进学生的全面发展。

智慧教室则是智慧教育的具体实施场所，它融合了先进的技术和教育资源，为教师和学生提供了创新的学习环境。智慧教室可以通过数字化白板、电子书籍、在线资源、互动教学工具等技术设备，增强教学的效果和互动性。教师可以更容易地进行个性化教育，根据学生的需求和兴趣提供定制的课程。

在智慧教室中，学生也能够更积极地参与学习，通过电子设备和在线平台与教师互动，分享资源和合作学习。这种学习方式强调了学生的自主性和自主学习技能的培养，有助于提高他们的学术成绩和解决问题的能力。

总之，智慧教育和智慧教室代表了教育领域的一次技术革命，为教育带来了更多的可能性和机会，强调了学习的互动性、个性化和灵活性，有助于提高教学质量和学生的学术成就，为培养未来的创新人才作出了重要贡献。

（二）智慧教室的内涵

智慧教室是指通过整合先进的技术和教育资源，为教育环境提供数字化

和互动性的升级，以增强教育教学的效果和体验。这种教室内涵包括使用数字白板、电子教材、在线资源和互动学习工具等技术设备，以支持教师更灵活地传授知识和个性化教育，同时激发学生的参与和合作。智慧教室提供了一个创新的学习环境，强调了互动性、自主性和个性化，有助于提高学生的学术成就和教育质量。

（三）智慧教室的模型

1. SMART 概念模型

SMART 是一个常用于设定目标和计划的概念模型，它代表具体（Specific）、可衡量（Measurable）、可实现（Achievable）、相关（Relevant）和时限（Time-bound）五个关键要素。这个模型有助于确保目标设定清晰、可操作，并能够在一定时间内完成。

首先，“具体”要求目标明确和具体化，以便明确了解要实现的是什么。一个具体的目标能够提供明确的方向和焦点，避免模糊性和歧义。

其次，“可衡量”要求目标能够以量化的方式进行测量和跟踪，以确保进展可见并且可以确定是否已经达成目标。这可以通过设定明确的指标、标准和度量方式来实现。

“可实现”要求目标是切实可行的，并且具备实现的条件和资源。目标应该考虑到可用的资源和能力，以确保其可行性，并在合理的范围内设定。

“相关”要求目标与组织或个人的长期目标和价值观相关联，以确保它们对整体发展有意义。目标应该与更大的愿景和战略一致。

最后，“时限”要求目标设定明确的截止日期，以确保目标在特定时间范围内完成。这有助于维持动力，避免拖延，并提供明确的时间框架。

总之，SMART 概念模型是一个有助于制定明智、可行和可衡量目标的有用工具，无论是在个人发展、项目管理还是组织战略中，都能够帮助确保目标的有效达成。

2. 智慧教室的 I-SMART 模型

I-SMART 模型是一种用于描述智慧教室的教育模型，其中“I”代表智能（Intelligence），而 SMART 则是之前提到的目标设定模型。I-SMART 模型强调了智慧教室与数字技术和智能系统的结合，以提供更具互动性和个性化的学习体验。

首先，“I”（智能）代表智慧教室中的智能技术，包括人工智能、大数据分析、虚拟现实等。这些技术赋予教室智能化的能力，使教育过程更加智能化和个性化。例如，人工智能可以根据学生的学习表现和需求提供个性化的建议和资源，大数据分析可以帮助教师更好地了解学生的学术进展，虚拟现实可以提供沉浸式的学习体验。

与此同时，I-SMART 模型保留了 SMART 模型的五个关键要素，即“具体”“可衡量”“可实现”“相关”和“时限”。这些要素依然适用于智慧教室中，有助于确保教育目标的明确性、可衡量性、可行性、相关性和时间性。

综合来看，I-SMART 模型将数字技术和智能系统与 SMART 目标设定模型相结合，为智慧教室的设计和实施提供了指导原则。它强调了教育领域的数字化和智能化趋势，旨在提供更有效、更个性化和更具吸引力的学习环境，以促进学生的全面发展和成就。这个模型有助于教育者更好地理解如何充分利用智慧技术，以提高教育质量和学生的学习成果。

3. 智慧教室的构建模型

智慧教室的构建模型是一种框架，用于指导和规划智慧教室的设计和建设，以提供先进的教育体验。这个模型通常包括以下几个关键要素。

① 基础设施和技术：智慧教室的构建首先需要建立强大的基础设施和技术支持。包括高速互联网连接、数字白板、投影仪、学生设备（如平板电脑或笔记本电脑）、多媒体设备和音响系统等。这些技术设备将构成教室的硬件基础。

② 软件和应用程序：智慧教室需要运行各种教育软件和应用程序，以支持教学和学习活动。这些软件包括在线学习平台、虚拟教室工具、教育游戏和内容管理系统等，用于提供多样化的教育资源和互动性。

③ 互动性和互动工具：智慧教室应提供互动性工具，如触摸屏、电子白板和学生响应系统，以鼓励学生积极参与课堂互动。这些工具有助于创造更具吸引力的学习环境。

④ 数据分析和个性化学习：构建智慧教室还需要整合数据分析工具，以监测学生学术表现、行为和需求。这些数据可以用于个性化学习，根据学生的进展和需求提供定制化的支持和资源。

⑤ 教师培训和支持：为了有效利用智慧教室，教师需要接受培训，熟悉技术和教育工具的使用方法。同时，提供技术支持团队，以解决教室中可能出现的问题和挑战。

⑥ 安全和隐私：在构建智慧教室时，必须考虑安全性和隐私保护。确保学生和教师的数据得到保护，并采取措施来防止潜在的网络威胁。

综合来看，智慧教室的构建模型涵盖了硬件、软件、互动性、数据分析、

教师培训和安全等多个关键要素。这个模型有助于教育机构规划和创建适应现代教育需求的高效教室，提供更富有互动性和个性化的学习体验，促进学生的全面发展和学术成就。

二、智慧教室的类型

智慧教室在发展过程中，涌现出多种不同类型的教室，这些教室的命名多种多样，令人眼花缭乱。有些教室以支撑的教学方式命名，如 PBL 教室、TBL 教室和研讨型教室，强调了它们在项目驱动学习、小组协作和讨论方面的特点。另一些教室以核心的技术特色命名，例如远程交互教室、多屏互动教室和 VR 智慧教室，强调了它们在远程教育、多媒体互动和虚拟现实方面的应用。还有一些教室以承载的课程活动命名，如创新创业教室和通识课教室，突出了它们为不同类型的课程提供适合环境的特点。此外，还有以空间的设计定位命名的教室，例如社区型空间和开放性空间，强调了它们在提供灵活性和促进互动方面的设计理念。这些不同类型的智慧教室为教育提供了丰富的选择，以满足不同教学和学习需求。

（一）常态化智慧教室

常态化智慧教室是通过将互动转椅、互动系统与传统教室中的显示系统、控制系统和扩音系统进行改造而构建的一种新型教育环境。其中，旋转桌椅具有高度的可移动性，桌子的形状和颜色可以根据学校的需求进行定制拼接，从而促进了师生之间的互动学习。这种教室有助于改变传统的填鸭式教学方法，为混合式教学、小班化教学、翻转课堂教学以及探索式教学等新型教学模式的实施提供了有利条件。通过结合先进的技术和可定制的教室布局，常态化智慧教室为教育提供了更为灵活和互动的学习体验。

（二）拼接型智慧教室

拼接型智慧教室是一种创新的教育空间，其中师生可以自由组合和拼接桌椅，个性化设计教室布局，以满足不同教学需求。这种教室配备了互动系统等设备，支持多种教学模式，鼓励师生互动和合作，促进了更具参与性和灵活性的学习体验。

（三）研讨型智慧教室

研讨型智慧教室是专为促进深度研讨和互动学习而设计的教育环境。这种教室通过互动系统和灵活的教室布局，鼓励学生参与讨论、合作和共享想法，从而培养批判性思维和问题解决能力。研讨型智慧教室为教育提供了创新的学习场所，强调学生参与和互动的重要性，有助于培养更具批判性思维和协作能力的学习氛围。

三、智慧教室建设的理论依据

这些理论基础包括建构主义理论，强调学生通过积极地建构和互动来构建知识；多元智能理论，强调每个学生具有多种智能类型；混合式学习，结合传统教学和在线学习的方法；情境认知理论，强调学习环境对知识的影响；小组合作学习，鼓励学生在小组中合作解决问题；以及项目式学习，通过实际项目来促进学习。这些理论基础共同支持着智慧教室的设计和发展，旨在提供更具交互性、个性化和有效性的学习体验。

（一）建构主义理论

建构主义理论是一种教育理论，强调学习是一个积极的、个体性的过程，学生在其中通过主动参与和建构知识来理解世界。该理论的核心观点是，学生不仅被动接受信息，而且在他们的头脑中积极构建自己的理解和意义。这个过程通过互动、体验和解决问题来实现，学生不仅仅是知识的消费者，更是知识的创造者。

建构主义理论的关键特点包括以下几点。

① 学习是主观性的：学习是个体的、主观的过程，每个学生都有自己的认知结构和背景知识，因此他们对新知识的理解会有所不同。

② 活动性学习：学生通过积极地参与和互动来构建知识，而不仅是被动接受信息。这包括探索、实验、解决问题和合作。

③ 社交互动的重要性：建构主义强调学生与他人的交流和合作，因为通过与他人交流，学生能够共享和扩展他们的思想，建立新的理解。

④ 真实情境的学习：该理论倡导在真实的情境中学习，通过将知识应用到实际问题中来增强理解和记忆。

⑤ 自主学习：学习者应该被鼓励成为自主的问题解决者，能够自主选择学习的目标和方法。

建构主义理论对于教育有着深远的影响，推动了教学方法的演变，强调了学生参与、合作和实际应用的重要性，促进了更富有意义和有效性的学习体验。这一理论在教育领域中的应用包括问题解决式学习、项目式学习、探

究式学习等，旨在培养学生的批判性思维和自主学习能力。

（二）多元智能理论

多元智能理论是由美国心理学家霍华德·加德纳于 1983 年提出的教育心理学理论。该理论提出，人类拥有多种不同类型的智能，而不仅是单一的智力因素。加德纳认为，传统的智力测试只关注语言和数学能力，而忽视了其他重要的智力形式。因此，多元智能理论试图更全面地理解和评估个体的智能。

多元智能理论提出了多达八种不同类型的智能，包括以下内容。

① 语言智能：善于使用语言表达、理解和交流的能力。

② 逻辑数学智能：善于逻辑推理、问题解决和数学计算的能力。

③ 空间智能：善于理解和操作空间、形状和图像的能力。

④ 音乐智能：善于理解、创作和表达音乐的能力。

⑤ 肢体动觉智能：善于控制身体动作、运动和协调的能力。

⑥ 人际智能：善于理解和与他人互动、建立关系的能力。

⑦ 自我智能：善于自我认知、自我理解和自我控制的能力。

⑧ 自然智能：善于理解自然界和环境的能力。

多元智能理论的重要观点是每个人在这些智能方面具有不同的优势和倾向，而教育应该更注重培养和发展学生的多种智能，而不是仅仅关注传统智力的测量。这一理论对于个性化教育的发展和教学方法的多样化具有深远的影响，帮助教育者更好地适应不同学生的需求和潜力，提供更富有启发性和有益的学习体验。

（三）混合式学习

混合式学习是一种教育理念，旨在将传统学习方式与网络化学习相结合，充分发挥它们的优势，同时突出教师引导和学生主动参与的角色。国际教育技术领域的共识认为，只有将传统学习与在线学习有机结合，让它们相互补充，才能实现最佳的学习效果。混合式学习可视为一种新兴的学习方式，它基于系统论和绩效方法，在 E-learning 和企业培训领域中应用广泛，旨在使学习更加便捷，以达到最佳的学习成果。这一方法的核心目标是根据企业和组织的学习绩效指标，优化学习过程，促进更有效的知识传递和技能培训。

从混合式学习的内容来说，一般可以分为以下几种。

学习理论的混合：混合式学习的学习策略需要融合多种学习理论的指导，以更好地适应不同学习者、各种学习目标、多样化的学习环境和不同学习资源的需求。这包括建构主义理论，强调学生通过积极地建构和互动来构建知识；教育传播理论，关注有效的教育传播和沟通方式；活动理论，强调学习与实际活动的互动关系；虚实交融理论，探讨虚拟和现实世界的融合；以及情境认知理论，强调学习环境对知识构建的影响等。

学习资源的混合：学习资源的混合是将多种学习资源巧妙地整合到一个平台上，以建立全面的、多元化的学习环境，形成所谓的“一站式”学习体验。这包括精心设计的在线课程，生动有趣的面授讲师，同事的经验分享，以及丰富的学习资料积累。这一综合性的学习平台旨在构建强大的企业知识管理中心，实现隐性知识的显性化，将显性知识体系化，将知识数字化，并使数字知识内化于学习者之中。

学习环境的混合：学习环境的混合是建立在学习者为中心的理念上的，旨在提供多元化的学习体验。在这种理想的混合式学习模式中，学习者具有随时准备学习的灵活性，而不必总是被传统的教导方式所束缚。这一模式融合了多种功能和元素，涵盖了正式和非正式的学习活动。

学习方式的混合：学习方式的混合是充分利用网络技术的威力，将在线学习与传统课堂教育相互融合。这种混合式学习模式包括实时和非实时、同步和异步的教师授课，为学生提供了多样的学习体验。它还包括讨论式学习、协作学习、以合作为基础的小组学习，以及传统的和基于网络的自主学习方式。这个综合性的学习模式将正式培训和非正式学习有机地结合在一起，使企业学习变得无缝衔接，为员工提供了多元的学习途径。

在智慧教室中，教师和学生可以享受到许多便利的功能，包括无感知人脸识别、自动一键开机、大屏幕展示教学内容、小组交互式讨论、常态化录像和在线督导巡课、全自动微课录制等。智慧教学系统还自动收集教学过程和学生学习行为状态的数据，通过大数据分析和可视化呈现来评估教与学的活跃程度。这样，教师和学校可以随时跟踪和分析课堂内外、线上线下的教学过程，生成科学化和定制化的课程学习质量报告。这些数据和报告有助于为教师提供决策支持信息，创新教学方法，打造智能和富有趣味的智慧课堂，从而有效提升线上线下混合学习的质量。智慧教室的应用为教育领域带来了更多可能性，为学生和教师提供了更多工具和资源，以实现更富有成效的学习和教育体验。

（四）情境认知理论

情境认知理论是一种重要的学习理论，它在继承了细致分析刺激与反应学习理论以及信息加工学习理论的基础上，与建构主义理论大致同时涌现。这一理论的关键目标是修正以符号运算为主的认知方法所存在的缺陷，特别是那种完全依赖规则和信息描述的认知方式。情境认知理论强调了对文化和物理背景在认知过程中的重要性，以及它们对知识的塑造和传递所起到的关键作用。这一理论突出了非常意识的推理和思考以外的认知维度，为认知心理学领域引入了更多的深度和多样性。

知识的生成和发展是个体与周围环境互动的结果，是一种通过协调一系列行为来适应不断变化和发展的环境的能力。这意味着知识的形成不是静止的，而是与个体和环境之间的交互作用密切相关。情境观强调了实践和情境对知识的塑造和演化的重要性，强调了知识的动态性和灵活性。这一理论有助于更好地理解知识的本质和学习过程，强调了学习和实践的紧密联系。

在这一理论中，知识不再被看作是独立的实体，而是被视为一种工具，只有在应用和实践中才能完全理解。意义和身份的建构是在互动中进行的，而这些构建过程受到更广泛情境脉络的深刻影响。这一理论突出了知识和学习的社会性和文化性，强调了学习是一个参与式的过程，通过活动和互动来塑造知识和意义。情境学习理论的观点有助于更好地理解知识的发展和学习的本质，强调了知识的动态性和联系性。

情境认知理论强调：情境认知理论的观点对教学系统设计和学习环境开发等多个教育领域产生了深远影响。它为信息技术与课程整合、计算机支持协作学习以及虚拟学习共同体等新兴教育技术领域的发展提供了理论基础。这一理论强调了学习的社会性和文化性，鼓励以学习者为中心，将教学融入到实际社会实践中，以提供更丰富、更有意义的学习体验。情境认知理论的观点对于教育领域的创新和发展具有重要意义。

（五）小组合作学习

小组合作学习是一种以异质小组为主的学习模式，其主要目标是促进不同程度的学生在小组内自主、合作、探究学习，以共同实现学习目标。这种学习模式以小组的总成绩作为激励依据，旨在全面促进学生知识、能力、情感、态度和个性的和谐发展。小组合作学习通常在传统班级授课制度下实施，教师将学生分为小组，将学习小组作为学习过程中的关键推动力。教师通过指导小组成员展开合作，形成一种“组内成员合作，组间成员竞争”的学习模式。这种模式充分发挥了群体的积极作用，提高了个体学生的学习动力和能力，以达到完成特定教学任务的目的。小组合作学习强调了学生之间的互动和合作，有助于培养团队合作能力，提高学习效果，并促进个体的全面发展。

小组合作学习对于学习者建构新的、更深入的理解起着积极的作用。在小组学习的过程中，学习者通过交流和讨论逐渐明确和外显化自己的想法和问题解决思路。这种交流有助于学习者更好地评价和监控自己的理解和思维过程。在小组学习中，为了解决问题，学习者必须达成对问题的共同理解，并建立高层次的问题表征。这意味着学习者需要共同努力，以形成更全面和深刻的理解。在小组学习中，学习者通过共同解决问题的实践训练，提高了整个小组的学习能力。这种协作性的学习方式不仅有助于个体学习者的知识和技能的提高，还促进了团队合作和集体学习的成功。小组合作学习强调了学习者之间的互动和合作，为深化学习提供了有力支持。

（六）项目式学习

相较于传统的学习方法，项目式学习能够更有效地提高学生的实际思考和问题解决能力。这种学习模式的目标是通过将学科知识与实际问题相结合的实践方式，使学生更有效地掌握学科知识，并在这个过程中培养他们的社会情感技能。项目式学习鼓励学生主动参与学习过程，培养了他们的合作能力、创造力和批判性思维。此外，项目式学习还强调学习与实际应用的紧密联系，为学生提供了更深入的学习体验和更有意义的学习机会。这一方法有助于培养学生的综合能力，使他们能够更好地应对现实生活中的挑战和问题。

在项目式学习中，有几个关键环节：首先是提出问题，然后是规划解决方案、实际解决问题、进行评价和反思。教师在每个环节都扮演着引导的角色，根据项目的主题和学生的表现，不断调整教学计划和项目的进行计划。与其他教学方法相比，教师在项目式学习中更像是学生学习的协助者，他们在相对宽松的课程框架下提供指导，帮助学生顺利完成项目。这种方法强调学生的自主性和主动性，鼓励他们在实际问题解决过程中培养批判性思维、协作能力和解决问题的技能。项目式学习为学生提供了更丰富和有意义的学习体验，有助于他们更好地应对复杂的现实挑战。

智慧教室提供了技术支持，使教师能够更好地组织和管理项目式学习的各个环节。通过在线资源和数字工具，学生可以更轻松地查找和获取所需的

信息，进行合作和讨论，展示他们的成果。教师可以利用智慧教室的功能来监控学生的进展，提供实时反馈，并更好地管理项目的进程。这种教学环境有助于项目式学习的有效实施，提高学生的参与度和学习成果。

智慧教室的技术支持使项目式学习更加高效和有趣，有助于促进学生的合作和创造性思维，提高他们的学习成果。这种教学环境为问题驱动型学习提供了强大的支持，使学生能够更好地应对现实世界的挑战。

第二节　智慧教室的设计

一、智慧教室建设理念、原则和策略

（一）智慧教室建设理念

智慧教室建设的主要目的是为学生提供一个舒适、便利、灵活的学习环境，以满足他们的学习需求。在这个过程中，教育行政部门或学校需要依据国内外先进和成熟的教育信息化研究成果以及信息技术手段，结合本校的教学实际需求，制定最佳的建设方案。这意味着需要深入研究学生的需求，包括他们的学习习惯、技术水平、教育目标等，以确保智慧教室的设计和功能能够真正服务于教育和学习的目标。同时，还需要考虑硬件和软件的选择，确保它们能够无缝地整合并提供优质的教育体验。综合考虑这些因素，才能最终确定一个合适的智慧教室建设方案，以促进学生的学习和发展。

最优的智慧教室建设方案将综合考虑这些因素，以满足学生和教师的教育需求，提高教育质量和效率。这需要紧密合作，包括教育行政部门、学校管理者、教师和技术专家等各方的共同努力，具体内容如下。

教学创新：教学创新在智慧教室建设中旨在提高教育质量和教学效果，促进学生更深层次的学习和理解。它需要综合运用教育理论和技术手段，以满足不断变化的教育需求和挑战。

资源丰富：通过资源丰富的设计理念，智慧教室旨在提供学生丰富的学习体验，同时为教师提供更多的教学资源和工具，以支持他们的教学活动。这有助于提高教育质量和学生的学术成就。

教研一体：通过教研一体的设计理念，智慧教室旨在将教育研究与教学过程紧密结合，以提高教育质量和学习效果。教育者可以利用教育数据和研究工具来不断改进教育实践，从而更好地满足学生的学习需求。

虚实融合：智慧教室可以提供更灵活、丰富和综合的学习体验，同时将传统的物理课堂与现代的虚拟教育平台相互结合，以更好地满足学生和教师的教育需求。

技术先进：智慧教室能够更好地适应现代教育的需求，提供更具吸引力和互动性的学习环境，同时为学生和教师提供更多的教育工具和资源，以提升教学效果和学习成果。这一理念将技术与教育有机结合，为教育领域的创新和发展提供了有力支持。

管理智能：智慧教室可以更好地支持教育机构的管理工作，提高教育资源的利用效率，同时增强教育环境的智能化和安全性，为学生和教师提供更好的教育体验。这一理念将管理与技术有机结合，为教育管理的现代化提供了强有力的支持。

类型多样：教育机构可以更好地满足不同学科和课程的多样化需求，提供灵活、多功能的教育空间，促进教学创新和学生参与，提高教育质量和效果。这一理念强调了个性化教育和教学多样性的重要性，为教育的现代化提供了强有力的支持。

环境友好：通过环境友好的设计，智慧教室可以提供一个愉悦、高效的学习和教学环境，有助于学生和教师的积极参与和学术成就。这也符合可持续发展的理念，减少资源浪费，降低环境影响，为未来教育提供更加可持续和人性化的教室环境。

（二）智慧教室建设原则

智慧教室建设应遵循一系列重要的原则，以确保教室的设计和实施能够最大程度地满足学生和教师的需求，提高教学质量和效果。以下介绍智慧教室建设的原则。

智慧教室建设的原则应包括以下几个方面。教学创新原则。智慧教室应支持各类教学活动，包括传统教学、在线学习、小组合作、项目式学习等多种模式，同时要注重教学过程的创新，引导教师采用现代教育理念和教学方法，鼓励学生自主学习和合作学习，实现个性化教育。

资源丰富原则。智慧教室应提供多元化的数字资源，包括教材、多媒体教具、在线课程等，以支持不同学科和课程的教学需求。这些资源应易于获取、使用和共享，同时要满足个性化教育的要求，能够根据学生的不同学习需求进行推送和定制。

教研一体原则。智慧教室应支持教育研究和教育评估，为教师和学校提

供数据支持，以便进行教学质量的监测和改进。同时，应提供平台和接口，方便教师和研究人员进行教育研究，促进教育科研与教学实践的紧密结合。

虚实融合原则。智慧教室应将物理教室和虚拟教室融为一体，实现无缝对接。学生和教师可以在不同的环境中自由切换，同时享受到相同水平的教育资源和支持。这有助于提高教学的灵活性和可访问性。

技术先进原则。智慧教室的建设应充分运用先进的信息技术，包括物联网、云计算、大数据、移动互联网、虚拟现实等，以提高教学效果和学生学习体验。这需要根据人才培养需求，选择适当的技术手段，并保持技术的更新和升级。

管理智能原则。智慧教室的管理应实现智能化，包括教室布局管理、教学教务管理、数据与资源管理、设备管理、教学环境与安全管理、网络管理等多个方面。这有助于提高教室的运行效率和管理效能。

充分考虑不同需求原则。智慧教室建设应充分考虑不同学科、课程、课型的教学需求，设计类型多样的教室，以满足各种教育领域的要求，确保教育资源的合理利用和最大化的效益。

总之，智慧教室建设的原则应综合考虑教育理念、技术创新、管理智能等多个方面，以创造一个适合教育发展和学习需求的现代化学习环境。这些原则的遵循有助于提高教育质量、促进教育创新和推动教育现代化的发展。

（三）智慧教室建设策略

选择新建或升级改造的策略应根据学校的具体情况来确定。新建适用于学校需要扩建或建设新的教育楼宇，而升级改造则更适合于学校已有设施的现代化改造。无论选择哪种策略，都需要综合考虑教学需求、可用预算、技术支持和时间计划，以确保智慧教室的建设能够最大程度地满足学校的教育目标和需求。

1. 新建智慧教室

新建智慧教室是一项重要的教育基础设施建设项目，通常设计在学校或教育机构的新建教育楼宇或教室内，从零开始规划、设计和建设一套完备的智慧教育技术设施。这种建设策略旨在为学生和教师提供一个现代化的、高度互动的学习环境。在新建智慧教室的过程中，需要考虑课程需求、技术设备选型、网络基础建设、教室布局设计等多个方面，以确保最终的智慧教室能够满足教育目标，提升教学质量，促进师生的互动与合作，为学习者提供更加丰富、灵活和创新的学习体验。这种建设方式通常需要相对较大的预算和时间投入，但可以实现教育设施的全面现代化升级，以适应未来教育的需求和趋势。

2. 多媒体教室智慧化改造

多媒体教室智慧化改造是将传统的多媒体教室升级为现代化的智慧教室的过程。这种改造通常涉及更新教室内的技术设备，包括投影仪、互动白板、音响系统、计算机设备等，同时也包括安装智能控制系统、网络设施和教育软件。通过这种改造，原本仅能进行基本多媒体展示的教室可以变成支持互动式教学、在线资源访问、远程教学和教学管理的智慧化学习空间。这样的改造能够提升教育教学的效果，增强学生的参与度，促进教育创新，并更好地满足现代学习的需求。这种改造策略相对于新建智慧教室来说，通常需要较低的投入，并且可以将现有的多媒体教室资源得以充分利用，提高了教育资源的可持续利用性。

二、智慧教室的空间设计

智慧教室的空间设计是关键，因为它直接影响到教学和学习的效果。在智慧教室的空间设计中，需要考虑以下几个重要因素。

① 教室布局：教室的布局应该灵活多样，以适应不同的教学和学习需求。可以采用可移动家具和设备，以便根据不同课程的需要进行重新配置。此外，教室布局应该鼓励师生互动和合作。

② 设备安置：教室内的设备，如投影仪、互动白板、音响系统，应该合理安置，以确保所有学生都能清晰看到和听到教学内容。设备的摆放应该不影响教室的通道和空间利用。

③ 照明和色彩：照明设计应该充分考虑教学和学习的需求，确保教室内明亮而舒适。色彩的选择也要符合教育和心理学原理，以促进学生的集中注意力和舒适感。

④ 空气质量：教室内的空气质量应该良好，以确保学生和教师的健康。良好的通风和空调系统是必要的，特别是在长时间使用的情况下。

⑤ 网络和电源：教室内需要足够的网络接入点和电源插座，以支持学生和教师的设备连接和使用。这些设施应该布局合理，方便使用。

⑥ 声学设计：声学设计是重要的，以确保在教室内能够清晰传递声音，避免噪声干扰。吸音材料和隔音设计可以改善声学效果。

总之，智慧教室的空间设计应该以教育教学的需求为中心，创造一个舒适、灵活、功能齐全的学习环境，有利于师生的互动和教学创新。同时，空间设计也需要考虑可持续性和资源利用效率，以确保智慧教室的长期可用性和可持续发展。

三、智慧教室设计方案

（一）硬件设施

智慧教室的硬件还可以包括互动白板、教室摄像头、音响系统、扬声器、麦克风等，这些设备可以进一步增强教室的互动性和多媒体教学功能，提供更多教学选择和工具，以满足不同的教育需求。硬件设施的选择和配置应根据学校或机构的具体需求和预算进行，以确保教室能够有效支持教育教学目标的实现。

（二）软件应用

智慧教室的软件应用可以根据学科需求、年级水平和学校的教育目标来选择和配置。它们应该与硬件设备协同工作，以提供全面的教育解决方案，满足不同类型的学习和教学需求。

（三）智能监控

建立一套智能监控系统可以提高智慧教室的可用性、安全性和效率，确保教学顺利进行，并降低管理和维护的难度和成本。这对于教育机构和学生都是有益的。

（四）数据分析

智慧教室的数据分析功能不仅有助于提高教育质量，还可以为教育工作者和学生提供更好的教育体验。这是现代教育领域不可或缺的一部分。

四、智慧教室的对策

（一）加强教师培训

加强教师培训是实施智慧教室的关键步骤，可以帮助教师充分发挥教育技术的潜力，提高教学质量，同时确保学生获得更好的教育体验。

（二）合理利用资源

智慧教室提供了丰富的教育资源，但教师的角色仍然至关重要。教师应根据教学目标和学生的实际情况，精心选择和合理利用这些资源，制定适合的教学策略。包括有效地整合多媒体教材、在线学习平台、互动工具等，以提供丰富的学习体验和增强学生的参与度。同时，教师也需要不断调整教学策略，以满足不同学生的需求，并确保教育资源的最佳利用，以实现教学目标的达成。在智慧教室中，教师的作用是引导学生，激发他们的学习兴趣，帮助他们有效地利用资源，促进知识的深入理解和应用，从而提高教育质量。

（三）注重互动教学

智慧教室的互动教学是教育领域的一项重要创新。通过课堂互动工具和技术，教师可以与学生建立更紧密的联系，激发他们的学习兴趣和积极性。互动教学不仅仅是单向的知识传递，而是一个师生之间相互参与和交流的过程。教师可以提出问题，学生可以实时回答，进行讨论和分享观点。这种互动能够更好地满足学生的个性化学习需求，帮助他们更好地理解和应用知识。同时，互动教学也有助于教师更好地了解学生的学习情况，及时调整教学策略，提高教育质量。因此，智慧教室应注重互动教学，通过课堂互动工具促进师生之间的交流和互动，从而提高教育效果。

（四）保障网络安全

智慧教室建设需要综合考虑网络安全、数据隐私和个人信息安全等因素，确保教育环境的安全性和可信度，为学生和教职工提供一个安全的学习和教育空间。

第三节　智慧教室的建设与应用实践

一、智慧教室建设开放性

（一）智慧教室系统的开放性概述

1．系统组成

为了实现智慧教室系统的建设和扩展的开放性，需要确保各个子系统能

够有效地协同工作，并且具备与主流厂家的兼容性。这需要系统设计人员仔细考虑每个子系统的功能和接口，以确保它们能够无缝集成到整个系统中。此外，随着新技术和新产品的不断涌现，智慧教室系统也需要不断更新和改进，以适应不断变化的教育需求和技术发展趋势。

智慧教室系统的建设是一个复杂的工程，需要综合考虑各个子系统的功能和兼容性，以确保系统的有效运行和不断的发展。通过合理的设计和集成，智慧教室可以为教育提供更加先进和便捷的教学环境。

2. 功能设计

通过一卡通刷卡认证，可以实现对教室和设备的精准管理，满足学校管理和教师使用需求。这个系统能够实现一卡通刷卡认证，通过与一卡通系统和教务系统的数据同步，精准提供教室使用信息，根据课表信息授权教师和学生使用相应的场地和设备。这种智能管理系统不仅提高了教室和设备的利用效率，还简化了管理流程，为学校提供了更便捷和精准的管理方式。

智能控制中心在智慧教室中扮演着核心角色，具备多项重要功能。它能够实现设备的管控，包括设备的启停、监控、维护等操作，还能管理电源，有效控制能耗，以及对音视频的管理，确保音视频设备的正常运行。通过管理平台，智能控制中心能够展现全部教室的设备情况，包括设备类型、使用状态、故障告警、报表统计等内容，为学校提供了全面的设备管理信息。此外，智能控制中心还支持远程控制，使管理员能够远程监控和管理教室设备，确保教学环境的顺利运行。这一设施对于智慧教室的有效运营和管理至关重要。

教学平台与录播系统的有效衔接在智慧教室中起着关键作用。这一衔接要求教学平台具备开启录播功能的选项，通常会集成于工具栏中，以便教师能够方便地控制录播的启动。更重要的是，这一衔接需要支持通过接口的方式自定义推流地址，这意味着教师可以根据需要将录播内容传输到特定的目标，如第三方视频云服务商或本地存储设备。此外，教学平台需要确保录播的视频与课程能够绑定，这意味着录播内容与特定课程相关联，当课程结束时，录播也会自动结束。学生在课后可以在其听课列表中找到录播视频，并进行回放观看，从而提供了更多灵活性和方便性，以满足不同学生的学习需求。这一衔接功能的实现有助于充分利用录播系统，增强教学的灵活性和可用性。

将传统黑板数字化、智能化是智慧教室建设的重要举措，这有助于充分发挥传统黑板在教学中的不可替代作用，并将其与现代教学技术有机结合。

通过数字化和智能化的手段，板书内容可以同步实时数据化，迅速传输到教学平台，这为学生提供了更方便的获取方式。学生可以通过多种载体，如投影、显示屏、手机微信、网页等，获取黑板书写内容，从而能够更灵活地参与课堂学习。此外，将板书内容融入到PPT教学过程中，实现PPT与板书的同步展示和留存，有助于提供更丰富的教学资源，并方便学生在课后回顾重要内容。这一数字化黑板的应用不仅提高了教学的互动性和可视性，还丰富了教学手段，提升了教育质量。

在智慧教室中，教师授课的过程需要实现多屏互联，包括黑板、教师屏、小组屏、学生终端屏（电脑、手机、平板等），以达到即思、即写、即显示的教学体验。教师和学生的设备可以主动发起连接，支持全局广播投屏和多终端投屏功能，从而能够高效地分享信息和展示教学内容。同时，远程教学的屏幕分享功能也可以通过教学平台的模拟全场景视频功能模块来实现，这使得远程教学更加便捷，交互性更强，提升了教学的效果和互动性。通过多屏互联和屏幕分享功能，教室内的教学过程变得更加互动和多元化，有助于学生更好地理解和参与教学活动。

学校管理人员在经过统一认证和授权后，可以访问录播子系统，实时查看各个教室的授课情况。他们可以进行多角度的巡视，包括查看教师屏幕、学生终端、黑板等，通过轮循每间教室的画面，全面了解全校课堂的情况。这使他们能够实现在线巡课和督导，确保教学质量和教师的教学效果。在完全线上教学场景下，在线巡课和督导功能可以通过教学平台设计和实现，进一步提升了对教学过程的监管和支持。这种功能有助于学校管理人员更好地管理和指导教学工作。

（二）集成

1. 集成要求

在集成过程中，各子系统需要从学校数据中心的人员信息中间表中读取用户信息，并将这些信息转换成适合自身的用户信息和用户角色信息格式数据。在确认数据正确性后，这些数据将被保存到各子系统的数据库中。此外，各子系统还需要从学校数据中心的课程信息中间表中查询课程数据，并将这些数据转化为符合自身格式的课程信息，然后更新本子系统中已存在的课程数据。这个整合过程有助于确保各个子系统之间的数据一致性和协同工作。

对于一些不方便开放的第三方数据库，主数据平台可以开放API接口，采用Web Service数据服务共享方式，以便直接调用这些数据，满足按需、实

时访问的需求。这样可以确保各个子系统和数据库之间的数据互通和共享，提高了系统的整体效率和运行效果。

2. 集成实现

各业务系统中会设置中间表，作为集成数据的数据源。这些数据源通过ETL（抽取、转化、加载）工具如ODI来实现数据的加载和集成。

具体过程包括自动抽取数据源的数据，然后将数据进行必要的转化和处理，最后将转化后的数据写入目标系统中。这个过程可以按照规定的执行频率自动进行，确保数据的实时性和一致性。通过这种方法，各子系统的数据可以有效地集成和同步，从而保证整个智慧教室系统的数据流通畅顺。

（三）教学平台的开放性

教学平台的开放性是智慧教室系统中至关重要的一环。开放性意味着教学平台具有灵活性和可扩展性，能够与其他子系统和第三方应用集成，以满足不断变化的教育需求和技术创新。以下是教学平台开放性的一些关键特点。

① 接口和API支持：教学平台应提供各种接口和API（应用程序接口），使其能够与其他系统、应用和设备进行数据交换和互操作，包括与学校信息系统、教务系统、图书馆系统、第三方教育应用等的连接。

② 标准兼容性：教学平台应符合教育技术的行业标准和规范，以确保与其他系统的兼容性。这有助于避免信息孤岛，使不同系统之间能够顺畅地工作。

③ 插件和扩展性：教学平台应支持插件和扩展，允许教育机构根据需要添加新的功能和模块。这样，平台可以不断演进，以适应新的教学方法和需求。

④ 云集成：教学平台的开放性还可以包括云集成，使教育机构能够将其教学内容和资源存储在云端，以便学生和教师随时随地访问。

⑤ 数据共享和分析：教学平台应支持数据共享和分析，以便教育机构能够收集、存储和分析学生和教师的数据，以提供个性化的学习支持和教学改进。

总之，教学平台的开放性是为了确保教育机构能够灵活地应对教育领域的变化，将最新的教育技术和创新纳入教学体系中，以提供更好的教育体验和学习成果。这种开放性不仅有益于教育机构，还有益于学生和教师，帮助他们更好地实现教育目标。

二、基于“互联网+”智慧教室建设与教学管理

智慧教室建设是为了顺应教育领域的发展趋势，借助互联网技术的力量，

为教育提供更多可能性，为师生创造更好的学习和教学环境，从而推动教育的不断创新和提高。

（一）面向教学管理全过程的智慧教室建设

智慧教室的建设通常可以划分为三个关键部分，包括智能门禁系统、集控录播系统以及教学管理平台。这三个部分的紧密协作可以实现智慧教室的高效运行。智慧教室的建设是一项综合性的工程，通过智能门禁系统、集控录播系统和教学管理平台的紧密协作，可以实现教室的智能化运转，提高了教育教学的效率和质量。

1. 构建智能门禁系统，提升安全、有序管理

构建智能门禁系统，采取类似于地铁的进出站模式，师生必须通过刷校园卡，方可进出教室。系统采用如下三种模式。

（1）有课模式

智能门禁系统利用教学管理平台提供的课程信息，包括课程名称、授课教师和上课学生的姓名，来实现智能识别进入教室的人员。在课程的时间段内，如果有不在名单之内的人员刷卡尝试进入教室，系统会自动触发，通过语音提示告知该人员："该教室有**老师的****课程"。这一功能确保了教室内只有授权人员能够进入，提高了教室的安全性和管理效率。

（2）无课被预约模式

智能门禁系统借助教学管理平台的信息，可以感知到教室当前处于预约状态。当有人刷卡尝试进入教室，但不在预约的师生名单之内时，系统会自动触发，通过语音提示告知该人员："该教室有活动"。这个功能有助于确保教室的有效管理和协调，以适应不同时段的活动和预约需求。

（3）无课模式

通过门禁系统记录的刷卡信息，可以实时获取教室内的人数变化。系统每隔 5 秒计算一次，在获取刷卡记录的基础上，将刷入人数减去刷出人数，得出教室中实时自习学生的人数。这一数据将同步更新至教学管理平台中，以使教育管理人员对教室利用情况能够实时了解。

同时，系统还采用语音提示的方式，通过刷卡提醒想要在此自习的学生，以及已经在此自习的学生，确保信息的及时传达。这种智能门禁系统的功能有助于学生更好地管理自习时间和教室资源的利用，提高了教室利用的效率和公平性。

2. 建设集控录播系统

建设集控录播系统是智慧教室建设的重要组成部分，旨在提供高质量的录播和教学资源管理功能。该系统主要包括以下要点。

① 高质量录播：集控录播系统应配备先进的录播设备，包括高清摄像头、麦克风、视频编码器等，以确保课程内容的高质量录制。录播系统还应支持多角度录制，以满足不同教学需求。

② 自动化录播：系统应具备自动化录播功能，可以根据教学管理平台提供的课程信息自动启动录制，无需教师手动操作。这有助于降低教师的工作量，并确保录制的准确性和完整性。

③ 多格式支持：录播系统应支持多种视频格式和存储方式，以适应不同平台和设备的需求。录播的视频可以上传至云端存储或本地服务器，以供学生随时回放观看。

④ 实时监控和管理：系统应提供实时监控功能，允许教学管理人员查看正在录播的课程，并能够随时干预和管理录播过程。此外，系统还应提供录播设备的状态监控和故障报警功能，以确保设备的正常运行。

⑤ 教学资源管理：集控录播系统应具备教学资源管理功能，可以将录播的视频与课程信息进行关联，方便学生查找和回放特定课程内容。教学管理人员可以对录播视频进行分类和标签管理，以便更好地组织和利用教育资源。

⑥ 数据同步与备份：系统应支持与教学管理平台的数据同步，确保录播的课程信息准确无误。同时，应定期进行数据备份，以防止数据丢失或损坏。

总之，建设集控录播系统有助于提高教育资源的可利用性和管理效率，为学生提供高质量的教学内容，并为教育管理提供了更多的信息和工具。这对于推动智慧教室的建设和教育信息化的发展都具有积极的意义。

3. 搭建教学管理平台，提升用户体验

搭建基于B/S架构的教学管理平台，平台分为如下几个模块。

（1）教室状态查询模块

这一智能系统的核心目标是提供实时的教室状态信息，使教师和学生能够方便地查看各教室的占用情况和自习学生人数。通过手机获取学生的位置信息，并结合实时教室状态数据，系统可以为学生提供个性化的推荐，建议最近的可用教室，以便他们根据自己的计划和当天教室的空闲时间段，做出更好的选择。这种智能系统可以有效解决以往学生找教室困难、遇上课不方便的问题，提供了更加便捷的自习环境选择，提高了学习效率和体验。

（2）教室预约模块

这个智能系统的功能还包括查看各教室的最新课表和预约情况。师生可以在教室没有课程的时间段提前预约教室，提供使用事由和参与人员名单，并提交给教务部门审批。一旦审批通过，他们就可以在预约的时间段内获得该教室的使用权。这个系统的好处在于避免了以前需要在教室门口贴纸条的麻烦，也避免了学生在没有看到通知的情况下进入教室，从而提高了师生在教室使用中的便利性和用户体验。同时，也有助于提高教室的利用率，更加有效地安排工作和学习。

（3）教学资源模块

教学资源平台采用云计算方式部署，其体系架构包括四个层次，从底向上依次是物理资源层、数据资源层、应用服务层和服务接口层。在这四个层次中，底部的三个层次提供了云计算的核心服务，包括基础设施即服务（IaaS）、平台即服务（PaaS）和软件即服务（SaaS）。这种架构能够有效地支持教学资源的管理和提供，使其更加灵活和可扩展。

（4）教学评价模块

通过账号登录该模块，教师和学生可以相互评价在教与学互动过程中的表现，同时也可以提出有关智慧教室使用体验的想法和建议。此外，教室管理人员也有权限对师生的教室使用规范度进行评分。这种三方互评的方式有助于促进智慧教室建设和教学管理水平的提高，同时提升了师生在教室使用中的行为规范度和教学质量。

（二）智慧教室的建设方式

智慧教室的建设方式可以分为两种：新建和升级改造。新建智慧教室是指在教育机构中新建一些全新的智慧化教室，这些教室从一开始就按照智慧教室的设计理念和技术要求进行建设。升级改造则是将现有的传统教室通过更新设备和软件，使其具备智慧教室的功能和特性。选择建设方式需要根据学校的实际情况、预算投入和教育信息化发展阶段来进行决策。

三、5G 赋能下的智慧教室建设及多场景应用

（一）5G 概述及特点

5G 技术的出现确实为智慧教室的发展带来了巨大的机遇。5G 的高速、低延迟、广覆盖等特点可以使智慧教室的各种在线应用更加流畅，包括高清

视频教学、远程实时互动、虚拟现实体验等。这意味着学生和教师可以更加便捷地使用各种教育科技工具，加强互动学习和远程教育。此外，5G 还有望支持更多物联网设备的连接，进一步提高智慧教室的智能化水平，为教育提供更多创新和个性化的可能性。因此，5G 时代对于智慧教室的发展具有重要的推动作用。

高速度、广覆盖和极低延时彻底改变了通信方式和数据传输速度，不仅提供更流畅的互联网体验，还开辟了新的应用领域，如无人驾驶、增强现实和虚拟现实等。而万物互联和低功耗特点则推动了物联网的发展，使各种设备和物品都能够互相连接和交互，创造了更加智能的生活方式。此外，5G 的重构安全体系也至关重要，确保了网络的安全性和可靠性，为各种应用提供了更可信的环境。总之，5G 技术的综合特点为未来的科技创新和应用带来了无限可能。

5G 技术将在各个领域带来革命性的变化和新的机遇。智能化应用领域将迎来更快速、更可靠的数据传输，这将推动智慧校园、智慧医院、智慧办公等应用场景的发展，为各行各业带来更高效的运营和更好的用户体验。云数据和人工智能等信息技术的结合也将加速智能化应用的实际落地，为社会各界带来更多创新和便利。这一新时代的到来将为我们的生活和工作方式带来深刻的变革，激发了无限的潜力和可能性。

（二）5G 与智慧教室建设相关的信息技术

1. 物联网

通过将多种管理系统整合为一个系统，物联网技术使教室的管理更加高效和智能化。教师可以通过手机或智能设备轻松控制教室的门禁、照明、空调等设备，使教学环境的准备更加迅速和方便。同时，5G 技术的低功耗特性有助于减少能耗，提高了教室的可持续性和资源利用效率。这一技术的应用使教育机构更好地满足了学生和教师的需求，提高了教育教学的质量和效率。

2. 云计算与云存储

5G 技术的高速传输和低延时性质为智慧教室中的云计算和云存储提供了强大的网络基础。在这种环境下，教师和学生可以通过云桌面轻松地访问云端课件和教育资源，而无须依赖本地硬件。这种方式不仅提高了教学资源的可访问性，还允许多个终端通过互联网进行实时数据传输和互动，为多点互动智慧教室的实现提供了坚实的基础。5G 的技术优势为教育领域带来了更多的创新可能性，有望提高教育的质量和效率。

3. 大数据

通过分析学生的考勤情况，学校可以更好地跟踪学生的出勤情况，提供更有针对性的支持。能耗管理系统可以通过大数据来识别能耗高峰期并提出优化建议，有助于降低资源浪费。教师可以通过分析学生的学习数据来了解他们的学习习惯和需求，从而更好地指导他们。此外，自动测温系统和安防系统等也可以通过大数据分析来提高安全性和管理效率。总之，大数据分析在智慧教室中的应用有助于提供更智能、高效的教育服务。

（三）5G 赋能下的智慧教室场景应用

智慧教室的多种场景应用类型为教育提供了更多选择，可以根据具体的教学需求和目标来选择适合的智慧教室类型，从而提供更丰富、个性化的教育体验。

1. 精品录播智慧教室场景应用

精品录播智慧教室是一种创新性的教育场景，它将现代信息技术融入到教学过程中，旨在提高教育资源的利用效率和质量。在这种类型的智慧教室中，教师和学生可以利用先进的录音、录像设备以及云计算和云存储技术，将课堂上的精彩内容录制下来，并随时随地通过互联网进行访问。

教师可以通过智能控制界面轻松控制摄像头、录音设备、幕布和投影仪等，以确保教学过程的高质量录制。录制的内容包括教师的讲课、演示、互动以及学生的提问和回答。这些内容以高清晰度的视频和音频形式保存在云存储中，可供学生反复观看和学习。

学生可以通过智能设备（如智能手机、平板电脑或电脑）访问这些录制的课程内容，无需受时间和地点的限制。这为学生提供了个性化学习的机会，他们可以按照自己的学习进度和时间表，自主选择学习内容。这对于复习、补充学习或跟进特定主题非常有用。

此外，精品录播智慧教室还促进了教育资源的共享和合作。教育机构可以将录制的课程内容共享给其他学校或学生，从而扩大了教育资源的覆盖范围。教育者和学生也可以轻松交流和合作，通过在线讨论、问题解答和课程反馈，提高教育的互动性和质量。

总之，精品录播智慧教室是教育领域中的一项重要创新，它利用现代技术为教育带来了更多的灵活性、质量和可及性，有助于满足不同学习者的需求，推动了教育资源的可持续发展。

2. 互动智慧教室场景应用

互动智慧教室是一种创新的教育场景，它将先进的信息技术和互联网应用于教育过程，以创造一个高度互动和参与的学习环境。在这种类型的智慧教室中，教师和学生可以充分利用多媒体技术、云计算和云存储工具，实现实时互动、在线合作和知识共享。

教师在互动智慧教室中可以利用先进的教学工具和软件，创建丰富多彩的教学内容，包括动态演示、虚拟实验、互动测验等。通过智能投影仪、触摸屏幕和互动白板等设备，教师可以与学生实时互动，回答问题、解释概念，并进行课堂投票和讨论。这种互动性质极大地提高了课堂的活跃度和学习效果。

学生在互动智慧教室中也拥有更多的参与权。他们可以通过个人设备（如智能手机、平板电脑）参与课堂互动，回答问题、提出疑问、分享观点，甚至与同学进行小组合作项目。这种参与性教学激发了学生的兴趣和动力，提高了他们的学习积极性。

互动智慧教室还促进了跨地理位置的教育合作。教育机构可以通过视频会议和在线合作平台，将不同地区的学生和教师连接起来，共同学习和分享知识。这有助于丰富教育资源，推动国际教育交流，提高教育的国际化水平。

3. VR/AR 智慧教室场景应用

VR/AR 智慧教室是一种创新的教育场景，它融合了虚拟现实（VR）和增强现实（AR）技术，旨在提供沉浸式和互动性强的学习体验。在这种类型的智慧教室中，学生可以利用头戴式虚拟现实设备或 AR 眼镜，进入虚拟或增强的学习环境，与教育内容进行互动，观察和探索三维对象，参与虚拟实验和模拟情境，以更深入地理解课程内容。这种技术使学习更加生动有趣，有助于提高学生的学习动力和创造力。同时，VR/AR 智慧教室也为跨学科的教育提供了机会，例如生物学和化学课程可以通过虚拟实验室进行整合教学，从而推动跨学科学习和思维发展。这种教育场景应用有望为未来教育带来更多创新和改变。

第八章　智慧课堂的教学实践

第一节　智慧课堂的教学策略

智慧课堂是一种教育理念和教学方法，强调教师在课堂教学中的角色是引导和激发学生思维的导师。在智慧课堂中，教师致力于设计具有挑战性和启发性的教学活动，以引导学生积极思考、提出问题，并培养他们的思维活力和问题解决能力。这种教学方法强调双向互动，鼓励学生参与课堂讨论和合作，以更深入地理解教育内容。智慧课堂的目标是创造一个充满活力和灵气的学习环境，促使学生积极参与学习，提高他们的学术成就和思维能力。

一、智慧课堂的教学理念

在智慧课堂中，问题的引力、智慧的活力和思维的张力被形象地描述为生命开发的“神奇的金三角”。这个金三角代表了在教学过程中关键的要素。问题的引力指的是教师的能力去激发学生的好奇心，引导他们提出问题，让问题成为学习的动力。智慧的活力则代表了教师的创造力和智慧，能够以富有创意的方式回应学生的问题，将教育内容传递得更加生动和有趣。思维的张力强调了培养学生的思维能力和解决问题的能力，使他们能够更深入地理解和应用所学知识。

（一）以“学”为中心

以“学”为中心是教育的核心理念，强调学生的学习和成长应该成为教育的中心关注点。这一理念反映了教育的目标应该是培养学生的知识、技能和品格，以便他们能够在未来的生活中取得成功。将“学”置于中心意味着教育应该为学生提供有意义、有挑战性的学习体验，以激发他们的求知欲和好奇心。教育者的任务是引导学生探索知识、发展技能，并培养他们的批判

性思维和解决问题的能力。

以“学”为中心的教育也强调个性化学习，认识到每个学生都有独特的需求和潜力。因此，教育应该根据学生的兴趣、能力和学习风格来进行定制，以便最大程度地发挥他们的潜能。这种个性化学习的方法有助于提高学生的学术表现，同时也有助于培养他们的自信和自主性。

另外，以“学”为中心的教育还强调了教育的全面性。除了学术知识，教育还应该培养学生的社交技能、情感智慧、道德价值观等方面的素养。这有助于学生成为具备全面素养的人，能够在社会中作出积极的贡献。

总之，以“学”为中心的教育理念强调了学习的重要性，并将学生的发展和成长置于教育的核心位置。这种理念有助于建立积极的学习氛围，培养有创造力、有独立思考能力的学生，为他们的未来成功奠定坚实的基础。

（二）以“问题”为导向，以“思维”为核心

以“问题”为导向，以“思维”为核心的教育理念强调培养学生的批判性思维和问题解决能力。在这一理念下，教育者的任务不仅仅是传授知识，更重要的是教导学生如何提出有深度的问题，如何思考和分析问题，以及如何找到解决问题的方法。

“问题”作为导向意味着学习的起点是一个引人深思的问题。教育应该激发学生的好奇心，让他们主动提出问题，而不仅是被动接受信息。通过面对问题，学生可以培养探索和发现的习惯，这对于终身学习至关重要。

“思维”作为核心强调了培养学生的思维能力，包括分析、综合、判断、创造等方面的能力。学生应该被教导如何独立思考，如何评估信息的可靠性，如何提出有根据的观点。这种思维训练不仅有助于学术成功，且对日常生活和职业发展都具有重要意义。

此外，以“问题”为导向，以“思维”为核心的教育理念还强调了跨学科的学习。问题往往不受学科限制，因此学生需要具备跨学科的知识和思维能力，以便更好地理解和解决问题。

总之，这一教育理念旨在培养具有深刻思考和问题解决能力的学生，他们能够在各个领域中作出有价值的贡献，同时也具备了终身学习的能力，能够不断适应和应对变化。

（三）学习方式的转变

1. 自主学习

倡导完备的自学是智慧课堂教学框架的一个核心理念，它通过以学生为

中心的教学方式，培养学生的主动学习和独立思考能力，为他们的学术成功和终身学习打下坚实基础。

2. 合作学习

课堂学习的“合作度”是一个综合性的评估指标，它涉及到任务设计、分组、互动和学生的个人表现。通过科学设计和引导，可以提高学生的合作度，促进他们在合作学习中取得更好的学术成绩和个人发展。

3. 探究学习

探究学习是一种注重学生主动参与、发现和探索知识的教育方法。在探究学习中，学生被鼓励提出问题、寻找答案、进行实验和观察，以积极参与知识的建构过程。这种学习方法强调培养学生的批判性思维、问题解决能力和自主学习能力，而不是简单地接受教师传授的知识。通过探究学习，学生可以更深入地理解学科内容，培养独立思考的能力，并在解决现实问题时具备更强的适应性和创造性。这种教育方法有助于激发学生的学习兴趣，提高他们的学习动力，从而取得更好的学习成果。

二、智慧课堂的教学设计

智慧课堂的设计应该紧密关注学生的认知水平、生活经验和情感体验，通过创造生动的教学情境、精心设计教学活动，并灵活应对课堂变化，帮助学生在互动、交流和思辨的过程中培养问题解决的能力。在这个过程中，学生被鼓励积极参与，发挥个体智慧，同时也能够受益于学习群体的协作力量。智慧课堂以知识学习为媒介，以智慧生成为核心目标，旨在促进学生在知识、能力、方法、情感和价值观等方面的全面成长。这种教学方法强调了学生的主动参与和思维发展，有助于培养综合素质和创造力。

（一）精心预设巧用生成，激发师生智慧

在智慧课堂中，精心的预设是创造精彩教学的基础，但真正的智慧表现在动态生成的过程中。这意味着教师不仅需要有灵活应变的能力，还需要尊重学生的主体性，根据教学进展中随机生成的情境和资源来灵活应对。在这种教学模式下，教师与学生之间的互动是平等的，学生也有机会参与课堂的生成过程，这有助于培养学生的主动学习能力和创造性思维。因此，智慧课堂强调在教学中灵活应变，同时保持教师与学生之间的积极互动，以实现更丰富和有趣的学习体验。

（二）师生有效对话交流，成就思辨智慧

智慧课堂的核心在于师生之间的有效对话和交流，这种互动促使学生思考、探究、提问，并最终培养出思辨智慧。在这个过程中，教师不仅是知识的传授者，更是学生智力成长的引导者和启发者。通过鼓励学生积极参与课堂讨论、提出问题、分享观点，教师激发了学生的学习兴趣，培养了他们的批判性思维和解决问题的能力。这种有效的对话和交流不仅丰富了课堂氛围，还使学习变得更加有趣和有意义。因此，智慧课堂的目标之一是通过师生之间的积极互动，帮助学生培养出思辨智慧，成就更全面的教育目标。

（三）多种策略解决问题，唤醒学生智慧

智慧课堂鼓励多种策略来解决问题，旨在唤醒学生的智慧。在这个教育框架下，学生被鼓励尝试用不同的方法和思维方式来解决问题，而不仅依赖传统的思维模式。这种多样性的策略可以包括探索性学习、合作学习、实验和研究、创造性思考等。通过提供多样性的学习机会，智慧课堂帮助学生培养出更加灵活和综合的问题解决能力，使他们能够更好地应对未来的挑战和机会。这种教学方法不仅有助于学生在学术领域中获得成功，还有助于他们在生活中成为全面发展的个体。

三、智慧课堂的智慧生成

“神奇的金三角”代表了智慧课堂的核心理念，它鼓励学生在教育过程中积极思考、主动提问，并通过思考和讨论来培养创造性思维和解决问题的能力。这种高深绝妙的教学境界将智慧课堂提升到了极致，为学生的终身学习和成长提供了坚实的基础。

（一）智慧在温馨氛围中生长

智慧在温馨的氛围中生长。当教育环境充满关爱、尊重和理解时，学生更容易展现出他们的智慧和潜力。温馨的氛围可以建立在师生之间的信任和互动基础之上，鼓励学生自信地表达自己的观点和想法。这种温馨氛围可以促进学生的自主学习和创造性思维，使他们更有动力去探索和发展自己的智慧。同时，温馨的教育环境也有助于学生建立积极的情感态度，培养社交技能，以及更好地适应学习和生活中的挑战。因此，智慧和温馨的结合可以为学生提供一个更加有益和愉快的学习体验，有助于他们全面发展和成长。

（二）智慧在问题情境中孕育

当学生面临挑战和问题时，他们需要思考、探索和寻找解决方案。这个过程激发了他们的思维活力和创造力，推动他们不断发展智慧。问题情境提供了一个实验和学习的场所，让学生通过分析、实验、讨论等方式来理解和解决问题。在这个过程中，他们不仅获得了知识，还培养了批判性思维、解决问题的能力和创新意识。因此，将智慧与问题情境结合起来，有助于学生更深入地理解知识，培养综合能力，以及更好地应对未来的挑战。

（三）智慧在操作实践中生成

概念、规律、思想方法的形成都需要通过实际的操作活动来实现。学生通过观察、体验、分析和推理等方式，逐渐从具体的操作中获取抽象的概念和规律。在这一过程中，学生的思维从动作开始，通过操作活动与感官的协同参与，逐步发展和深化。如果切断了动作与思维的联系，学生的思维发展将受到限制。因此，学生在动手操作的过程中，不仅是简单的执行任务，更是通过多种感官的参与来积极参与学习活动，从而更好地理解和掌握概念、规律和思维方法。这种互动式的学习方式有助于学生更深入地理解和运用所学知识。

（四）智慧在自主探究中迸发

智慧的发展在自主探究的过程中得以推动。当学生自主地追求知识、主动提出问题、积极探索解决方案时，他们的思维和智慧得以不断发展和进步。自主探究是一种启发性的学习方式，它激发了学生的好奇心和求知欲，让他们在问题的探索中培养了解决问题的能力和创造性思维。通过积极参与自主探究，学生能够更深入地理解知识，发展独立思考的能力，从而在学习和生活中更加智慧地应对各种情境和挑战。这种自主学习的过程有助于培养学生的自信心和解决问题的能力，使他们成为更具智慧和创造力的个体。

（五）智慧在迁移比较中提升

智慧的提升常常在知识和经验的迁移比较中得以显现。当个体将在一个领域获得的知识、经验、技能等迁移到另一个领域时，他们需要运用自己的智慧来进行比较和适应。这种迁移比较过程不仅有助于加深对不同领域之间

的联系和共通性的理解，还能够激发创造性思维和问题解决能力。智慧的提升在迁移比较中表现为个体能够将已有的知识和经验灵活应用于新的情境和领域，找到相似性和差异性，从而更好地适应和解决各种挑战。这种能力有助于个体更全面地发展自己的智慧，不断提升自身在不同领域和情境中的表现。

（六）智慧在练习中积淀

智慧在练习中积淀，这意味着通过不断的实践和重复，个体能够更好地运用他们的知识和技能，形成更为深刻和自然的理解。练习是智慧的一种培养方式，它可以加强记忆、提高技能水平、强化思维模式，从而使个体在各种情境下更加得心应手。练习有助于将学习到的知识和技能转化为实际行动和应用，培养个体的自信和熟练度。在智慧的积淀过程中，练习起到了关键作用，通过不断地反复练习和尝试，个体能够不断改进和优化自己的表现，从而提高智慧的质量和水平。因此，练习是智慧发展的不可或缺的一环，它有助于个体更好地应对各种挑战和问题，不断提升自己的智慧。

（七）智慧在错例中生辉

智慧在错例中生辉，这意味着个体通过分析和理解错误、失误、挫折等反面经验，可以获得深刻的教训和经验教益。错误和失败并不是智慧的敌人，相反，它们是智慧的重要助手。在面对错误和挫折时，个体需要反思、分析、总结，找出问题的根源，从中吸取宝贵的教训，以避免重复犯同样的错误。通过错误的经验，个体可以更深刻地理解事物的本质和规律，更好地应对未来可能出现的挑战。因此，智慧在错例中生辉，是通过失败和错误来推动自身智慧的提升，使个体更加成熟和聪明。

第二节　智慧课堂自主性学习

智慧课堂的自主性学习在语文学科中扮演着重要角色。自主性学习的核心在于激发学生的思维，鼓励他们积极参与学习，培养兴趣，感受学习的挑战性，认为学习是有趣且具有挑战性的活动，让学生感到他们正在从事有意义的事情。这样的学习方式使学生投入到学习中，内在动力驱使他们，让他们从学习中获得积极的情感体验，从而实现真正有效的学习。在语文学科中，自主性学习包括自主识字、自主阅读、自主写作、自主巩固、自主发展等方面，旨在培养学生独立思考、主动学习、自我提升的能力，为他们的语文素养和综合能力的提高提供坚实的基础。

一、激发语文学习兴趣，学会质疑问难

学生的积极参与和热情投入至关重要，因为只有当学生充满热情地参与学习活动时，他们才能在思维碰撞中点燃思考的火花。为实现这一目标，教师需要努力创造一种轻松愉快的学习氛围，激发学生的兴趣。通过使用生动有趣的教材、引人入胜的故事、趣味性的活动和互动，教师可以吸引学生的注意力，让他们享受到学习的乐趣，从而更积极地投入到课堂活动中。这种积极的学习氛围有助于提高学生的学习动力和参与度，使语文课堂变得更加生动和轻松。

精彩的导语在语文阅读教学中扮演着重要的角色，它有能力激发学生的求知欲、吸引学生的注意力，同时引发情感共鸣。在教材特点和学生生活实际的基础上，教师应灵活运用各种教学手段，创造出愉悦有趣的导入情境。通过这种方式，教师能够有效地结合“情”与“趣”，点燃学生情感体验的火花，为他们学好新课程奠定坚实的基础。这样的导语不仅能够引导学生主动参与学习，还能够增强他们的学习兴趣和积极性，让语文阅读教学变得更加生动和有趣。

在语文阅读教学中，随着情境的逐渐展开，学生的兴趣逐渐被激发，悬念不断增加，思维处于高度兴奋的状态，这时是教师抓住时机，巧妙地导入新课的绝佳时刻。这种情境下，学生对学习产生了浓厚的兴趣，他们将学习视为自己的愿望和需求，从而使他们的整个认知活动变得非常活跃。这种学习方式有助于激发学生的求知欲望，增强他们的学习动力，使语文阅读教学更加生动和有趣。

（一）检查课前预习，夯实基础

检查课前预习是教育教学中的一项重要环节，它有助于夯实学生的基础知识。通过检查学生的课前预习情况，教师可以了解到哪些学生已经掌握了基础知识，哪些学生还需要进一步巩固和学习。这有助于教师有针对性地安排教学内容，确保每个学生都能跟上课程进度。同时，检查课前预习也可以激发学生的学习兴趣，让他们认识到预习的重要性，从而更加主动地参与到课堂学习中。这一过程有助于提高教学效果，为学生的学习打下坚实的基础。

（二）学会质疑问难，启发思维

学会质疑问难是培养学生批判性思维和创造性思维的重要环节。教育的目的之一是激发学生的思维活力，让他们能够主动提出问题、质疑现象、探究原因，从而深入理解知识并培养解决问题的能力。

在课堂中，教师应该鼓励学生提出问题，不仅回答他们的疑问，还要引导他们思考问题的本质和可能的解决方法。通过启发性的提问，教师可以引导学生深入思考，拓展他们的思维边界。这有助于培养学生的创造性思维，让他们能够独立思考、寻找问题的答案，并提出新的见解和观点。

质疑问难不仅是一种学术上的能力，还是一种生活中的态度。通过在学习过程中培养学生的质疑意识，他们可以更好地应对未知的挑战，不断追求知识和真理。这不仅有助于他们的学术成长，还有助于他们的个人成长和社会适应能力的提高。因此，学会质疑问难是教育中不可或缺的一环，它有助于培养有思想、有创造力的未来公民。

二、“融合型课堂”中开展合作，提高自学能力

（一）阅读课中的小组合作

教师可以组织四人小组的讨论和交流，围绕重点问题展开讨论。这种小组讨论有助于学生主动表达自己的见解，倾听和理解他人的观点，培养他们的合作和沟通能力。通过自主的语文实践活动，学生可以在实际操作中获得知识，形成能力。

这种教学方法有助于将学生从被动接受知识的角色中解放出来，让他们成为主动学习者。通过思考、讨论和交流，学生能够更深入地理解课程内容，培养批判性思维和问题解决能力。因此，教师的引导和学生的实践相结合，是一种有效的教育方式，有助于学生的全面发展。

（二）写字课中的小组合作

在写字课中，小组合作是一种有益的教学方法。通过组织学生分成小组，他们可以共同探讨和练习写字技巧。每个小组成员可以相互协助，互相提供反馈和建议，共同进步。

在小组合作中，学生可以分享彼此的写字经验，学习不同的写字技巧和方法。他们可以一起解决写字中的问题，互相鼓励和支持。这种合作可以激

发学生的兴趣，提高他们的写字技能，同时也培养了团队合作和沟通能力。

此外，小组合作还可以增强学生的自信心，因为他们可以看到自己在写字方面的进步。总之，写字课堂中的小组合作是一种促进学生写字技能和综合能力发展的有效方式。

（三）作文课中的小组合作

在小组合作中，学生可以互相激发创作灵感，共同解决写作中的问题。他们可以在小组内展示自己的作品，并接受同学的意见和建议，这有助于改进和完善他们的写作。此外，小组合作还可以培养学生的团队合作和沟通能力，让他们学会倾听和尊重他人的观点。

通过作文课堂中的小组合作，学生不仅可以提高写作技能，还可以增强自信心，感受到写作的乐趣。这种合作方式有助于创造积极的学习氛围，促进学生在写作方面的全面发展。

三、“个性化课堂”中自读领悟，多元解读文本

“个性化课堂”中的自读领悟和多元解读文本是一种重要的教学方法。在这种教学模式下，学生被鼓励独立地阅读文本材料，并通过个人的理解和领悟来探究文本的内涵。每个学生都有机会以自己独特的方式理解文本，而不受传统的教师指导或解释的限制。

此外，多元解读文本也强调了文本的多层次性和多义性。学生被鼓励探索文本中不同的观点、主题和解释，以便更全面地理解文学作品或其他文本。这种方法有助于培养学生的批判性思维和文本分析能力，使他们能够更深入地理解和评价所阅读的内容。

自读领悟和多元解读文本的方法不仅有助于提高学生的文学素养，还能促进他们的自主学习和思考能力。它强调了每个学生的独特性和思考方式，为个性化学习提供了有力支持。

四、“活力型课堂”中走进人物角色，深层领悟情感

（一）开展学习竞赛，激发学习积极性

开展学习竞赛是一种激发学生学习积极性的有效方式。通过学习竞赛，学生可以在竞争中获得更多的学术动力和兴趣，从而更加积极地投入到学习中。

这种竞赛可以包括各种形式，例如课堂知识竞赛、作文比赛、阅读挑战等。学生通过参与这些竞赛，不仅可以展示他们的学术能力，还可以提高自己的学习效率和质量。此外，竞赛也可以激发学生的好奇心，促使他们主动探索更多的知识和技能。

学习竞赛还可以培养学生的竞争意识和团队合作精神。在竞赛中，学生不仅要争取个人的好成绩，还要与其他同学合作，共同完成任务。这有助于培养他们的领导力、沟通能力和团队协作能力。

学习竞赛是一种鼓励学生积极学习的方法，可以提高他们的学术水平，培养他们的综合素质，同时也为他们提供了展示自己才华的机会。

（二）走进人物角色，深层领悟情感

情感是人类的天性，是共有的情感经验。通过情感记忆，戏剧演员可以回想起自己在某种情境中的相似情感经历，将这些生动的情感体验应用于角色的表演中。这样的表演更加真实和感人，能够触动观众的情感，使角色形象更加丰满和生动。

在教育中，鼓励学生通过情感体验和情感记忆，深入理解文学作品中的角色和情节，有助于培养学生的情感表达能力、同理心和文学鉴赏能力。这也使学习变得更加有趣和有深度，有助于学生更好地理解和欣赏文学作品。因此，在教学中，走进角色内心和运用情感记忆是非常重要的教学方法。

五、“绩优化课堂”中链接课外知识，激发阅读兴趣

为了培养学生的自主学习能力，教育者应该扩展自主学习的范围，使其不仅局限于课堂内，还能延伸到课外。这可以通过在课堂教学中引导学生积极参与、提出问题，以及在课后鼓励他们进行自主阅读、研究等方式来实现。此外，语文学科内涵丰富，与其他学科（如社会、自然）密切相关，因此，跨学科的学习也可以促进学生的自主学习能力，使其更全面地理解和应用所学知识。

（一）发展兴趣，让孩子趣味识字

智慧课堂自主性策略研究在语文教学中具有重要意义。它着眼于激发学生的学习动力和积极性，通过培养学生的主动性和自主性，使他们更加主动地参与课堂，增强他们的求知欲望和学习兴趣。同时，这种研究还关注学生学习方法的培养，帮助学生掌握有效的学习策略，以提高学习效率。

在智慧课堂中，学生不再是被动接受知识，而是主动参与到学习过程中。他们通过自主选择学习资源，自主安排学习时间，自主解决学习问题，从而更好地掌握知识和技能。这种自主性策略的研究有助于培养学生的独立思考和问题解决能力，使他们能够更好地应对未来的学习和生活挑战。

总之，智慧课堂自主性策略研究致力于培养学生的综合素质，让他们不仅学会知识，还会学习，能够主动获取新知，不断提高自身素质水平。这是现代教育的重要方向，将对学生的未来发展产生积极影响。

（二）课后拓展，语文学习多样化

课前，教师可以提前告知学生课文的主题或内容，并鼓励他们主动查找相关资料，了解更多相关信息。学生可以在小组内进行资料的交流和分享，以便从不同角度理解课文内容。这种自主的信息搜索和交流过程可以培养学生的信息获取能力和合作精神。

课后，教师可以组织各种活动，如故事会、展览会、演讲比赛、课本剧比赛等，让学生运用课文中的知识和情感，展示他们的创造力和表达能力。这些活动不仅可以加深学生对课文的理解，还可以培养他们的表达和沟通能力，提高自信心。

通过将语文实践延伸到课外，学生可以更好地理解和运用所学的知识，同时也能够培养他们的自主学习和创新思维，为未来的学习和生活打下坚实的基础。这种综合性的教学方式有助于学生全面发展。

第三节　智慧课堂探究性学习

问题意识表现为学生在认识活动中，经常意识到一些难以解决的、感到疑惑的实际问题，并产生怀疑、困惑、焦虑、探究的心理状态。这种心理状态又驱使学生积极思维、不断提出问题和解决问题。这种培养问题意识的教育方法有助于激发学生的主动性和探究欲望，使他们更好地适应现实生活中的复杂问题和挑战。

一、探究教学模式含义

探究教学模式是一种教育方法，其主要目标是激发学生的探究精神和主动学习能力。在这种模式下，教师不仅是知识的传授者，更是引导学生提出问题、寻找答案、进行实验和研究的导师。这种教学方法强调学生的参与性

和自主性，鼓励他们通过积极的思考和实践来深入理解和掌握知识。探究教学模式不仅有助于培养学生的批判性思维和问题解决能力，还能激发他们的学习兴趣和动力，使教育更加有深度和意义。

二、理论基础

理论基础是任何学科或领域发展的支撑和指导，它为研究和实践提供了理论框架和原则。在教育领域，理论基础是指各种教育理论、原则和观念，它们用来解释教育现象、指导教育实践以及推动教育改革。这些理论基础可以包括教育心理学、教育哲学、社会学、认知科学等多个学科领域的理论。

教育理论基础的重要性在于它们为教育工作者提供了有关学习和教育的深刻见解，帮助他们更好地理解学生的需求和发展过程。这些理论基础还可以用来设计课程、教材和教学方法，以促进学生的有效学习。此外，理论基础还有助于研究者进行教育研究，验证教育实践的有效性，并为政策制定者提供指导，以改进教育体系。

总之，理论基础是教育领域的重要支柱，它们为教育工作者提供了理论和实践的基础，有助于提高教育质量和学生的学习成果。

三、教学目标

探究式教学是一种强调学生自主、探究和合作的教育方法，旨在帮助他们达到课程标准中所要求的核心素养和关键能力。这种教学方式可以促进学生的深层次学习和终身学习习惯的培养。

四、基本结构

通过智慧课堂探究式教学，学生有机会自己发现和掌握知识，而不仅是被动接受信息。他们可以在实际问题中应用所学的知识和技能，培养批判性思维、解决问题的能力和团队合作精神。这种教学方式有助于学生更深入地理解和应用所学的内容，培养他们的自主学习能力，为未来的终身学习打下坚实的基础。智慧课堂探究式教学模式基本结构及环节如下。

（一）创设情境

创设情境是一种教育策略，它旨在将学习和教育场景与实际生活或特定情境相联系，以增强学习的实际性和应用性。在创设情境的过程中，教育者会设计一种具体的环境或情景，以便学生能够在其中应用所学的知识、技能和概念。这种方法有助于学生更深入地理解和记忆所学内容，因为他们能够将它们与实际问题或情境相联系，而不仅仅是抽象的概念。通过创设情境，教育者可以提高学生的参与度、兴趣和动力，同时培养他们的批判性思维和解决问题的能力，使学习更加生动有趣和有意义。

（二）启发思考

启发思考是一种教育方法，旨在激发学生的思维和创造力。通过提出引人深思的问题、挑战性的情境或激发性的讨论，教育者可以促使学生思考、分析和探索不同的观点和解决方案。这种方法有助于培养学生的批判性思维、问题解决能力和创新思维，使他们能够更好地理解复杂的概念和面对现实世界的挑战。通过启发思考，教育者可以激发学生的学习兴趣，鼓励他们积极参与课堂和学习活动，并帮助他们成为更有思想、有洞察力的学习者。

（三）自主探究

自主探究是一种教育方法，强调学生在学习过程中的主动性和自主性。在这种教学模式下，学生被鼓励独立思考、提出问题、寻找答案，而不仅是被动接受教师的知识传授。他们有机会自主选择学习的方向和方法，参与到知识的建构和应用中。这种方法旨在培养学生的自主学习能力、批判性思维和问题解决能力，使他们能够更好地适应未来的学习和工作需求。自主探究不仅强调知识的获取，还注重学习过程中的反思和成长，促进学生的全面发展。

（四）协作交流

协作交流是一种重要的教育和工作方法，强调个体与他人之间的合作和有效沟通。在协作交流中，个体共同合作以实现共同的目标或完成任务。这种方法不仅涵盖了工作环境，也包括了教育领域。

在教育中，协作交流有助于学生培养合作能力、团队协作精神和社交技能。学生可以在小组项目中共同合作，共同解决问题，分享想法和知识，从而提高他们的学习效果。此外，协作也有助于学生在交流和互动中提高自己的表达能力和倾听能力，增强他们的批判性思维和问题解决能力。

在工作环境中，协作交流是团队协作的基础。员工需要能够有效地与同

事合作，分享信息和资源，共同完成任务和项目。这种协作不仅提高了工作效率，还促进了创新和知识共享，有助于组织的持续发展和成功。

总之，协作交流是一种关键的生活和工作技能，有助于个体和组织在不同领域取得成功。它强调了合作和沟通的重要性，为个体和团队的发展提供了有力的支持。

（五）总结提高

总结提高是一种重要的学习策略，它有助于学生更好地理解和记忆所学的内容。在总结提高的过程中，学生需要将学到的信息进行归纳、概括和简化，以便更容易理解和记忆。这种方法有助于培养学生的批判性思维、逻辑思考能力和信息处理能力。

总结提高不仅可以用于课堂学习，还可以应用于阅读、研究和解决问题的过程中。通过总结，学生可以将复杂的信息整理成简洁的形式，帮助他们更好地理解概念和关系。此外，总结还有助于学生记忆信息，强制他们回顾所学的内容，加深记忆的印象。

此外，总结提高也是一种有益的教育工具，教育者可以鼓励学生进行总结来检查他们的理解和掌握程度。这有助于教育者更好地了解学生的学习进展，并根据需要进行调整和指导。

综上所述，总结提高是一种有效的学习策略，它有助于学生更好地理解、记忆和应用所学的知识。这种方法培养了多种重要的认知技能，对于学术和职业成功都具有重要意义。

第四节　智慧课堂合作性学习

在课堂教学中应用合作学习不应该是盲目的、随意的，或仅仅是形式上的合作。教师在实施合作学习时应该注意以下几个方面：明确合作学习的任务，确保学生知道他们需要完成什么工作。把握合作学习的时机，合理安排合作学习活动，使其与课程内容紧密相关。加强合作学习的指导，教师可以提供必要的指导和支持，确保学生能够顺利合作。实施合作学习的监控，教师可以观察学生的合作过程，及时解决问题并提供反馈。注重合作学习的评价，评估学生在合作学习中的表现，以便了解他们的合作能力和学习成果。

一、基于“组队文化”合作学习的智慧课堂创新

未来的课堂教育可以向更具合作性和小组导向的教学方式发展。教师可以通过组织学生成小组，引导有领导力的学生担任小组长，创造出一种小组文化，融入即时评价和有效激励的元素，从而结束传统的教班模式，实现走向教组。这种基于教组理论的思想，其核心是解构传统的班级管理形式，建立一种小组合作学习模式，包括小组长、小导师和小队长的协同工作。这三个角色共同推动了学生之间的合作和交流，形成了独特的“组队文化”。在这个基础上，将智慧课堂引入教学，实现了智慧课堂与合作学习的创新融合，主要体现在以下六个方面。

（一）数字档案

数字档案是一种以数字形式存储和管理信息的系统，它用于记录、存储、检索和共享各种类型的电子文档和数据。这些数字档案可以包括文本文件、图像、音频、视频、电子邮件、数据库记录等多种形式的信息。数字档案的优势在于它们能够提供高效的信息管理和访问方式，减少了纸质文件的存储和维护成本，并且可以轻松备份和恢复数据。此外，数字档案还支持全球范围内的远程访问和共享，有助于加强信息的可持续性和安全性。它们在各种领域，包括图书馆、档案馆、企业、政府和个人生活中都发挥着重要作用，成为现代信息管理的不可或缺的工具。

（二）即时性

即时性指的是事物或信息具有立即性和实时性，发生或传达的速度非常快，几乎是瞬间的。这个概念在现代社会中尤为重要，因为随着科技的发展，人们期望获得实时的信息、反馈和处理。即时性可以应用于各种领域，包括新闻报道、社交媒体、通信技术、金融交易等，以满足人们对即刻信息满足的需求，提高效率和便捷性。在数字时代，即时性已成为信息传递和决策制定的关键因素，对于实时反馈和决策具有重要影响。

（三）生成性

生成性是一种认知过程，指的是个体能够创造新的思想、观点、创意或解决问题的方法。这一概念与创造力和创新密切相关，强调了思维的灵活性

和独创性。生成性思维不仅是接受和记忆现有信息，而是能够将不同的元素组合在一起，创造出新的思维模式或解决方案。这种能力在各种领域，包括科学、艺术、工程和商业中都具有重要价值，有助于推动进步和创新。教育和培训可以促进生成性思维的培养，通过提供创造性的问题和挑战，鼓励学生发展独立思考和创新能力。

（四）评价创新

评价创新是对新想法、方法、产品或流程的价值和效果进行评估和判断的过程。这种评价可以帮助确定创新是否成功，是否满足预期的目标，以及是否值得继续发展和改进。创新评价通常涉及多个方面，包括技术可行性、市场可行性、经济可行性、社会影响等。通过评价创新，组织和个体可以更好地了解其创新努力的成果，识别潜在的改进点，以及制定未来的发展策略。创新评价是推动创新和持续改进的关键步骤，有助于确保资源的有效利用，并最大程度地实现创新的潜力。

（五）互动性

互动性是指在不同个体、对象或系统之间建立相互作用和交流的能力或特性。这种互动可以在各种领域和环境中发生，包括社交互动、技术互动和教育互动等。互动性在现代社会和科技环境中越来越重要，因为它有助于促进沟通、合作、学习和创新。在数字时代，互动性已成为在线平台、社交媒体和虚拟现实等领域的关键概念，它能够改善用户体验、提高参与度，并推动信息的分享和传播。互动性的应用范围广泛，对于促进交流和连接具有积极作用，同时也有助于培养合作和参与的能力。

（六）反思性

反思性是一种重要的认知过程，它涉及对自己的行为、经验和思维进行深思熟虑的能力。这种过程包括对过去的决策、行动和经验进行回顾和评估，以便更好地理解和应对未来的情境。反思性不仅仅是自我反省，还可以涉及对他人的行为和情境进行理解和解释。它有助于个体在学习、成长和问题解决中积累经验，改进自己的行为和决策，提高自我认知和自我管理的能力。反思性思维在教育、职业发展和个人生活中都具有重要意义，它可以促进个体的不断进步和成长。

二、基于“组队文化”合作学习的智慧课堂模式构建

（一）合作学习的智慧课堂模式的提出

合作学习的智慧课堂模式的提出代表了教育领域的一项创新。这一模式强调将合作学习与现代技术和数字工具相结合，旨在创造更具互动性、个性化和实时反馈的学习环境。在这个模式中，学生可以通过数字平台共享资源、参与在线讨论、协作解决问题，并在教师的指导下实时获取反馈。这种教育模式不仅有助于学生更好地理解和应用所学知识，还可以培养他们的合作能力、信息素养和创新思维。合作学习的智慧课堂模式为教育带来了新的可能性，有望提高学生的学习效果和教师的教学质量，推动教育领域的不断发展。

（二）合作学习的智慧课堂模式的构建

合作学习的智慧课堂模式的构建代表了教育领域的一项前沿创新，旨在提供更丰富、互动和个性化的学习体验。这一模式将传统的课堂教学与现代技术融合，强调学生之间的协作、互动和共享，同时充分利用数字工具和智能技术。在这个模式中，学生不再是被动接受教师知识传授的对象，而是积极参与到学习过程中，与同学合作解决问题，共同构建知识。

智慧课堂模式的关键特点如下。

① 数字化教材和资源：学生可以通过电子教材、多媒体资源和在线学习平台获取课程内容，从而实现随时随地的学习。

② 在线协作工具：学生可以利用在线协作工具，如虚拟白板、在线讨论板等，与同学一起解决问题、讨论课程内容，促进合作学习。

③ 个性化学习路径：智能教育技术可以根据学生的学习进度和兴趣，提供个性化的学习路径和建议，帮助学生更有效地学习。

④ 实时反馈和评估：教师可以使用数字工具实时监测学生的表现，提供即时反馈，帮助学生改进学习策略。

⑤ 跨界合作：智慧课堂模式鼓励跨学科合作，学生可以从不同领域的知识中获益，培养综合能力。

⑥ 远程学习：这一模式还支持远程学习，使学生可以参与到全球范围内的合作项目和学习社区中。

通过构建合作学习的智慧课堂模式，教育机构能够提供更具吸引力和有效性的教育，培养学生的合作、创新和信息素养，为未来社会和职场的需求

做好充分准备。这个模式的成功构建需要教育者和技术开发者的共同努力，以确保教育的质量和可持续性。

三、基于“组队文化”合作学习的智慧课堂发展趋向

基于“组队文化”的合作学习的智慧课堂发展趋向代表了教育领域的一项革命性改变。这一趋势强调了合作学习的社交和团队动态，结合了现代技术的智慧课堂，为学生提供了更为丰富、互动和个性化的学习体验。

在这一趋向下，学生不再仅是在传统课堂中独立学习，而是被鼓励以小组为单位合作解决问题、完成任务。这些小组不再仅是学习伙伴，而是建立了独特的“组队文化”，强调协作、互相支持和共同目标的重要性。这种文化培养了学生的团队合作技能、沟通技能和领导能力，为他们未来的职业和社交生活奠定了坚实基础。

智慧课堂技术的融入为这一趋势提供了有力的支持。数字教材、在线协作工具、虚拟协作空间等技术可以使学生更轻松地协作、分享资源和互动，同时教师可以实时监测学生的表现并提供反馈。个性化学习路径也得以实现，以满足每个学生的需求和兴趣。

然而，实现基于“组队文化”的合作学习的智慧课堂需要综合考虑多方面的因素，包括教师培训、技术基础设施、教育政策等。同时，关注学生的社交和情感发展也是至关重要的，因为他们需要学会在团队中协作、解决冲突和建立良好的人际关系。

总之，基于“组队文化”的合作学习的智慧课堂发展趋向代表了教育领域朝着更加互动、合作和个性化的方向发展。这个趋势将为学生提供更为有意义和有价值的学习体验，帮助他们在未来的挑战中更好地成功。

参考文献

[1] 孙翠松. 现代教育教学实践［M］. 北京：中国书籍出版社，2023.
[2] 吴翔. 教育信息化的时代发展与创新研究［M］. 长春：吉林人民出版社，2023.
[3] 于明波. 基于现代教育技术的大学英语教学改革路径探析［M］. 中国纺织出版社，2022.
[4] 张宗蓝，赵健. 高等教育中现代教育技术的应用研究与改革［M］. 北京：中国书籍出版社，2022.
[5] 周杰. 信息化视域下现代教育技术理论与实践研究［M］. 长春：吉林人民出版社，2022.
[6] 丰洪才，陆文智. 智慧时代高等学校的课堂教学［M］. 武汉大学出版社，2020.
[7] 付国庆. 高效课堂实战指南［M］. 陕西师范大学出版总社，2020.
[8] 缪丽娟. 智慧课堂与小学语文教学探究［M］. 延吉：延边大学出版社，2019.
[9] 缪群道. 智慧课堂教学创新大赛案例精选［M］. 合肥：安徽大学出版社，2019.
[10] 杨武军，郭娟. 现代互联网技术与应用［M］. 北京：机械工业出版社，2022.
[11] 何源，刘振鹏，向丽娟. 教育技术与思想教育研究［M］. 汕头：汕头大学出版社，2022.
[12] 阳永清，唐小娟，邓婵. 现代教育技术应用［M］. 北京：北京理工大学出版社，2021.
[13] 章苏静. 现代教育技术新技术赋能的学与教［M］. 上海：上海交通大学出版社，2021.

［14］赵国东，韩冰，刘秀彬. 现代教育信息技术项目化教程［M］. 北京：北京理工大学出版社，2021.
［15］谢婷婷. 叩启现代教育之门：高中信息技术智慧课堂构建策略［M］. 长春：东北师范大学出版社，2021.
［16］邱红艳，孙宝刚. 现代教育技术［M］. 重庆：重庆大学出版社，2020.
［17］苏秋萍，李运福，黄希敏，等. 现代教育技术［M］. 西安：西安交通大学出版社，2020.
［18］李继东. 现代教育技术教程与实训［M］. 昆明：云南大学出版社，2020.
［19］潘丽平，阮学，顾燕萍. 教育教学理论与现代教育技术［M］. 长春：吉林人民出版社，2020.
［20］王利绒. 现代教育技术发展与应用研究［M］. 长春：吉林人民出版社，2020.
［21］杨世伟. 现代教育技术［M］. 长沙：湖南人民出版社，2019.
［22］李兆义，桑苏玲，杨彦栋. 现代教育技术［M］. 北京：北京理工大学出版社，2019.
［23］黄艳雁，林楹，李飞. 现代教育技术［M］. 上海：同济大学出版社，2019.
［24］章文燕，胡杲，李妍. 现代教育技术［M］. 成都：电子科技大学出版社，2019.
［25］杜海娟. 现代教育技术［M］. 天津：天津科学技术出版社，2019.
［26］关洪海. 现代教育技术简论［M］. 北京：冶金工业出版社，2019.
［27］邓宗勇. 现代教育技术：走向信息化教育［M］. 北京：北京教育出版社，2019.
［28］吝春妮. 互联网时代的现代教育技术教学改革［M］. 北京：中国书籍出版社，2019.
［29］聂凯，杨晓飞. 信息化视域下现代教育技术理论与实践研究［M］. 长春：吉林人民出版社，2019.
［30］韩佳伶. 智慧课堂背景下混合式教学模式改革研究［M］. 长春：吉林大学出版社，2022.
［31］支来凤. 智慧课堂的探索与实践［M］. 北京：中国大地出版社，2021.
［32］朱锦龙. 智慧教学平台建设与智慧课堂教学模式研究［M］. 长春：吉林文史出版社，2021.

[33] 李逢庆. 智能时代课堂教学变革与创新智慧课堂学科教学案例集锦［M］. 济南：山东大学出版社，2021.
[34] 周胜华. 智慧课堂的实施途径与策略［M］. 北京：现代出版社，2020.
[35] 杨洋，线巧莺，王庆喜. 中小学课程构建与智慧课堂［M］. 广州：广东旅游出版社，2020.